高职高专经管专业十二五规划教材

# 经济法实务教程

- 主　编　李　洁　张建军
- 副主编　陈云英　何　鹏　陈宗清
- 编　委（按姓氏音序排列）
　　　　　陈云英　陈宗清　何　鹏　李　洁
　　　　　林　瑶　刘潇潇　王家全　吴美菊　张建军

武汉大学出版社

图书在版编目(CIP)数据

经济法实务教程/李洁,张建军主编.—武汉:武汉大学出版社,2012.2
高职高专经管专业十二五规划教材
ISBN 978-7-307-09502-1

Ⅰ.经… Ⅱ.①李… ②张… Ⅲ.经济法—中国—高等职业教育—教材 Ⅳ.D922.29

中国版本图书馆 CIP 数据核字(2012)第 011283 号

责任编辑:张　欣　　责任校对:刘　欣　　版式设计:马　佳

出版发行：武汉大学出版社　　(430072　武昌　珞珈山)
（电子邮件：cbs22@whu.edu.cn　网址：www.wdp.com.cn）
印刷：武汉中科兴业印务有限公司
开本：720×1000　1/16　印张：13.75　字数：272千字　插页：1
版次：2012 年 2 月第 1 版　　2012 年 2 月第 1 次印刷
ISBN 978-7-307-09502-1/D·1141　　定价：23.00 元

版权所有,不得翻印;凡购我社的图书,如有质量问题,请与当地图书销售部门联系调换。

# 前　言

高等职业教育是我国高等教育体系的重要组成部分。近年来，我国的高等职业教育不断发展，对新形势下高等职业教育人才的培养提出了新的要求。本书针对高职高专的特点，以经济、管理人员应具备的法律素质和技能为导向，力求培养出具有理论知识和实践能力相结合的应用型专业人才。

本书从高职高专学生的特点及相应职业技能培训需要出发，力求简明、通俗、实用地介绍和阐述经济法的基本理论知识。为了增强学生运用所学理论知识解决实际问题的能力，我们在各章中都安排了案例分析，以期引导学生达到"学法、用法、守法"。

《经济法实务教程》由李洁、张建军拟定编写提纲、统稿、定稿。全书共分8章，涵盖了经济法基本理论、市场主体法、合同法、市场规制法及经济仲裁与民事诉讼法。

全书编写分工如下：第一章由李洁撰写；第二章由吴美菊撰写；第三章第一、二、三节由王家全撰写；第三章第四节由张建军撰写；第四章由刘潇潇撰写；第五章由陈宗清撰写；第六章由林瑶撰写；第七章由何鹏撰写；第八章由陈云英撰写。

本书在编写过程中，参考了不少专家、学者的研究成果，在此深表谢意。

由于作者的水平及对学科理论问题把握的深度有限，书中难免有一些不足和疏漏，恳请各方专家和广大读者批评指正。

# 目　录

◎ 学习情境一　经济法总论 ·················································· 1
　　第一节　经济法的概念和调整对象 ·········································· 2
　　第二节　经济法的地位及渊源 ············································· 4
　　第三节　经济法律关系 ··················································· 7

◎ 学习情境二　市场主体法律制度与实务 ···································· 15
　　第一节　公司法概述 ···················································· 16
　　第二节　公司的设立 ···················································· 18
　　第三节　公司的内部治理结构 ············································ 23
　　第四节　三种特殊公司 ·················································· 32
　　第五节　公司的其他制度 ················································ 35
　　第六节　合伙企业法概述 ················································ 46

◎ 学习情境三　合同法律制度与实务 ········································ 59
　　第一节　合同及合同法概述 ·············································· 60
　　第二节　合同订立与成立 ················································ 66
　　第三节　合同的效力及履行 ·············································· 77
　　第四节　违约责任 ······················································ 88

◎ 学习情境四　代理法律制度与实务 ········································ 95
　　第一节　代理概述 ······················································ 96
　　第二节　代理权的产生、行使和消亡 ······································ 99
　　第三节　代理关系中的权利和义务 ······································· 102
　　第四节　无权代理和表见代理 ··········································· 104

◎ 学习情境五　劳动法律制度与实务……………………………………………110
　　第一节　劳动法概述………………………………………………………111
　　第二节　劳动争议纠纷的处理……………………………………………120

◎ 学习情境六　市场规制法律制度与实务……………………………………129
　　第一节　竞争法律制度……………………………………………………130
　　第二节　消费者权益保护法律制度与实务………………………………144
　　第三节　产品质量法律制度与实务………………………………………157

◎ 学习情境七　环境保护法律制度与实务……………………………………169
　　第一节　环境保护法概述…………………………………………………172
　　第二节　环境保护法的主要法律制度……………………………………179

◎ 学习情境八　经济仲裁和民事诉讼法律制度与实务………………………184
　　第一节　经济仲裁法律制度………………………………………………185
　　第二节　民事诉讼法律制度………………………………………………194
　　第三节　经济纠纷解决及解决方案的制作………………………………209

## 学习情境一 经济法总论

### 学习目标

通过本章的学习,掌握经济法概念、调整对象以及经济法律关系,并了解经济法的基本特征。

### 案例导读

**餐盒"有毒" 老边饺子馆和东来顺被判赔十倍餐盒钱**

因餐饮经营者销售使用化学物质超标的一次性餐盒,北京凯发环保技术咨询中心将北京老边饺子馆有限责任公司(以下简称老边饺子馆)和北京金源丽餐饮有限公司("东来顺"加盟企业,以下简称金源丽公司)诉至法院索赔。北京市海淀区人民法院审结了此案。据悉,该案是《食品安全法》实施后首例涉及食品包装的消费维权案。

法院经审理后认为,食品生产经营应当符合食品安全标准,直接入口的食品应当有小包装或者使用无毒、清洁的包装材料、餐具。老边饺子馆和金源丽公司作为餐饮经营者,有义务提供安全的餐具、餐盒供顾客使用,并应当保证使用和出售的餐盒是符合国家标准的合格产品。同时,老边饺子馆和金源丽公司应当在销售和使用一次性餐盒前审查相关生产厂家的生产许可证和产品质量检测结果,以尽到餐饮经营者合理限度范围内的谨慎注意义务。根据《中华人民共和国食品安全法》第96条规定:生产不符合食品安全标准的食品或者销售明知是不符合食品安全标准的食品,消费者除要求赔偿损失外,还可以向生产者或者销售者要求支付价款十倍的赔偿金。故老边饺子馆和金源丽公司应当根据法律规定承担法律责任。

最后，法院判令老边饺子馆赔偿餐盒费 5 元，10 倍赔偿金 50 元；判令金源丽公司（东来顺金源店）赔偿餐盒费 15 元，10 倍赔偿金 150 元。

◎评析：本案一次性餐盒的金额虽小，但是对于人民群众的健康安全至关重要。法院依据《食品卫生法》这一保证食品卫生，防止食品污染和有害因素对人体的危害，保障人民身体健康的法律，体现了国家对食品卫生领域的经营行为进行调控和监管的职能。

（资料来源：找法网）

# 第一节　经济法的概念和调整对象

## 一、经济法的概念

经济法是指调整国家在经济管理调控过程中所发生的经济关系的法律规范的总称。这一概念包括以下几层含义：

（一）经济法是调整经济关系的法律

所谓经济关系就是人们在物质资料生产过程中结成的相互关系，即社会生产关系的总和。人们在从事生产活动以及与之相应的分配、交换、消费等经济活动中必然要形成一定的经济关系。经济法只调整经济活动中发生的各种关系，政治关系、社会关系等关系则由其他法律进行调整。

（二）经济法调整的并非所有的经济关系，而是国家在经济管理和调控过程中所发生的经济关系

在市场经济条件下，市场机制对资源的配置起着基础性的调节作用，通过市场这只"看不见的手"对社会经济活动进行调节。但是，市场经济由于具有盲目性，如果不对其进行管理和调控，将会形成垄断、产生不正当竞争等混乱状况。并且，每个经营主体出于利益最大化的考虑，都会想尽一切办法使自己获得最大的经济利益，这就难免出现利益冲突，使国家经济的发展停滞。因此，为了克服市场机制失灵所引发的种种后果，国家介入经济生活以正确处理各类经济关系，平衡各种利益冲突，实现资源的优化配置和经济活动顺利进行。经济法正是适应现代社会经济生活的客观需要，从社会整体和社会公共利益出发，通过国家权力的介入，协调社会整体利益和社会个体利益之间的矛盾，以保证经济、社会的持续、稳定、协调地发展。

**资料卡**：市场经济是指市场在资源配置中起基础作用的经济形式。资源是指对人类具有稀缺性的人力、物力、财力，包括劳动力、资本、技术、自然资源、信息等。市场经济是商品经济发展到社会化大生产阶段这一历史阶段的产物，是社会化的、发达的商品经济。市场经济具有以下几个基本特征：（1）平等性，即市场主体之间的关系是平等的，没有社会地位的差别，在市场交易中要遵循等价交换原则。（2）竞争性，即市场主体之间存在着广泛的竞争。竞争是商品交换得以进行的前提。（3）契约性，即市场主体之间通过签订和履行合同来实现等价交换，获取经济利益。（4）法制性，即市场经济运行需要具有健全的法制基础来协调和处理矛盾，维护市场主体公平竞争的条件和氛围。

## 二、经济法的调整对象

### （一）企业组织管理关系

企业组织管理关系是指国家从维护社会公共利益出发，在对市场主体的组织和行为进行必要干预过程中而发生的社会关系。在市场经济中，企业是最主要的主体。国家为了协调经济的运行，对企业的设立、变更和终止，企业内部机构的设置及其职能等都应进行必要的干预。调整企业组织管理关系的经济法律主要有公司法、合伙企业法、独资企业法等。

### （二）市场管理关系

市场管理关系是在国家对市场进行管理的过程中，为了维护国家、生产经营者和消费者的合法利益而对市场主体的市场行为进行必要干预而发生的社会关系。其目的是为克服市场本身无力消除的垄断和不正当竞争，维护市场经济秩序的稳定和发展。调整市场管理关系的法律规范有反垄断法、反不正当竞争法、消费者权益保护法等。

### （三）宏观经济调控关系

是指国家在以间接手段为主的宏观调控过程中发生经济关系。其目的是使宏观调控有法可依。调整宏观经济调控关系的法律规范有税法、银行法、财政法、价格法等。

### （四）社会经济保障关系

社会经济保障关系是指在国民收入的初次分配和再分配过程中发生的关系。社会保障的主要功能，就是建立以社会化为标志的生活安全网，来消除竞争机制运行过程中产生的社会不安定因素及其所引起的社会震动。要建立健全社会主义市场经济，国家必须通过立法强制实施互济互助、社会化管理的社会保障制度，以防止社会贫富两极分化。同时通过社会保障的各种措施，增进公民的福利，提高公民的文化素质和生活质量，进而促进劳动力的合理流动和市场经济的健康发展。调整社会经济保障关系的法律规范有劳动法、社会保险法、社会救助法等。

## 第二节 经济法的地位及渊源

### 一、经济法的地位

经济法是一个独立而且重要的法律部门。法律部门是依据法律对特定社会关系的调整而划分的，每一个独立的法律部门，必有自己的调整对象。经济法的独立性就体现在其有独立的调整对象，即国家在经济管理和调控过程中所发生的各种经济关系。经济法是一种国家对经济关系进行"纵向"、"自上而下"的管理过程，是国家协调经济运行的法律，采取命令与服从的原则处理经济关系，体现了国家对经济的干预和调节，以维护国家利益和社会公共利益为目的。这一点是经济法与民法最大的区别所在。民法是调整平等主体之间的财产关系和人身关系的基本法律，民法也调整经济关系，但是民法的调整方式是"横向"的，即民法主要采取平等、自愿、公平、等价有偿、诚实信用原则来调节社会经济关系，以维护自然人和法人的合法民事权益为主。

经济法的重要性体现在有助于引导、推进和保障社会主义市场经济体制的建立和完善，保证国民经济持续、快速、健康发展。具体表现为：

（一）有助于引导社会主义市场经济体制的建立和完善

经济法对经济体制改革的正确方向作出明确规定，就是把反映客观经济规律要求的经济体制改革方向规范化、法律化。这是运用法律的形式，预先有计划地把经济体制改革的进行引导到符合经济规律的轨道上来，从法律上保证经济体制改革朝着正确的方向发展，以利于实现建立和完善社会主义市场经济体制的目标。

（二）有助于推进社会主义市场经济体制的建立和完善

为了保证经济体制改革朝着正确的方向发展，在经济法律、法规中对经济体制改革的措施作出规定，使这些措施规范化、法律化，有助于国家机关、企业和其他组织及个人严格遵守和执行这些措施。依靠国家强制力来排除经济体制改革中的阻力，落实各项经济措施，推进社会主义市场经济体制的建立和发展。

### （三）有助于保障社会主义市场经济体制的建立和完善

通过经济立法可以把经济体制改革中建立起来的，适应生产力发展要求的各种经济制度确立下来，同时规定国家机关、企业等经营主体的法律责任，这就赋予了经济制度的权威和必要的稳定性，进而保障社会主义市场经济体制的建立和完善。

通过贯彻执行经济法律、法规，有助于实现市场主体行为的规范化，市场经济秩序的正常化，保证市场机制作用的发挥。同时有助于加强和改善宏观调控，弥补市场调节的局限性，提高资源配置的效率，从而保障国民经济持续、快速、健康发展。

## 二、经济法的渊源

经济法的渊源是指经济法律规范的表现形式。法律有广义、狭义两种理解。广义上讲，法律泛指一切国家有权的机关制定的规范性文件；狭义上讲，法律仅指全国人大及其常务委员会制定的规范性文件。概括下来，我国的经济法律规范主要有以下几种：

### （一）宪法

宪法是国家的根本大法，是由国家最高权力机关——全国人民代表大会制定，具有最高的法律效力，是经济法的基本渊源。是各类经济法律的立法基础。宪法中规定有许多有关国家经济制度的精神和基本规范。例如：中华人民共和国的社会主义经济制度的基础是生产资料的社会主义公有制，即全民所有制和劳动群众集体所有制；国家实行社会主义市场经济，国家加强经济立法，完善宏观调控等。这些规定对经济法律法规等法律文件的制定指引了方向，确立了基本的立法原则。

### （二）经济法律

经济法律是指由全国人民代表大会及其常务委员会制定的调整经济关系的规范性文件，其地位和效力仅次于宪法，是经济法的主要渊源，规定了基本的经济关系，是经济法的主体和核心组成部分。例如：《公司法》、《合伙企业法》《企业破产法》、《证券法》、《劳动法》、《税法》、《商业银行法》等。

### （三）法规

法规是国务院、地方人民代表大会及其常务委员会、经济特区人大制定的规范性文件，在法律体系中，主要指行政法规、地方性法规、经济特区法规等。

### (四) 行政规章

行政规章是行政性规范文件，主要包括国务院部门规章和地方政府规章。前者是指国务院组成部门及直属机构制定的规章，后者是指省、自治区、直辖市人民政府及省、自治区政府所在地的市和经国务院批准的较大的市和人民政府制定的规章。行政规章是上述行政机关为执行法律、法规，需要制定的事项或属于本行政区域的具体行政管理事项而制定的规范性文件。

### (五) 国际条约和国际惯例

国际条约是指我国作为国际法主体同外国缔结的双边、多边协议和其他具有条约、协定性质的文件。国际惯例是指以国际法院等各种国际裁决机构的判例所体现或确认的国际法规则和国际交往中形成的共同遵守的不成文习惯，国际惯例是国际条约的补充。

| 经济法的渊源 | | 制定机关 | 效力等级 |
|---|---|---|---|
| 宪法 | | 全国人民代表大会 | 效力最高 |
| 法律 | 基本法律 | 全国人民代表大会 | 效力仅次于宪法 |
| | 基本法律以外的其他法律 | 全国人大常委会 | |
| 行政法规 | | 国务院 | 效力次于宪法和法律 |
| 地方性法规 | | 地方人民代表大会及其常委会：<br>1. 省、自治区、直辖市<br>2. 省级人民政府所在地的市<br>3. 国务院批准的较大的市 | 效力次于宪法、法律和行政法规 |
| 规章 | 部门规章 | 国务院组成部门及直属机构 | 效力最低 |
| | 地方政府规章 | 地方各级政府：<br>1. 省、自治区、直辖市人民政府<br>2. 省、自治区人民政府所在地的市人民政府<br>3. 国务院批准的较大的市人民政府 | |

续表

| 经济法的渊源 | 制定机关 | 效力等级 |
| --- | --- | --- |
| 国际条约 | 我国与世界其他国家 | 中国缔结或者参加的国际条约与中国的民事法律有不同规定的，适用国际条约的规定，但中华人民共和国声明保留的条款除外。 |
| 国际惯例 | 国际交往中形成 | 中国法律和中国缔结或者参加的国际条约没有规定的，可以适用国际惯例。 |

## 第三节 经济法律关系

### 一、经济法律关系的含义

经济法律关系是指经济法主体按照经济法律规范在经济管理过程中形成的经济权利和经济义务关系。这一定义有以下几层含义：

（1）经济法律关系以经济法律规范的存在作为前提。没有经济法律规范，就没有经济法律关系。正是因为经济法律规范的规定或确认，才使经济法主体的权利和义务具有法律性质，受国家强制力的保护。

（2）经济法律关系发生在国家对市场主体进行组织、管理和监督的过程中。

### 二、经济法律关系的构成

经济法律关系由主体、客体、内容三个要素构成，经济法律关系的要素是指构成经济法律关系不可缺少的组成部分，即当事人之间结成一定权利义务的必要条件。因此，缺少其中任何一个要素，都不能构成经济法律关系。

#### （一）经济法律关系的主体

经济法律关系主体是指能以自己的名义，依法参照经济法律规范，参加经济管理活动，享有经济权利，承担义务的当事人。其中，享有经济权利的当事人叫做权利主体；承担经济义务的当事人则称为义务主体。一个主体要成为经济法律关系的主体，必须具备如下条件：

1. 取得法律认可，国家机关授权或法人营业执照。这是取得经济法律关系主体资格的前提条件，法律为了能对经济关系更好地调整，首先就要确定每一个经济主体的资格，防止发生经济活动问题时难以确定法律责任的承担者。反过来，一个主体获得了法律认可，他就获得了法律的授权，可以在法律规定的范围内独立地以自己的名义参与各种经济关系，从事一定的经济行为，以获得经济利益。

2. 拥有一定的财产，能独立承担财产责任。经济法律关系主体的最重要的特征就是能以自己的名义独立享有权利、承担义务。因此，经济法律关系的主体必须具有一定的财产权作为承担责任的物质基础。经济法主体是经济法律关系构成的基本要素，是经济法律关系的直接参与者，它既是经济权利的享有者，又是经济义务的承担者，是经济法律关系中最积极、最活跃的因素。

经济法律关系主体的范围有以下几种：

1. 国家机关。根据我国宪法规定，国家机关包括国家权力机关和行政机关等。国家权力机关是经济法的立法者，其对国民经济的调控是通过立法来规定国家的基本政治制度，确定整体的生产运行机制，并通过制定国民经济发展的方针、政策、计划，指导政府及其职能部门的具体管理行为。

国家行政机关中的国家经济管理机关，是经济法律规范的主要实施机关，包括国务院及其承担经济管理职能的各部、委员会、局、会和地方政府及其相应机构。这些行政机关主要是通过制定行政法规、部门或地方规章等规范性法律文件对具体的经济活动进行宏观调控、平衡、指导、协调等实现国家对经济运行的调节。

另外，国家机关在一定条件下也是经济活动关系的主体，它们通过直接或间接方式参与具体的经济活动。如国家对外签订政府贷款和担保合同，发行国债，出让土地使用权等。

2. 社会组织。如企业、事业单位、社会团体。企业是指具有一定数量的生产经营者和物质条件，以营利为目的，独立、连续从事一定经济活动的经济组织。企业是经济活动中最重要的主体，主要有公司、合伙企业、独资企业等。事业单位是指由国家专门拨款建立，不以营利为目的，从事各项社会事业，拥有独立经费或财产的社会组织，如学校、医院、科研院校等。社会团体是指由若干成员为协调某种社会关系为共同目的组成的，有固定经费的社会组织，如各种学术团体、工会、妇联、残联等。事业单位和社会团体不是经济组织，但是它们进行经济活动时，就要受经济法的调整和管理，从而成为经济法主体。

3. 公民个人、农村承包经营户、个体工商户。这些主体在通常情况下是民事法律关系的主体，但当他们参加经济法律关系，同国家管理机关或其他社会组织发生经济权利义务关系时，就成为经济法律关系的主体。如公民从事生产经营活动，依法向税务机关缴纳个人所得税时，就成为税收法律关系的主体。再如个体工商户必须依法向工商行政机关申请营业资格、必须在营业执照许可的范围内从事经营活动。

（二）经济法律关系的客体

经济法律关系的客体是指参加经济法律关系的主体所享有的经济权利和承担的

经济义务所指向的对象。客体是确立经济法主体权利和义务关系性质和具体内容的依据,没有客体,主体的权利和义务就失去了承载的对象,经济法律关系就不可能存在。经济法律关系的客体主要有:

1. 物。物是指具有一定经济价值,能为人类支配和利用的符合法律规定的物质实体。包括货币、有价证券和实物。

2. 行为。行为是指经济法律关系主体为达到一定的经济目的所进行的经济活动,包括经济管理行为、完成一定工作的行为、提供一定劳务的行为等。其中,经济管理行为是指国家行政机关对经济活动行使经济管理权的行为,如经济决策行为、征税行为等。

完成一定工作的行为是指经济法律关系主体的一方利用自己的资金和技术设备为对方完成一定的工作任务,而对方根据完成工作的数量和质量支付一定报酬的行为,如甲方委托乙方将玉石加工成精美的玉器的加工承揽行为。

提供一定劳务的行为是指提供一定劳务或服务,满足对方的需求,而对方支付一定价金的行为,如运送货物行为。

3. 智力成果。智力成果是指人们创造的能够带来经济价值的创造性脑力劳动成果,它是一种无形财产,如专利权、商标权。随着社会进步和科学技术的发展,智力成果在社会财富中的地位将日益显著,重要性越来越突出。

◎**案例**:甲公司与乙公司签订一份买卖合同,约定甲公司购买乙公司某型号水泥100吨,单价为800元一吨,总价为人民币80000元。合同履行期限为签订合同之后的一个月内。20天后,乙公司按照合同约定履行了供货义务,甲公司收到并验收货物合格后随即支付了货款。

本案例中,甲公司与乙公司签订了买卖合同,形成了买卖合同关系,法律关系的主体是甲、乙两公司,法律关系的内容是甲公司支付货款的义务,取得货物所有权的权利,乙公司负有交付货物的义务,取得货款的权利。双方发生货物买卖关系的客体是1000吨水泥和80000元人民币的货款。

### (三) 经济法律关系的内容

经济法律关系的内容是指经济法律关系主体享有的经济权利和承担的经济义务。经济法律关系的内容是经济法律关系的核心,是连接主体的纽带和桥梁,反映着经济法律关系主体的具体要求。

经济法律关系主体的权利和义务依法律性质的不同而不同。这是由经济法律规范的不同规定和经济法主体参与不同的经济法律关系所决定的。

1. 经济权利。经济权利是指经济法律关系的主体依法能够为或不为一定行为,要求他人为或不为一定行为的资格。经济权利的主要内容有：

第一，财产所有权。所有权是指权利人对自己的财产享有的占有、使用、收益和处分的权利。所有权是绝对权，任何人不得侵占、破坏、毁损权利人的所有物。所有权具有四项权能。一是占有权，即对所有物实际控制的权利。二是使用权，是指权利人依照所有物的属性及用途对物进行利用从而实现自己利益的权利。三是收益权，是指所有人通过合法途径收取物所生的物质利益的权利。物所生的利益主要指物的孳息。孳息包括天然孳息和法定孳息两类。天然孳息是指因物的自然属性而生之物，如母牛所生牛仔，苹果树上掉下来的成熟的苹果等。法定孳息是指依照一定的法律关系而生的利益，如在银行存款所获得的利息。四是处分权，是指所有人依法处置自己的物的权利。处分包括事实上的处分和法律上的处分。前者是指通过一定的事实行为对物进行处置，如加工、改造、消费等。后者是指依照法律的规定改变物的权利状态，如转让、租借房屋等。处分权是所有权的核心，是所有权的根本标志和体现。如果一个人对物不能行使处分权，那就不能称其拥有完整的所有权。

第二，经济职权。经济职权是指国家机关依法行使和组织经济建设职能时所享有的经济管理权利和经济管理责任，表现为决策权、命令权、许可权、撤销权、监督权等。经济职权是国家机关领导和组织管理国民经济的职能在法律上的表现。这里的国家机关，是指国家各级权力机关及各级国家行政机关。在行政机关中主要是指国务院和各级地方人民政府以及它们所属的管理经济的职能部门。这些国家机关是经济职权的权力主体。经济职权的内容和范围是由法律规定的，法定的经济职权国家机关要认真履行，使其在国民经济管理活动中付诸实施；法律没有规定的权力则无权行使，即各级国家机关不得超越法律赋予的职权范围来行使权力。这种权力是权责一致的，即国家机关享有行使经济管理职权的权利，同时也承担着恪尽职守的义务，如果国家机关不行使职权就构成失职，要承担相应的法律责任。经济职权的内容以领导和管理国民经济活动为中心内容。即它是一种以管理经济活动为内容的行政权力。

第三，经营管理权。经营管理权是指企业对所有人授予其经营管理的财产享有占有、使用和依法处分的权利，以及由此产生的对企业机构的设置、人事、劳动等方面的管理权。企业作为独立的社会经济组织，有权根据市场需要，依法制定自己的生产经营计划，选择生产经营方式，开展营销活动，实行独立的经济核算。享有独立地进行生产经营活动的自主权，而不受任何单位或个人的非法干预。

第四，请求权。请求权是指经济法律关系主体的合法权益遭受侵害或者不能实现时，依法享有的要求侵权人或其他相对人停止侵害、履行义务，并要求国家机关给予保护的权利。通常情况下，请求权包括要求停止侵害权、请求损害赔偿权、请求诉讼裁判权。

2. 经济义务。经济义务是指经济法律关系主体依法为满足权利主体的要求必须为或不为一定行为的责任。

第一，义务主体必须作为或不作为，以满足权利主体的利益需要。

第二，义务主体只承担法定范围内的义务，超出法定范围，义务主体则不受限制。

第三，义务主体如不依法履行经济义务，则应承担相应的法律责任。

经济义务的主要内容有：

第一，依法行使经济权利的义务。包括不得任意放弃和抛弃经济权利的义务，不得滥用经济权利的义务。

第二，完成国家、政府指令性计划的任务。

第三，全面履行经济合同的义务。

第四，依法交纳税金的义务。

第五，不侵犯其他经济法律关系主体的合法权益的义务。

第六，其他经济义务。

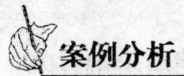

## 案例分析

### 奥运标志上了月饼包装盒　销售商索赔35万元

2009年9月，某食品公司将一批月饼转售给销售商销售，包装上使用了奥运"祥云"图案和"五环"标志，但未经第29届奥委会和国际奥委会许可，被工商行政部门查处，没收违法所得并处罚款，同时扣留未销售的货物，共计损失35万元。

销售商缴纳上述罚款后，与食品公司、包装装潢公司和包装制品公司协商，要求三方赔偿其相关损失。因协商未果，销售商遂将三家公司告上法庭。

法院认为，作为销售方，应当对食品公司的月饼及包装盒尽到检验义务，以避免出现问题。本案销售方未能尽到检验义务，因此，销售方应对行政处罚后果承担一半责任。包装制品公司理应尽到审慎注意的义务，确保加工的产品不存在瑕疵，包装制品公司承担一定的责任。包装装潢公司和食品公司作为委托方，应当对包装制品公司加工的产品尽到检验、审查义务，确保其加工的产品不存在瑕疵，包装装潢公司和食品公司承担相应的责任。故法院作出判决。原告销售商承担50%的责任，被告包装制品公司、包装装潢公司和食品公司分别承担30%、10%、10%的责任。

◎分析：本案中存在着两个法律关系：

1. 工商部门对销售商的行政管理及处罚关系。法律关系主体是两方当事人，其中，工商部门作为国家工商行政机关，其地位是管理者，某食品公司作为经营主体，是被管理者。法律关系的客体是食品公司销售的月饼包装盒图案侵犯了奥委会的专有管理权的行为。法律关系的内容是工商部门依据法律对食品公司的进行处罚的权利，食品公司则负有接受处罚的义务。

2. 销售商与包装制品公司、包装装潢公司和食品公司之间对工商部门作出的处罚款的分担关系。法律关系主体是销售商与包装制品公司、包装装潢公司和食品公司。法律关系的客体是四方主体分担工商部门的处罚款项。法律关系的内容是销售商有权要求其他三家公司分担罚款的权利，其他三家公司须分担罚款的义务。

### （四）经济法律事实

经济法律事实是指由经济法律规范所规定的，能够引起法律关系产生、变更、终止的客观情况。按照其发生是否与当事人的意志有关为标准，可将法律事实分为以下两类：

1. 行为。这是以人们的意志为转移的法律事实，既包括合法行为，又包括违法行为。

合法行为是指符合法律规定并能按照当事人的意愿产生预期法律后果的行为，如当事人依法订立合同的行为。违法行为是指经济法主体违反法律法规的行为，如生产假冒伪劣商品的行为。这两种行为都可以引起经济法律关系的产生、变更和消灭。

◎**案例**：刘女士不到两岁的儿子有些发烧，便买来体温计测量儿子的体温，但是使用中体温计断裂刺伤儿子。刘女士为此将生产体温计的厂家和出售体温计的药房起诉到法院，要求赔偿医疗费、护理费、交通费、营养费、精神损害抚慰金等共计1万5千余元。日前，北京市丰台区人民法院对本案作出了一审判决。

法院审理后认为，该玻璃体温计断裂，属于质量缺陷。刘女士在使用玻璃体温计过程，断裂的体温计扎伤其小孩，厂商应当赔偿因此造成的相关损失。小孩受伤后需要护理，刘女士主张的护理费是合理的，法院予以支持。最终，法院判决体温计厂商赔偿刘女士医疗费663.54元、护理费1000元、交通费500元、精神损害抚慰金3000元。

本案中，引起法律关系产生的法律事实是厂家生产体温计的行为，体温计断裂属于质量缺陷，造成了刘女士的儿子身体受伤，所以应当承担相应的法律责任。

2. 事件。这是不以人们意志为转移的法律事实，包括自然现象和社会现象两种，如自然灾害、战争。

◎**案例**：甲乙公司签订买卖水泥的合同。合同约定，由甲方向乙方交付 Z 型水泥 100 吨，单价 1500 元/吨，由甲方在一个月内完成供货。合同签订后，由于甲方所在地发生水灾，致使甲方不能如期供货。本案中，导致甲方不能履行如期交货的合同义务的法律事实即甲方所在地发生的水灾。

（五）经济法律关系的保护

1. 定义：运用国家强制力保障经济法主体行使经济权利和履行经济义务。
2. 经济法律关系保护的形式：（1）经济奖励，又分为物质奖励和精神奖励。是国家机关依照经济法律规范的规定，对在行使经济权利、履行经济义务方面做出显著成绩的单位和个人给予一定利益以资鼓励的一种法律措施。（2）经济惩罚。经济处罚是指有权的国家机关对违反经济法律规范的有关单位和个人进行处罚，要求有关单位和个人承担的行政责任、民事责任、经济责任甚至刑事责任。

"本商场有最终解释权"的声明无法律效力

◎**案情**：

2006 年元月，某商场为促销在全城张贴了有奖销售广告。称该商场隆重推出让利大酬宾活动，凡春节期间购物达 100 元者，可抽奖一次，超过 100 元，按 100 元一档依次增加摸奖次数。一等奖 4000 元、二等奖 1000 元、三等奖 500 元、四等奖 100 元、五等奖 50 元。广告末尾郑重声明：对与奖项有关而产生的纠纷，本商场有最终解释权。期间，张女士抽到一张属一等奖标志的五星图案。当她前往兑奖时，商场提出：总共才设了三个一等奖，此前已全部领完，这第四个是由于商场工作人员失误所致，故拒绝兑奖。张女士提出异议，商场以已声明其有最终解释权抗辩，双方因而成讼。

◎**评析**：

依据合同法律条款，商场所做"本商场有最终解释权"的声明并不具有法律效力，应该给张女士兑奖。

首先，商场的声明是一种格式条款。所谓格式条款是指当事人为重复使用而预先制定，并在订立合同时，未与对方协商的条款。本案中，商场的声明，具备了该构成要件。即：事先由商场单方拟定；消费者具有附从性，只能概括地接受或不接受全部内容，不能就条款进行讨价还价；条款和形式标准化，差异仅仅在于消费者姓名的改变和摸奖的次数、中奖的等级；是一种书面明示的形式。

其次，该声明无效。《合同法》第 40 条规定，提供格式条款一方免除其责任、加重对方责任、排除对方主要权利的，该条款无效。本案中，一方面，商场最终解释权的保留，导致了获奖的不确定性，一旦出现纠纷，兑奖的实现完全取决于最终解释，商场始终占据着主导地位，消费者只能任其"宰割"；另一方面，商场具有最终解释权，等于说明商场既是行为的当事人，也是出现纠纷时的裁决人，一旦出现危及自身利益的情况，其公正与否可想而知。由此观之，"本商场有最终解释权"只不过是免除自身兑奖责任、排除消费者获奖权利的借口。

再次，对张女士的获奖，可以作出两种解释：一是商场职工的失误，本来三个一等奖搞成四个一等奖；二是由于广告没有说明一等奖的个数，也没有说明多出的无效或算至哪一个为止，即表明一等奖可以不止三个，或不论多少、不论次序，统统有效。显然，前者有利于商场，后者有利于消费者。《合同法》第41条规定，对格式条款的理解发生争议的，应按通常理解予以解释。对格式条款有两条以上解释的，应作出不利于提供格式条款一方的解释。

◎ 练习题：

**案例分析：**

王某是A电器有限公司的董事兼总经理。2006年7月，A公司所在地的某市出现罕见的高温，空调供不应求。于是王某以B公司的名义购进一批总价为200万元的空调。之后，李某将该批空调销售给C公司，获利10万元。A公司董事会知道后，认为李某身为本公司董事兼总经理，应当忠实履行其职责，负有竞业禁止的义务，不得经营与本公司同类的业务。李某的行为违反了公司法，应属无效。于是，董事会作出决议，责成李某取消该合同，并由A公司将此批空调买下来。C公司认为，该批空调的买卖，是在B公司和C公司之间进行的，与A公司毫无关系，两公司签订的合同是有效的。至于王某身为A公司董事经营与A公司同类的业务，属于A公司的内部事务。A公司董事会的决议缺乏法律依据，没有对外效力。

◎ 问题：

1. 本案中存在几种法律关系？
2. 李某的行为如何认定？
3. 董事会的决议是否有效？

学习情境二 | # 市场主体法律制度与实务

### 学习目标

掌握公司的设立条件和设立程序，能够依法设立有限责任公司和股份有限公司；熟悉公司内部三大治理机构的职责、股东的权利和义务，以及董事、监事和高级管理人员的任职要求，能够运用公司章程治理公司；了解公司的财务会计制度和公司的合并、分立、解散与清算等程序性规定，能够在实践中依法处理相关问题。

### 案例导读

兴盛食品有限公司是由甲、乙、丙三人于2007年初出资设立的。2009年3月，因丙个人欠债权人丁借款7万元未还而形成诉讼，某县人民法院判令丙在10日内偿还丁借款及利息计9万余元。由于丙到期未履行还款义务，法院下达民事裁定书：因丙在兴盛食品有限公司投入股金28万元，现裁定查封、扣押公司恒温库、低温库及库内货物，并通知公司法定代表人甲协助执行，从丙28万元股金中提取11万元现金作为还款及执行费用。兴盛食品有限公司接到裁定书后立即提出异议。

◎问题：

1. 法院查封、扣押兴盛食品有限公司财产的做法是否正确？
2. 法院裁定从丙28万元股金中提取11万元现金作为还债及执行费用是否合法？

◎评析：

1. 法院查封、扣押兴盛食品有限公司财产的做法是错误的。公司是法人，具有独立的法律人格，公司与组成公司的股东在法律上是完全不同的主体。股东丙欠丁借款是丙个人的债务,而不是公司的债务。因此,法院不能查封、扣押公司的财产。

2. 法院裁定从丙 28 万元股金中提取 11 万元现金,用以还债及支付执行费用是不合法的。因为公司拥有自己的财产,股东的出资在法律上属于公司所有,股东因投资而享有投资权益或股权,公司的财产与股东个人财产在法律上是分离的。丙投入的 28 万元股金应属于公司的财产,不是丙的个人财产。因此,丙不履行人民法院的判决,法院可以对丙的投资权益或股权采取冻结措施,并可以提取丙应分得的股息或红利用于清偿债务,或者依法转让丙的股权,用转让所得的收益清偿债务,而不应从丙的股金中提取现金。

## 第一节　公司法概述

### 一、公司法

公司法是调整公司在设立、变更、终止以及正常运营过程中发生的各种社会关系的法律规范的总称。

《中华人民共和国公司法》(以下简称《公司法》)于 1993 年 12 月 29 日通过,自 1994 年 7 月 1 日起施行。此后,《公司法》于 1999 年、2004 年进行了两次小的修订。2005 年 10 月 27 日,《公司法》在进行了大规模的修订后重新颁布,新法于 2006 年 1 月 1 日起施行,分为 13 章,共 219 条。

为保障《公司法》的顺利实施,最高人民法院于 2006 年 3 月和 2008 年 5 月先后公布了《关于适用〈中华人民共和国公司法〉若干问题的规定(一)》和《关于适用〈中华人民共和国公司法〉若干问题的规定(二)》。

另外,《公司登记管理条例》于 2005 年 12 月 18 日修订颁布,随《公司法》于 2006 年 1 月 1 日起施行。

### 二、公司的概念和特征

#### (一)公司的概念

公司是一个历史概念,它是生产力发展到一定历史阶段而出现的企业组织形式,是商品生产与交换的必然产物,并随市场经济的发展而发展。由于世界各国的立法不同,对公司的定义也不尽相同。我国对公司所下的最一般的定义是:公司是依照法律条件和法律程序,由若干法人或自然人共同出资建立的具有法人资格的营利性经济组织。

（二）公司的特征

1. 公司以营利为目的，具有营利性。公司是以营利为目的的经济组织。公司由投资者出资组成，投资者的投资目的是为了获得投资的收益和回报，而要实现这一目的，必然要求公司最大限度地追求经营利润。

2. 具有独立的人格、财产和责任。公司具有法人资格，公司人格独立。公司是企业法人，有独立的法人财产，享有法人财产权。公司的原始财产由股东出资构成，股东一经履行了出资义务，其出资标的的所有权即属于公司，构成公司的财产，公司以其全部资产对外承担责任，股东仅对公司享有股权。

3. 公司具有严格的法定性。公司无论是其外部形态还是内部结构，都须严格按照公司法和其他有关法律法规规定的条件、形式、程序办理。

### 三、公司的分类

（1）以公司的股东责任为标准，可将公司分为有限责任公司和股份有限公司。我国《公司法》第2条明确规定公司的类型只包括两种：依法在中国境内设立的有限责任公司和股份有限公司。有限责任公司是指依照《公司法》设立，股东以其出资额为限对公司承担责任，公司以其全部财产对公司债务承担责任的企业法人。股份有限公司是指将公司的全部资本划分为等额的股份，公司的股东以其认购的股份为限对公司承担责任，公司则以全部资产对其债务承担责任的企业法人。

（2）以公司的内部管辖关系为标准，可将公司分为总公司和分公司。总公司也称本公司，是指依法设立并管辖公司全部组织的具有企业法人资格的总机构。分公司是指被总公司所管辖的公司分支机构，分公司不具有企业法人资格，仅为总公司的附属机构，其民事责任由总公司承担。分公司虽然不具有企业法人资格，但仍具有经营资格。

（3）以一个公司对另一个公司的控制与支配关系为标准，可将公司分为母公司和子公司。母公司又称为控股公司，是指通过掌握其他公司一定比例的股份，从而实际控制或支配其他公司的生产经营活动的公司。子公司是指全部股份或一定比例的股份被另一公司实际控制的公司。子公司具有企业法人资格，有自己的公司名称、章程和财产，独立地以自己的名义从事经营，依法独立承担民事责任。

（4）以公司的国籍为标准，可将公司分为本国公司和外国公司。本国公司是指依照我国《公司法》在中国境内设立的公司。外国公司是指依照外国法律在中国境外设立的公司。

# 第二节 公司的设立

◎案例：

某市甲、乙、丙三企业经协商决定共同投资设立一从事生产经营的公司。甲、乙、丙订立了发起人协议，协议中的部分内容如下：公司的组织形式为有限责任公司，公司名称为丰成实业公司；公司注册资本150万元，其中甲以实物出资70万元，乙以货币出资30万元，丙以专利技术出资折价出资50万元；委托甲办理设立公司的申请登记手续。

◎问：请用《公司法》的相关知识分析该公司发起人协议中有哪些不合法之处？

## 一、有限责任公司的设立

### （一）设立条件

1. 股东符合法定人数。有限责任公司的股东人数为50人以下。自然人、法人和国家都可以成为有限责任公司的股东。

2. 股东出资达到法定资本最低限额。有限责任公司的注册资本，即公司登记机关登记的全体股东实缴的出资额，公司全体股东的首次出资额不得低于注册资本的20%，也不得低于法定的注册资本最低限额，其余部分由股东自公司成立之日起两年内缴足；其中，投资公司可以在5年内缴足。有限责任公司的注册资本最低限额为人民币3万元，法律、行政法规对有限责任公司注册资本的最低限额有较高规定的，从其规定。

3. 股东共同制定公司章程。

（1）公司章程的内容。公司章程是公司最基本的规范性文件，它记载了公司组织、行为的基本规则。有限责任公司章程应当载明的事项有：公司名称和住所；公司经营范围；公司注册资本；股东的姓名或者名称；股东的出资方式、出资额和出资时间；公司的机构及其产生办法、职权、议事规则；公司法定代表人；股东会会议认为需要规定的其他事项。

（2）公司章程的效力。公司章程，在公司成立之日起生效。当公司章程发生变更，公司要向登记机构作变更章程的登记。当公司进行注销登记，被登记机关核准时，章程效力终止。公司章程对全体股东、公司的组织机构和经营管理人员均有约束力。

4. 有公司名称、建立符合有限责任公司要求的组织机构。

(1) 公司的名称是某一公司区别于其他公司的特定标志。公司未登记注册成立不得以公司名义从事生产经营活动。公司名称包括以下内容：行政区划、商号、经营领域、公司性质。

(2) 有限责任公司应分别情况建立以下组织机构：股东会、董事会、监事会。

5. 有公司的住所。公司住所为公司的主要办事机构所在地。

(二) 设立程序

1. 订立发起人协议。有限责任公司只能采取发起方式设立，这是比较募集设立方式而言的。有限责任公司只能由股东发起设立。具体而言，股东首先要对设立有限责任公司进行可行性分析和预测，确定设立公司的意向。在股东有数人时，应签订股东发起人协议或作出发起人会议决议。该协议或决议是明确公司设立过程中股东发起人各自权利义务的书面文件。

2. 制定公司章程。有限责任公司的公司章程由公司全体股东共同制定，经全体股东同意并签名或盖章后，报登记主管机关备案，公司成立后发生法律效力。

3. 申请名称预先核准。《公司登记管理条例》第17条规定："设立公司应当申请名称预先核准。"设立有限责任公司，应当由全体股东指定的代表或共同委托的代理人向公司登记机关申请名称预先核准，由公司登记机关发给"企业名称预先核准通知书"。预先核准的公司名称保留期为6个月。预先核准的公司名称在保留期内，不得用于从事经营活动，不得转让。

4. 报经有关部门批准。一般来说，有限责任公司的设立只要不涉及法律、法规的特别要求，直接注册登记即可成立，但法律、行政法规规定设立公司必须报经批准的，应当在公司登记前依法办理批准手续。依我国有关法律的规定，需要办理批准的有限责任公司主要有两大类：

(1) 法律、行政法规规定必须经批准的。如设立经营证券业务的有限责任公司，就应事先经证券管理部门的批准，否则不得申请登记；又如设立经营保险业务的有限责任公司，就应事先得到保险监管机关的批准。

(2) 公司营业项目中有必须报经批准的事项。如依照《烟草专卖法》的规定，设立有关烟草买卖方面的公司，必须经过国家烟草管理部门进行批准方可设立。

5. 股东缴纳出资。股东必须按照章程的规定，缴纳所认缴的出资；股东的出资还应当按照法律的规定，采取法定的出资形式，并经法定的验资机构出具验资证明。《公司法》第27条规定，股东可以用货币出资，也可以用实物、知识产权、土地使用权等可以用货币估价并可以依法转让的非货币财产作价出资；但是，法律、行政法规规定不得作为出资的财产除外。全体股东的货币出资金额不得低于有限责任公司注册资本的30%。

知识产权是指人们对其智力劳动成果所享有的民事权利。传统的知识产权包括商标权、专利权和著作权，工业产权只包括商标权和专利权。现行《公司法》已将出资形式由"工业产权"修改为"知识产权"，将著作权也纳入出资形式的范畴，扩大了无形资产的出资范围。不得作为出资的财产主要是指劳务、信用、自然人姓名、商誉、特许经营权或者设定担保的财产等。

股东应当按期足额缴纳公司章程中规定的各自所认缴的出资额。股东以货币出资的，应当将货币出资足额存入有限责任公司在银行开设的账户；以非货币财产出资的，应当依法办理其财产权的转让手续。有限责任公司成立后，应当向股东签发出资证明书。股东不按照规定缴纳出资的，除应当向公司足额缴纳外，还应当向已按期足额缴纳出资的股东承担违约责任。有限责任公司成立后，发现作为设立公司出资的非货币财产的实际价额显著低于公司章程所定价额的，应当由交付该出资的股东补足其差额；公司设立时的其他股东承担连带责任。公司成立后，股东不得抽逃出资。

6. 申请设立登记。股东的首次出资经依法设立的验资机构验资后，由全体股东指定的代表或者共同委托的代理人向公司登记机关报送公司登记申请书、公司章程、验资证明等文件，申请设立登记。

依《公司登记管理条例》第20条第2款的规定，申请设立有限责任公司，应当向公司登记机关提交下列文件：

（1）公司法定代表人签署的设立登记申请书；

（2）全体股东指定代表或者共同委托代理人的证明；

（3）公司章程；

（4）依法设立的验资机构出具的验资证明，法律、行政法规另有规定的除外；

（5）股东首次出资是非货币财产的，应当在公司设立登记时提交已办理其财产权转移手续的证明文件；

（6）股东的主体资格证明或者自然人身份证明；

（7）载明公司董事、监事、经理的姓名、住所的文件以及有关委派、选举或者聘用的证明；

（8）公司法定代表人任职文件和身份证明；

（9）企业名称预先核准通知书；

（10）公司住所证明；

（11）国家工商行政管理总局规定要求提交的其他文件。

法律、行政法规或者国务院决定规定设立有限责任公司必须报经批准的，还应当提交有关批准文件。

7. 签发营业执照。营业执照的签发日期为有限责任公司的成立日期。公司营业执照应当载明公司的名称、住所、注册资本、实收资本、经营范围、法定代表人姓名等事项。自成立之日起公司取得法人规格，可以公司名义对外从事经营活动。

凭登记机关颁发的企业法人营业执照，公司可以刻制印章、开立银行账户、申请纳税登记。

**◎案例：**

某股份有限公司的设立构想有：该公司发起人共有9人，其中4人在中国境内有住所；注册资本为人民币6000万元，其中1800万元由发起人认购，其余向社会公开募集；创立大会可以根据需要，结合市场情况由发起人决定召开的时间；发起人向社会公开募集的股份由证券公司承销并由其代收股款；认股人在交纳股款后，在任何情况下，都不可以要求发起人返还股款。

试用《公司法》的知识分析该股份有限公司设立构想中有哪些不合法之处？

## 二、股份有限公司的设立

### （一）设立条件

1. 发起人符合法定人数。发起人可以是自然人，也可以是法人；发起人的人数为2人以上200人以下，其中须有半数以上的发起人在中国境内有住所。

在公司设立过程中，发起人要承担下列责任：（1）公司不能成立时，对设立行为所产生的债务和费用负连带责任；（2）公司不能成立时，对认股人已缴纳的股款，负返还股款并加算银行同期存款利息的连带责任；（3）在公司设立过程中，由于发起人的过失致使公司利益受到损害的，应当对公司承担赔偿责任。

2. 发起人认购和募集的股本达到法定资本最低限额。股份有限公司注册资本的最低限额为人民币500万元。法律、行政法规对股份有限公司注册资本的最低限额有较高规定的，从其规定。这主要是指我国《保险法》、《商业银行法》、《证券法》等对特殊类型的股份有限公司的最低资本限额有其特别规定。

股份有限公司采取发起设立方式设立的，注册资本为在公司登记的全体发起人认购的股本总额。股份有限公司采取募集方式设立的，注册资本为在公司登记机关登记的实收股本总额。

3. 制定公司章程。股份有限公司章程应当载明下列事项：（1）公司名称和住所；（2）公司经营范围；（3）公司设立方式；（4）公司股份总数、每股金额和注册资本；（5）发起人的姓名或者名称、认购的股份数、出资方式和出资时间；（6）董事会的组成、职权和议事规则；（7）公司法定代表人；（8）监事会的组成、职权和议事规则；（9）公司利润分配办法；（10）公司的解散事由和清算办法；（11）公司的通知和公告办法；（12）股东大会会议认为需要规定的其他事项。第12项属于公司章程任意记载事项，股东大会可自愿记载。

采取募集方式设立的股份有限公司，公司章程需经创立大会通过。

4. 组织条件。组织条件主要包括公司名称、类别、住所、经营范围等的选定以及公司的组织机构等。依我国《公司法》的规定，股份有限公司的内部组织机构分为股东大会、董事会和监事会。

## （二）设立方式

股份有限公司有两种设立方式：发起设立和募集设立。

1. 发起设立。发起设立，是指由发起人认购公司应发行的全部股份而设立公司。

2. 募集设立。募集设立，是指发起人认购公司应发行股份的一部分，其余股份向社会公开募集或者向特定对象募集而设立公司。

以募集设立方式设立股份有限公司，发起人认购的股份不得少于公司股本总额的35%，但是，法律、行政法规另有规定的，从其规定。

## （三）设立程序

1. 发起设立的程序。

（1）由发起人签订发起人协议，制定公司章程。

（2）由发起人认购公司的全部资本。股份有限公司采取发起设立的，注册资本为在公司登记机关登记的全体发起人认购的股本总额。公司发起人首次出资额不得低于注册资本的20%，其余部分由发起人自公司成立之日起2年内缴足，其中投资公司可以在5年内缴足。在缴足之前，不得向他人募集股份。发起人的出资方式以及货币出资额与有限责任公司股东的出资要求相同。

（3）发起人交付全部出资后，应当选举董事会和监事会，由董事会向公司登记机关申请登记。

2. 募集设立的程序。

（1）发起人签订发起人协议，起草公司章程。

（2）发起人认购公司股份。

（3）发起人募集股份。发起人向社会公开募集股份时，应当履行以下义务：①向国务院证券监督管理部门递交募股申请，未经国务院证券监督管理部门批准，发起人不得向社会公开募集股份；②公告招股说明书，并制作认股书；③与证券公司签订承销协议，将公司股份交由证券公司承销；④同银行签订代收股款协议；⑤发行股份的股款缴足后，经依法设立的验资机构验资并出具证明。

（4）发起人召开创立大会。创立大会是股份有限公司成立之前由认股人和发起人参加的会议。发起人应当在股款缴足之日起30日内主持召开公司创立大会。发行的股份超过招股说明书规定的截止期限尚未募足的，或者发行股份的股款缴足后，发起人在30日内召开创立大会的，认股人可以按照所缴股款并加算银行同期存款利息，要求发起人返还。发起人应当在创立大会召开15日将会议日期通知各认股人或者予以公告。创立大会应有代表股份总数过半数的认股人出席，方可举行。

创立大会具有以下职权：

①审议发起人关于公司筹办情况的报告；②通过公司章程；③选举董事会成员；④选举监事会成员；⑤对公司的设立费用进行审核；⑥对发起人用于抵作股款的财产的作价进行审核；⑦发生不可抗力或者经营条件发生重大变化直接影响公司设立的，可以作出不设立公司的决议。

创立大会对前述所列事项作出决议，必须经出席会议的认股人所持表决权过半数通过。

(5) 申请设立登记。发起人和认股人在创立大会上选举产生公司的董事会、监事会。由董事会于创立大会结束后30日内，向公司登记机关申请公司设立登记。对符合法律规定条件的，予以登记，发给营业执照。公司营业执照签发之日，为公司成立日期。

## 第三节 公司的内部治理结构

### 一、公司的权力机构

#### (一) 有限责任公司的股东会

1. 股东会的性质与职权。有限责任公司的股东会是由全体股东组成，是公司的权力机构，依照《公司法》第38条的规定行使下列职权：

(1) 决定公司的经营方针和投资计划；(2) 选举和更换非由职工代表担任的董事、监事，决定有关董事、监事的报酬事项；(3) 审议批准董事会的报告；(4) 审议批准监事会或者监事的报告；(5) 审议批准公司的年度财务预算方案、决算方案；(6) 审议批准公司的利润分配方案和弥补亏损方案；(7) 对公司增加或者减少注册资本作出决议；(8) 对发行公司债券作出决议；(9) 对公司合并、分立、解散、清算或者变更公司形式作出决议；(10) 修改公司章程；(11) 公司章程规定的其他职权。

对前款所列事项股东以书面形式一致表示同意的，可以不召开股东会会议，直接作出决定，并由全体股东在决定文件上签名、盖章。

股东会行使的职权一般是关系公司"生死存亡"的重大事项，即公司的经营方针和计划，发行债券、公司的人事、财务、增减资本、变更公司形式、公司合并、分立、解散、清算、修改公司章程等对公司有重大影响的事项。

2. 股东会的召集及会议形式。《公司法》第39条规定，有限责任公司股东会的首次会议由出资最多的股东召集和主持。这是因为，此时董事会和监事会尚未选举出来。以后的股东会会议，设立董事会的，由董事会召集，董事长主持；董事长不能履行职务或者不履行职务的，由副董事长主持；副董事长不能履行职务或者不履行职务的，由半数以上董事共同推举一名董事主持。有限责任公司不设董事会的，股东会会议由执行董事召集和主持。董事会或者执行董事不能履行或者不履行召集股东会会议职责的，由监事会或者不设监事会的公司的监事召集和主持；监事会或者监事不召集和主持的，代表1/10以上表决权的股东可以自行召集和主持。

有限责任公司股东会会议分为定期会议和临时会议，定期会议也称为普通会议，临时会议也称为特别会议。

定期会议主要决定股东会职权范围内的例行重大事项。我国公司法允许有限责任公司的定期股东会议由公司章程决定每两次会议之间的最长间隔期限以及具体召开时间。

临时会议是指定期会议以外的必要时候，由于发生法定事由或者根据法定人员、机构的提议而召开的股东会议。《公司法》第40条规定，代表1/10以上表决权的股东，1/3的董事，监事会或者不设监事会的公司的监事提议召开临时会议的，应当召开临时会议。

召开股东会会议，应当于会议召开15日之前通知全体股东；但是，公司章程另有规定或者全体股东另有约定的除外。

3. 股东会的议事规则。

（1）普通决议。除特别决议事项外的决议为普通决议，股东会的议事方式和表决程序，除公司法另有规定的外，由公司章程规定。

（2）特别决议。股东会会议作出修改公司章程、增加或者减少资本的决议，以及公司合并、分立、解散或者变更公司形式的决议，必须经代表2/3以上有表决权的股东通过。

股东会会议由股东按照出资比例行使表决权，但是，公司章程另有规定的除外。

股东会应当对所议事项的决定做成会议记录，出席会议的股东应当在会议记录上签名。

（二）股份有限公司的股东大会

1. 股东大会的性质与职权。股东大会是公司的权力机构，由股份有限公司全体股东组成。股东大会职权同于有限责任公司股东会职权。

2. 股东大会的召集和会议形式。股份有限公司股东大会的召集和主持与有限责任公司股东会的召集和主持基本相同,但股东自行召集和主持的,须连续90日以上单独或者合计持有公司10%以上股份。

股东大会可以分为股东年会和临时股东大会。股东年会即股东定期会议,股东大会应当每年召开一次年会。公司法对有限责任公司股东会没有这样的约束。临时股东大会也称特别会议,是指定期会议以外必要的时候,由于发生法定事由或者根据法定人员、机构的提议而召开的股东大会。

《公司法》第101条规定,有下列情形之一的,应当在2个月内召开临时股东大会:

(1)董事人数不足本法规定人数或者公司章程所定人数的2/3时;(2)公司未弥补的亏损达实收股本总额1/3时;(3)单独或者合计持有公司10%以上股份的股东请求时;(4)董事会认为必要时;(5)监事会提议召开时;(6)公司章程规定的其他情形。

召开股东大会会议,应当将会议召开的时间、地点和审议的事项于会议召开20日前通知各股东;临时股东大会应当于会议召开15日前通知各股东;发行无记名股票的,应当于会议召开30日前公告会议召开的时间、地点和审议事项。单独或者合计持有公司3%以上股份的股东,可以在股东大会召开10日前提出临时提案并书面提交董事会;董事会应当在收到提案后2日内通知其他股东,并将该临时提案提交股东大会审议。临时提案的内容应当属于股东大会职权范围,并有明确议题和具体决议事项。股东大会不得对前两款通知中未列明的事项作出决议。无记名股票持有人出席股东大会会议的,应当于会议召开5日前至股东大会闭会时将股票交存于公司。

3. 股东大会的议事规则。

(1)普通决议。股东大会作出决议,必须经出席会议的股东所持表决权过半数通过。法律另有规定的除外。

(2)特别决议。股东大会作出修改公司章程、增加或者减少注册资本的决议,以及公司合并、分立、解散或者变更公司形式的决议,必须经出席会议的股东所持表决权的2/3以上通过。

股东出席股东大会会议,所持每一股份有一表决权。公司法和公司章程规定公司转让、受让重大资产或者对外提供担保等事项必须经股东大会作出决议的,董事会应当及时召集股东大会会议,由股东大会就上述事项进行表决。

股东大会选举董事、监事,可以根据公司章程的规定或者股东大会的决议,实行累积投票制。所谓累积投票制,是指股东大会选举董事或者监事时,每一股份拥有与应选董事或者监事人数相同的表决权,股东拥有的表决权可以集中使用。

股东可以委托代理人出席股东大会会议,代理人应当向公司提交股东授权委托书,并在授权范围内行使表决权。

股东大会应当对所议事项的决定做成会议记录，主持人、出席会议的董事应当在会议记录上签名。会议记录应当与出席股东的签名册及代理出席的委托书一并保存。

## 二、公司的执行机构

### （一）有限责任公司的董事会

1. **董事会性质与职权**。董事会是指依法选举产生，代表公司并行使经营决策权的公司常设机关。董事会执行股东会决议，负责公司的经营决策，它有自己独立的职权，在法律和章程规定的范围内对公司经营管理行使决策权力。

有限责任公司的董事会是公司股东会的执行机构，向股东会负责。董事会不是有限责任公司的必设机构，有限责任公司规模比较小或者股东人数比较少的，可以不设董事会，设一名执行董事。执行董事可以兼任公司经理，为公司法定代表人。

依照《公司法》第47条的规定，董事会行使下列职权：（1）召集股东会会议，并向股东会报告工作；（2）执行股东会的决议；（3）决定公司的经营计划和投资方案；（4）制订公司的年度财务预算方案、决算方案；（5）制订公司的利润分配方案和弥补亏损方案；（6）制订公司增加或者减少注册资本以及发行公司债券的方案；（7）制订公司合并、分立、解散或者变更公司形式的方案；（8）决定公司内部管理机构的设置；（9）决定聘任或者解聘公司经理及其报酬事项，并根据经理的提名决定聘任或者解聘公司副经理、财务负责人及其报酬事项；（10）制定公司的基本管理制度；（11）公司章程规定的其他职权。

2. **董事会的组成**。董事会设董事长一人，可以设副董事长。董事长、副董事长的产生办法由公司章程规定。董事会成员为3～13人。两个以上的国有企业或者两个以上的其他国有投资主体投资设立的有限责任公司，其董事会成员中应当有公司职工代表；其他有限责任公司董事会成员中可以有公司职工代表。董事会中的职工代表由公司职工通过职工代表大会、职工大会或者其他形式民主选举产生。

董事任期由公司章程规定，但每届任期不得超过3年。董事任期届满，连选可以连任。董事任期届满未及时改选，或者董事在任期内辞职导致董事会成员低于法定人数的，在改选出的董事就任前，原董事仍应当依照法律、行政法规和公司章程的规定，履行董事职责。

3. **董事会会议的召集和议事规则**。董事会会议由董事长召集和主持；董事长不能履行职务或者不履行职务的，由副董事长召集和主持；副董事长不能履行职务或者不履行职务的，由半数以上董事共同推举一名董事召集和主持。董事会的议事方式和表决程序，除公司法有规定的外，由公司章程规定。董事会决议的表决，实行一人一票制。

董事会应当对所议事项的决定做成会议记录，出席会议的董事应当在会议记录上签名。

4. 经理的设立及职权。有限责任公司可以设经理，由董事会决定聘任或者解聘。经理为公司的任设机构，公司可以设也可以不设经理。设经理的，经理由董事会决定聘任或者解聘，对董事会负责。经理列席董事会会议。董事会对公司的管理主要是决策性的，而经理则是具体管理事项的执行者，在董事会的授权下，执行董事会决议，完成董事会交给的任务，维持公司正常运转。

《公司法》第50条规定，经理对董事会负责，行使下列职权：（1）主持公司的生产经营管理工作，组织实施董事会决议；（2）组织实施公司年度经营计划和投资方案；（3）拟订公司内部管理机构设置方案；（4）拟订公司的基本管理制度；（5）制定公司的具体规章；（6）提请聘任或者解聘公司副经理、财务负责人；（7）决定聘任或者解聘除应由董事会决定聘任或者解聘以外的负责管理人员；（8）董事会授予的其他职权。

公司章程对经理职权另有规定的，从其规定。

（二）股份有限公司的董事会

1. 董事会的性质与职权。股份有限公司董事会是公司股东大会的执行机构，向股东大会负责。董事会是股份有限公司的必设机构。董事会的职权同于有限责任公司的董事会职权。

2. 董事会的组成。董事会设董事长1人，可以设副董事长。董事长和副董事长由董事会以全体董事过半数选举产生。董事会成员为5人以上19人以下。董事会成员中可以有公司职工代表。董事会的召集者和主持者、董事的任期以及经理的规定，董事会会议记录要求，与有限责任公司规定一致。

3. 董事会的会议形式以及议事规则。董事会每年度至少召开两次会议，每次会议应当于会议召开10日前通知全体董事和监事。代表1/10以上表决权的股东、1/3以上董事或者监事会，可以提议召开董事会临时会议，董事长应当自接到提议后10日内，召集和主持董事会会议。

董事会会议应有过半数的董事出席方可举行。董事会作出决议，必须经全体董事的过半数通过。董事会决议的表决，实行一人一票制。

4. 董事的议事责任。董事会会议，应由董事本人出席；董事因故不能出席的，可以书面委托其他董事代为出席，委托书中应载明授权范围。

董事应当对董事会的决议承担责任。董事会的决议违反法律、行政法规或者公司章程、股东大会决议，致使公司遭受严重损失的，参与决议的董事对公司负赔偿责任。但经证明在表决时曾表明异议并记载于会议记录的，该董事可以免除责任。

5. 经理的设立及职权。《公司法》第 114 条规定，股份有限公司设经理，由董事会决定聘任或者解聘。即要求股份有限公司应当设经理，由董事会聘任对董事会负责。这与有限责任公司"可以"设经理的规定有所区别。公司董事会可以决定由董事会成员兼任经理。

有限责任公司经理职权的规定，适用于股份有限公司经理。即股份有限公司经理的职权与有限责任公司相同，同样适用《公司法》第 50 条的规定，公司章程对经理职权另有规定的，从其规定。

## 三、公司的监督机构

### （一）有限责任公司的监事会

1. 监事会的性质与职权。有限责任公司监事会是公司的内部监督机构。有限责任公司设监事会，其成员不得少于 3 人。股东人数比较少和规模比较小的有限任公司可以设 1～2 名监事，不设立监事会。

监事会是依法产生，对董事和经理的经营管理行为及公司财务进行监督的常设机构。他代表全体股东对公司经营管理进行监督，行使监督职能。

《公司法》第 54 条规定，监事会、不设监事会的公司的监事行使下列职权：（1）检查公司财务；（2）对董事、高级管理人员执行公司职务的行为进行监督，对违反法律、行政法规、公司章程或者股东会决议的董事、高级管理人员提出罢免的建议；（3）当董事、高级管理人员的行为损害公司的利益时，要求董事、高级管理人员予以纠正；（4）提议召开临时股东会会议，在董事会不履行本法规定的召集和主持股东会会议职责时召集和主持股东会会议；（5）向股东会会议提出提案；（6）依照本法第 152 条的规定，对董事、高级管理人员提起诉讼；（7）公司章程规定的其他职权。

《公司法》第 55 条赋予了监事会、监事的质询、建议及调查的职权：监事可以列席董事会会议，并对董事会决议事项提出质询或者建议。监事会、不设监事会的公司的监事发现公司经营情况异常，可以进行调查；必要时，可以聘请会计师事务所等协助其工作，费用由公司承担。

监事会、不设监事会的公司的监事行使职权所必需的费用，由公司承担。

2. 监事会的组成。监事会应当包括股东代表和适当比例公司职工代表，其中职工代表的比例不得低于 1/3，具体比例由公司章程规定。监事会设主席 1 人，由全体监事过半数选举产生。监事任期每届为 3 年，监事任期届满，连选可以连任。其中，董事、高级管理人员不得兼任监事。

3. 监事会的召集和议事规则。监事会主席召集和主持监事会会议；监事会主席不能履行职务或者不履行职务的，由半数以上监事共同推举一名监事召集和主持监事会会议。

监事会每年度至少召开一次会议，监事可以提议召开临时监事会会议。监事会的议事方式和表决程序，由公司章程规定，监事会决议应当经半数以上监事通过。

监事会应当对所议事项的决定作成会议记录，出席会议的监事应当在会议记录上签名。

### （二）股份有限公司的监事会

股份有限公司监事会的性质、职权、任期以及议事规则与有限责任公司监事会相同。两者的不同之处表现在以下两个方面：

1. 监事会的召集和主持。股份有限公司监事会设主席1人，可以设副主席。监事会主席和副主席由全体监事过半数选举产生。监事会主席召集和主持监事会会议；监事会主席不能履行职务或者不履行职务的，由监事会副主席召集和主持监事会会议；监事会副主席不能履行或者不履行职务的，由半数以上监事共同推举一名监事召集和主持监事会会议。

2. 监事会的会议制度。监事会每6个月至少召开一次会议，监事可以提议召开临时监事会会议。

## 四、股东

### （一）公司股东资格的取得

股东即公司的出资人。在公司获准设立之后，各出资人即成为公司的股东。在我国，除法律、行政法规另有规定外，自然人、法人、国家以及国家授权投资的机构或部门都可成为公司的股东。

### （二）公司股东的权利

《公司法》有关股东权利的规定散见于多个条文之中，可归纳为财产权和参与管理权两大类：

1. 财产权。
（1）发给股权证明或股票请求权；
（2）股权或股份转让权；
（3）股息红利分配请求权，即资产收益权；
（4）优先认购新股权；
（5）公司剩余财产分配权。

2. 参与管理权。

（1）股东会或股东大会临时召集请求权或自行召集权；

（2）出席股东会并行使表决权，即参与重大决策权和选择管理者的权利；

（3）对公司财务的监督检查权和会计账簿的查阅权；

（4）公司章程和股东会、股东大会会议记录、董事会会议决定、监事会会议决定的查阅权和复制权，但股份有限公司的股东没有复制权；

（5）权利损害救济权和股东代表诉讼权；

（6）公司重整申请权；

（7）对公司经营的建议与质询权。

除上述法定权利外，股东还享有公司章程规定的权利。

### （三）公司股东的义务

出资义务。股东应当按期足额缴纳公司章程中规定的各自所认缴的出资额，并以其所认缴的出资额为限对公司承担责任。股东不按照公司章程或公司法的规定缴纳出资的，除应当向公司足额缴纳外，还应当向已按期足额缴纳出资的股东承担违约责任。有限责任公司成立后，发现作为设立公司出资的非货币财产的实际价额显著低于公司章程所定价额的，应当由交付该出资股东补足其差额；公司设立时的其他股东承担连带责任。

公司成立后，股东不得抽逃出资。

### （四）股东代表诉讼制度

董事、高级管理人员执行公司职务时违反法律、行政法规或者公司章程的规定，给公司造成损失的，有限责任公司的股东、股份有限公司连续180日以上单独或者合计持有公司1%以上股份的股东，可以书面请求监事会或者不设监事会的有限责任公司的监事向人民法院提起诉讼；监事执行公司职务时违反法律、行政法规或者公司章程的规定，给公司造成损失的，前述股东可以书面请求董事会或者不设董事会的有限责任公司的执行董事向人民法院提起诉讼。监事会、不设监事会的有限责任公司的监事，或者董事会、执行董事受到书面请求后拒绝提起诉讼，或者自收到请求之日起30日内未提起诉讼，或者情况紧急、不立即提起诉讼将会使公司利益受到难以弥补的损害的，前述规定的股东有权为了公司的利益以自己的名义直接向人民法院提起诉讼。

他人侵犯公司合法权益，给公司造成损失的，前述股东可以依照上述规定向人民法院提起诉讼。

董事、高级管理人员违反法律、行政法规或者公司章程的规定，损害股东利益的，股东可以直接向人民法院提起诉讼。

### 五、公司董事、监事、高级管理人员

**（一）董事、监事、高级管理人员的资格**

由于董事、监事、高级管理人员对于公司的经营管理和业绩效益负有重要的责任，《公司法》对他们的任职资格有较为严格的限制性条件。根据《公司法》第147条的规定，有下列情形之一的，不得担任公司的董事、监事、高级管理人员：

（1）无民事行为能力或者限制民事行为能力；

（2）因贪污、贿赂、侵占财产、挪用财产或者破坏社会主义市场经济秩序，被判处刑罚，执行期满未逾5年，或者因犯罪被剥夺政治权利，执行期满未逾5年；

（3）担任破产清算的公司、企业的董事或者厂长、经理，对该公司、企业的破产负有个人责任的，自该公司、企业破产清算完结之日起未逾3年；

（4）担任因违法被吊销营业执照、责令关闭的公司、企业的法定代表人，并负有个人责任的，自该公司、企业被吊销营业执照之日起未逾3年；

（5）个人所负数额较大的债务到期未清偿。

公司违反前述规定选举、委派董事、监事或者聘任高级管理人员的，该选举、委派或者聘任无效。董事、监事、高级管理人员在任职期间出现前述所列情形的，公司应当解除其职务。

**（二）董事、监事、高级管理人员的义务和责任**

1. 董事、监事、高级管理人员的义务。董事、监事、高级管理人员应当遵守法律、行政法规和公司章程，对公司负有忠实义务和勤勉义务，不得利用职权收受贿赂或者其他非法收入，不得侵占公司的财产。

董事、高级管理人员不得有下列行为：

（1）挪用公司资金；

（2）将公司资金以其个人名义或者以其他个人名义开立账户存储；

（3）违反公司章程的规定，未经股东会、股东大会或者董事会同意，将公司资金借贷给他人或者以公司财产为他人提供担保；

（4）违反公司章程的规定或者未经股东会、股东大会同意，与本公司订立合同或者进行交易；

（5）未经股东大会或者股东大会同意，利用职务便利为自己或者他人谋取属于公司的商业机会，自营或者为他人经营与所任职公司同类的业务；（竞业禁止）

（6）接受他人与公司交易的佣金归为己有；

（7）擅自披露公司秘密；

（8）违反对公司忠实义务的其他行为。

2. 董事、监事、高级管理人员的责任。

（1）董事、高级管理人员违反上述规定所得的收入应当归公司所有。

（2）董事、监事、高级管理人员执行公司职务时违反法律、行政法规或者公司章程的规定，给公司造成损失的，应当承担赔偿责任。

## 第四节  三种特殊公司

### 一、一人有限责任公司

（一）一人有限责任公司的概念和特征

1. 一人有限责任公司的概念。一人有限责任公司是指只有一个自然人股东或者一个法人股东的有限责任公司。

2. 一人有限责任公司的特征。

（1）股东为一人。一人有限责任公司只有一个股东。股东可以是自然人，也可以是法人。

（2）股东对公司债务承担有限责任。

（3）组织机构的简化。一人有限责任公司不设股东会，由股东行使《公司法》中规定的一般有限责任公司股东会的所有职权。股东作出《公司法》规定股东会的决定时，应当采取书面形式，并由股东签名后置备于公司。

（二）一人公司的法律规制

1. 注册资本的限制。一人有限责任公司规定了比普通有限公司更高的最低资本额标准和更严格的出资缴纳要求。一人有限责任公司的最低注册资本限额是人民币10万元，公司股东必须一次足额缴纳公司章程规定的出资额。

2. 再投资的限制。一个自然人只能投资设立一个一人有限责任公司，该一人有限责任公司不能投资设立新的一人有限责任公司。一人有限责任公司应当在公司登记中注明自然人独资或法人独资，并在公司营业执照中载明。

3. 财务会计制度方面的要求。一人有限责任公司应当在每一会计年度终了时编制财务会计报告，并经会计师事务所审计。

4. 人格混同时的股东连带责任。一人有限责任公司的股东不能证明公司财产独立于股东自己的财产的，应当对公司债务承担连带责任。

## 二、国有独资公司

### （一）国有独资公司的概念和特征

1. 国有独资公司的概念。国有独资公司是指国家单独出资，由国务院或者地方人民政府委托本级人民政府国有资产监督管理机构履行出资人职责的有限责任公司。国务院确定的生产特殊产品的公司或者属于特定行业的公司，应当采取国有独资公司形式。

2. 国有独资公司的特征。

（1）国有独资公司为有限责任公司。国有独资公司是有限责任公司的一种，它不是独立于有限责任公司形态的一种新的公司形态。国有独资公司适用有限责任公司的一般原则，如公司财产与股东财产相分离的原则、有限责任原则等。

（2）国有独资公司股东的唯一性。国有独资公司虽属于有限责任公司，但它与一般的有限责任公司不同。最根本的区别就在于，国有独资公司仅有一个股东。

（3）国有独资公司股东的法定性，即股东必须是国家。

### （二）国有独资公司组织机构的特别规定

1. 国有独资公司的权力机构。国有独资公司不设股东会，由国有资产监督管理机构行使股东会职权。国有资产监督管理机构可以授权公司董事会行使股东会的部分职权，决定公司的重大事项，但公司的合并、分立、解散、增减注册资本和发行公司债券，必须由国有资产监督管理机构决定；其中，重要的国有独资公司合并、分立、解散、申请破产的，应当由国有资产监督管理机构审核后，报本级人民政府批准。

2. 国有独资公司的执行机构。国有独资公司设董事会，董事会成员中应当有公司职工代表。董事会成员由国有资产监督管理机构委派；但是，董事会成员中的职工代表由公司职工代表大会选举产生。

董事会设董事长一人，可以设副董事长。董事长、副董事长由国有资产监督管理机构从董事会成员中指定。经国有资产监督管理机构同意，董事会成员可以兼任经理。

国有独资公司的董事长、副董事长、董事、高级管理人员，未经国有资产监督管理机构同意，不得在其他有限责任公司、股份有限公司或者其他经济组织兼职。

3. 国有独资公司的监督机构。国有独资公司监事会成员不得少于5人，其中职工代表的比例不得少于1/3，具体比例由公司章程规定。监事会成员由国有资产监督管理机构委派；但是，监事成员中的职工代表由公司职工代表大会选举产生。监事会主席由国有资产监督管理机构从监事会成员中指定。

4. 国有独资公司的章程。国有独资公司章程由国有资产监督管理机构制定，或者由董事会制定，报国有资产监督管理机构批准。

### 三、上市公司

#### （一）上市公司的特点

上市公司是指其股票在证券交易所上市交易的股份有限公司。上市公司具有以下特点：

1. 上市公司是已向社会发行股票的股份有限公司。以募集设立方式成立的股份有限公司，可以依照法律规定的条件，申请其股票在证券交易所内进行交易，成为上市公司。以发起设立方式成立的股份有限公司，在公司成立后，经过批准向社会公开发行股份后，又达到《公司法》规定的上市条件的，也可以依法申请为上市公司。

2. 上市公司必须经国务院或者国务院授权证券管理部门批准。国务院可以直接批准上市公司，也可以授权证券管理部门批准。证券管理部门是指国务院对证券的发行、交易实施监督管理的主管机关。

3. 上市公司的股票必须在证券交易所开设交易场所公开竞价交易。证券交易所是国家批准设立的专为证券交易提供公开竞价交易场所的事业法人。

#### （二）上市公司组织机构的特别规定

1. 重大事项决议。上市公司在一年内购买、出售重大资产或者担保金额超过公司资产总额30%的，应当由股东大会作出决议，并经出席会议的股东所持表决权的2/3以上通过。

2. 独立董事制度。上市公司设独立董事。独立董事是指不在公司担任董事外的其他职务，并与其所受聘的上市公司及其主要股东不存在可能妨碍其进行独立客观判断的关系的董事。独立董事对上市公司及全体股东负有诚信与勤勉义务。

3. 董事会秘书。上市公司设立董事会秘书，负责公司股东大会和董事会会议的筹备、文件保管以及公司股权管理，办理信息披露事务等事宜。

4. 关联董事回避制度。上市公司董事与董事会会议决议事项所涉及的企业有关联关系的，不得对该项决议行使表决权，也不得代理其他董事行使表决权。该董事会会议由过半数的无关联关系董事出席即可举行，董事会会议所作决议须经无关联关系董事过半数通过。出席董事会的无关联关系董事人数不足3人的，应将该事项提交上市公司股东大会审议。

## 第五节 公司的其他制度

### 一、股份有限公司股份的发行与转让

（一）股份与股票

股份是股份有限公司资本最基本的构成单位。股份有限公司的资本划分为等额股份，即每股所代表的金额相等。股份表示股东享有权益的范围，它通过股票的形式表现出来。股票是股份有限公司签发的证明股东所持股份的凭证。

（二）股份的发行

1. 股份发行的原则。

股份的发行，实行公平、公正的原则。具体而言，股份有限公司发行股份时应当做到以下三点：（1）当公司向社会公开募集股份时，应就有关股份发行的信息依法公开披露。其中，包括公告招股说明书、财务会计报告等。（2）同次发行的股份，每股的发行条件和价格应当相同。任何单位或者个人所认购的股份，每股应当支付相同价额。（3）发行的同种股份，股东所享有的权利和利益应当是相同的。

2. 股票的发行价格。

股票发行价格可以按票面金额，也可以超过票面金额即股票溢价发行，但不得低于票面金额发行股票。以超过票面金额发行股票所得溢价款，应列入公司资本公积金。

（三）股份的转让

股东持有的股份可以依法转让。股东转让其股份，应当在依法设立的证券交易场所进行或者按照国务院规定的其他方式进行。

1. 记名股票的转让。

记名股票，由股东以背书方式或者法律、行政法规规定的其他方式转让；转让后由公司将受让人的姓名或者名称及住所记载于股东名册。股东大会召开前20日内或者公司决定分配股利的基准日前5日内，不得进行股东名册变更登记。但是，法律对上市公司股东名册变更登记另有规定的，从其规定。

记名股票被盗、遗失或者灭失，股东可以依照《中华人民共和国民事诉讼法》规定的公示催告程序，请求人民法院宣告该股票失效。人民法院宣告该股票失效后，股东可以向公司申请补发股票。

2. 无记名股票的转让。

无记名股票的转让，由股东将该股票交付给受让人后即发生转让的效力。

上市公司的股票，依照有关法律、行政法规及证券交易所交易规则上市交易。

3. 股票转让的限制。

（1）对股份转让场所的限制。股东转让其股份，必须在依法设立的证券交易场所进行，或者按照国务院规定的其他方式进行。

（2）对发起人持有本公司股份转让的限制。发起人持有的本公司股份，自公司成立之日起1年内不得转让；公司公开发行股份前已发行的股份，自公司股票在证券交易所上市交易之日起1年内不得转让。

（3）对董事、监事、高级管理人员持有本公司股份转让的限制。公司董事、监事、高级管理人员应当向公司申报所持有的本公司的股份及其变动的情况，在任职期间内每年转让的股份不得超过其所持有本公司股份总数的25%。所持本公司股份自公司股票上市交易之日起1年内不得转让。上述人员离职后半年内，不得转让其所持有的本公司股份。

## 二、公司债券

### （一）认识公司债券

公司债券是指有限责任公司或股份有限公司依照法定条件和程序发行的，约定在一定期限内还本付息的有价证券。

1. 公司债券的特点。

（1）公司债券是公司以借贷方式向公众筹集资金，具有利率固定、风险较小、易于吸引投资者的优点。

（2）公司债券是一种要式证券。公司债券的制作必须遵照公司法的规定，记载公司名称、债券票面金额、利率、偿还期限等事项，并由法定代表人签名，公司签章。

（3）公司债券是一种有价证券。公司债券持有人是公司的债权人，享有按照约定期限取得利息、收回本金的权利；发行债券的公司作为向社会公众借债的债务人，负有按照约定期限向债券所有人还本付息的义务。公司债券作为一种有价证券，可以自由流通转让、质押和继承。

（4）公司债券持有人具有广泛性，可以向社会公众公开募集。

2. 公司债券与公司股份的区别。

（1）性质不同。公司债券的所有人是公司的债权人，与公司之间是一种债权债务关系，债券持有人无权参与公司的经营决策。而股份的所有人是公司的股东，依其所持股份享有股东权，有权参与公司的经营决策。

（2）收益不同。公司债券的利率一般是固定的。不论公司是否有盈亏，都应按约定的利率向债券的所有人支付利息。而股东分配股利的多少一般是不固定的，股份的红利有无、多少取决于公司经营情况。

（3）风险不同。公司债期限届满，公司应向债券所有人归还本金，即债券所有人不承担公司经营亏损的风险。而股份作为股东的出资，股东无权请求公司退回，只有在公司解散、清算时，参与分配公司的剩余财产，一旦公司破产，其出资则全部用于清偿公司债务。

## （二）公司债券的种类

1. 记名公司债券和无记名公司债券。

记名公司债券是指债券上记载债权人姓名或者名称的债券。无记名债券是指在公司债券上不记载债权人姓名或者名称的债券。区分记名公司债券和无记名公司债券的法律意义在于两者转让的要求不同。

2. 可转换公司债券和不可转换公司债券。

可转换公司债券是指可以转换成公司股票的公司债券。可转换公司债券实际上是给债权人一种选择权，当债权清偿期满时，债权人可以要求收回本金、取得规定利息，也可以选择将公司债券转换成公司股份，从而成为公司股东。不可转换公司债券是指不能转换为公司股票的公司债券。凡在发行债券时未作出转换约定的，均为不可转换公司债券。

## （三）公司债券的转让

公司债券可以转让，转让价格由转让人与受让人约定。公司债券在证券交易所上市交易的，按照证券交易所的交易规则转让。

公司债券的转让，因记名公司债券与无记名公司债券而有所不同。记名公司债券由债券持有人以背书方式或者法律、行政法规规定的其他方式转让，转让后由公司将受让人的姓名或者名称及住所记载于公司债券存根簿，以备公司存查。无记名公司债券的转让，由债券持有人将该债券交付给受让人后，即发生转让的效力。受让人一经持有该债券，即成为公司的债权人。

## 三、公司财务会计制度

公司的财务会计是利用货币价值形式，反映公司财务状况和经营成果，加强内部经营管理，提高经济效益的一项重要制度。

### （一）对公司财务会计的基本要求

公司应当依照法律、行政法规和国务院财政部门的规定建立本公司的财务、会计制度。公司除法定的会计账簿外，不得另立会计账簿。对公司资产，不得以任何个人的名义开立账房存储。

1. 公司财务会计报告的内容。

公司应当在每一会计年度终了时编制财务会计报告，并依法经会计师事务所审计。公司财务会计报告主要有以下内容：

（1）资产负债表。这是反映公司在某一特定日期财务状况的报表。

（2）损益表。损益表又称利润表，是反映公司一定期间的经营成果及其分配情况的报表。

（3）财务状况变动表。财务状况变动表是综合反映公司一定会计期间内营运资金来源、运用及其增减变动情况的报表。

（4）财务情况说明书。财务情况说明书是对财务会计报表所反映的公司财务状况做进一步说明和补充的文书。

（5）利润分配表。利润分配表是反映公司利润分配和年末未分配利润情况的报表。它是损益表的附属明细表。

2. 公司财务会计报告的送交与置备。

有限责任公司应当依照公司章程规定的期限将财务会计报告送交各股东。股份有限公司的财务会计报告应当在召开股东大会年会的 20 日前置备于本公司，供股东查阅；公开发行股票的股份有限公司必须公告其财务会计报告。

（二）公司的利润分配

1. 公司利润的分配顺序。

公司应当按照下列顺序分配利润：弥补以前年度的亏损；缴纳所得税；依法提取法定公积金；提取任意公积金；向股东分配股利。

2. 公积金。

公司公积金是公司为预防亏损、增加财力、扩大营业规模，依照法律和公司章程的规定或股东大会的决议，从公司盈余或公司资本收益中提取的一种储备金。

公积金的种类、提取比例与用途一览表

| 种类 | 公积金 | | |
|---|---|---|---|
| | 盈余公积金 | | 资本公积金 |
| | 法定公积金 | 任意公积金 | |
| 额度 | 按税后利润（减弥补亏损额）10% 提取，达到注册资本 50% 的，可以不再提取。 | 按公司章程或股东会议决议 | 来源于公司资本重估增值、股票溢价发行款、公司受捐赠的财产 |

续表

| 种类 | 公积金 | | 资本公积金 |
|---|---|---|---|
| | 盈余公积金 | | |
| | 法定公积金 | 任意公积金 | |
| 用途 | 弥补亏损、扩大公司经营规模，转增资本，但转增留存的公积金不得少于转增前注册资本的25%。 | 同左，但没有比例限制。 | 资本公积金经过一定的程序可以转为资本，但不得用于弥补公司的亏损。 |

3. 股利的分配。

股利是按照股份支付给股东的公司盈余。公司当年无利润时不得分配股利。有限责任公司依照股东实缴的出资比例进行分配，但是全体股东约定不按照出资比例分取红利或者不按照出资比例优先认缴出资的除外。股份有限公司按照股东所持有的股份比例分配，但股份有限公司章程规定不按持股比例分配的除外。

股东会、股东大会或者董事会违反上述规定，在公司弥补亏损和提取法定公积金之前向股东分配利润的，股东必须将违反规定分配的利润退还公司。

## 四、公司的合并与分立

### （一）公司的合并

1. 公司合并的种类。

公司合并，是指两个或两个以上的公司依照法定程序变更为一个公司的法律行为。

（1）吸收合并。一个公司吸收其他公司为吸收合并，被吸收的公司解散。

（2）新设合并。两个以上公司合并设立一个新的公司为新设合并，合并各方解散。

2. 公司合并的程序。

（1）公司的权力机构作出合并决议并以特别表决通过。

（2）合并各方签订合并协议，并编制资产负债表和财产清单。

（3）通知或公告债权人。公司应当自作出合并决议之日起10日内通知债权人，并于30日内在报纸上公告。债权人自接到通知书之日起30日内，未接到通知书的自公告之日起45日内，可以要求公司清偿债务或提供相应的担保。

（4）债权债务的处理。公司合并时，合并各方的债权、债务，应当由合并后存续的公司或者新设的公司继承。

（5）办理相关登记。解散的公司需要办理注销登记，新设的公司需要办理设立登记，因合并存续的公司，其登记事项发生变化的，应当办理变更登记。

### （二）公司的分立

公司分立，是指一个公司依照法定程序分为两个或两个以上的公司的法律行为。

1. 公司分立的种类。

（1）派生分立。公司以其部分资产另设一个或数个新的公司，为派生分立，原公司仍然存续。

（2）新设分立。公司全部资产分别划归两个或两个以上的新公司，为新设分立，原公司解散。

2. 公司分立的程序。

（1）公司权力机构作出分立决议并以特别表决通过。

（2）分立各方应当签订分立协议，并对公司财产作相应的分割，编制资产负债表和财产清单。

（3）通知或公告债权人。公司应当自作出分立决议之日起10日内通知债权人，并于30日内在报纸上公告。

（4）债务的处理。公司分立前的债务由分立后的公司承担连带责任。但是，公司在分立前与债权人就债务清偿达成的书面协议另有约定的除外。

（5）办理相关登记。解散的公司需要办理注销登记，新设的公司需要办理设立登记，因分立而存续的公司，其登记事项发生变化的，应当办理变更登记。

## 五、公司的解散与清算

### （一）公司解散

根据《公司法》的规定，公司因下列原因解散：

（1）公司章程规定的营业期限届满或者公司章程规定的其他解散事由出现；

（2）股东会或者股东大会决议解散；

（3）因公司合并或者分立需要解散；

（4）依法被吊销营业执照、责令关闭或者被撤销；

（5）公司经营管理发生严重困难，继续存续会使股东利益受到重大损失，通过其他途径不能解决的，持有公司全部股东表决权的10%以上的股东，可以请求人民法院解散公司，人民法院依照《公司法》的规定予以解散；

（6）公司因破产而解散。

## (二) 公司清算

1. 清算组的成立。

(1) 清算组的成立时间。公司应当在解散事由出现之日起 15 日内成立清算组,开始清算。

(2) 清算组的成员。有限责任公司的清算组由股东组成,股份有限公司的清算组由董事或者股东大会确定的人员组成。逾期不成立清算组进行清算的,债权人可以申请人民法院指定有关人员组成清算组进行清算。人民法院应当受理该申请,并及时组织清算组进行清算。

(3) 清算组的职权。清算组在清算期间行使下列职权:

①清理公司财产,分别编制资产负债表和财产清单;

②通知、公告债权人;

③处理与清算有关的公司未了结的业务;

④清缴所欠税款以及清算过程中产生的税款;

⑤清理债权、债务;

⑥处理公司清偿债务后的剩余财产;

⑦代表公司参与民事诉讼活动。

清算组成员应当忠于职守,依法履行清算义务。清算组成员不得利用职权收受贿赂或者其他非法收入,不得侵占公司财产。清算组成员因故意或者重大过失给公司或者债权人造成损失的,应当承担赔偿责任。

2. 通知或者公告债权人申报债权。

清算组应当自成立之日起 10 日内通知债权人,并于 60 日内在报纸上公告。债权人应当自接到通知书之日起 30 日内,未接到通知书的自公告之日起 45 日内,向清算组申报其债权。

债权人申报债权,应当说明债权的有关事项,并提供证明材料。清算组应当对债权进行登记。在申报债权期间,清算组不得对债权人进行清偿。

3. 清理财产清偿债务。

清算组在清理公司财产、编制资产负债表和财产清单后,应当制订清算方案,并报股东会、股东大会或者人民法院确认。

清算组应当优先拨付清算费用,然后按照下列顺序进行清偿:

(1) 职工的工资、社会保险费用和法定补偿金;

(2) 纳所欠税款;

(3) 公司债务。

4. 分配剩余财产。

按以上顺序清偿后,如有剩余财产,公司股东可以分配剩余财产。有限责任公司按照股东的出资比例分配，股份有限公司按照股东持有的股份比例分配。

清算组在清理公司财产、编制资产负债表和财产清单后，发现公司财产不足以清偿债务的，应当依法向人民法院申请宣告破产。公司经人民法院裁定宣告破产后，清算组应当将清算事务移交给人民法院。

5. 清算终结。

公司清算结束后，清算组应当制作清算报告，报股东会、股东大会或者人民法院确认，并报送公司登记机关，申请注销公司登记，公告公司终止。

## 六、公司破产

### （一）破产程序

1. 破产申请与受理。

（1）破产申请。公司不能清偿到期债务，并且资产不足以清偿全部债务或者明显缺乏清偿能力的，债务人或者债权人可以向有管辖权的人民法院申请破产。破产案件由债务人住所地人民法院管辖。

申请人提出申请时，应当提交破产申请书和相关证据。破产申请书应当载明下列事项：

①申请人、被申请人的基本情况；
②申请目的；
③申请的事实和理由；
④人民法院认为应当载明的其他事项。

债务人提出申请的，还应当向人民法院提交财产状况说明、债务清册、债券清册、有关财务会计报告、职工安置预案以及职工工资的支付和社会保险费用的缴纳情况。

（2）破产受理。债权人提出破产申请的，人民法院应当自收到申请之日起5日内通知债务人。债务人对申请有异议的，应当自收到人民法院的通知之日起7日内向人民法院提出。人民法院应当自异议期满之日起10日内裁定是否受理。其他情形的，人民法院应当自收到破产申请之日起15日内裁定是否受理。有特殊情况需要延长裁定受理期限的，经上一级人民法院批准，可以延长15日。

人民法院受理破产申请的，应当自裁定作出之日起5日内送达申请人。

自人民法院受理破产申请的裁定送达债务人之日起至破产程序终结之日，债务人的有关人员承担下列义务：

①妥善保管其占有和管理的财产、印章和账簿、文书等资料；
②根据人民法院、管理人的要求进行工作，并如实回答询问；
③列席债权人会议并如实回答债权人的询问；
④未经人民法院许可，不得离开住所地；

⑤不得新任其他企业的董事、监事、高级管理人员。

有关人员，是指公司的法定代表人；经人民法院决定，可以包括公司的财务管理人员和其他经营管理人员。

2. 指定管理人。

人民法院裁定受理破产申请的，应当同时指定管理人。

（1）管理人的资格。

管理人可以由有关部门、机构的人员组成的清算组或者依法设立的律师事务所、会计师事务所、破产清算事务所等社会中介机构担任。人民法院根据债务人的实际情况，可以在征询有关社会中介机构的意见后，指定该机构具备相关专业知识并取得职业资格的人员担任管理人。但是，有下列情形之一的，不得担任管理人：因故意犯罪受过刑事处罚的；曾被吊销相关专业执业证书；与本案有利害关系；人民法院认为不宜担任管理人的其他情形。个人担任管理人的，应当参加执业责任保险。

债权人会议认为管理人不能依法、公正执行职务或者有其他不能胜任职务情形的，可以申请人民法院予以更换。

（2）管理人的职责。

①接管债务人的财产、印章和账簿、文书等资料；

②调查债务人财产状况，制作财产状况报告；

③决定债务人的内部管理实务；

④决定债务人的日常开支和其他必要开支；

⑤在第一次债权人会议召开之前，决定继续或者停止债务人的营业；

⑥管理和处分债务人的财产；

⑦代表债务人参加诉讼、仲裁或者其他法律程序；

⑧提议召开债权人会议；

⑨人民法院认为管理人应当履行的其他职责。

管理人应当列席债权人会议，向债权人会议报告职务执行情况，并回答询问。

3. 债权人组成债权人会议。

人民法院裁定受理破产申请的，应当自裁定受理破产申请之日起25日内通知已知债权人，应予以公告。

依法申报债权的债权人为债权人会议的成员，有权参加债权人会议，享有表决权。债权人会议应当有债务人的职工和工会的代表参加，对有关事项发表意见。债权人会议行使下列职权：核查债权；申请人民法院更换管理人，审查管理人的费用和报酬；监督管理人；选任和更换债权人委员会成员；决定继续或者停止债务人的营业；通过重整计划；通过和解协议；通过债务人财产的管理方案；通过破产财产的变价方案；通过破产财产的分配方案；人民法院认为应当由债权人会议行使的其他职权。

债权人会议的决议,由出席会议的有表决权的债权人过半数通过,并且其所代表的债权额占无财产担保债权总额的二分之一以上。但是,《中华人民共和国破产法》(以下简称《破产法》)另有规定的除外。

4. 公司重整与和解。

(1) 公司重整。债务人或者债权人可以依照《破产法》的规定,直接向人民法院申请对债务人进行重整。

在重整期间,有下列情形之一的,经管理人或者利害关系人请求,人民法院应当裁定终止重整程序,并宣告债务人破产:

①债务人的经营状况和财产状况继续恶化,缺乏挽救的可能性;
②债务人有欺诈、恶意减少债务人财产或者其他显著不利于债权人的行为;
③由于债务人的行为致使管理人无法执行职务。

重整计划由债务人执行。重整期间届满,债务人可以清偿到期债务,法院应当裁定终结破产程序;重整期间届满,债务人仍然不能清偿到期债务,法院应当裁定宣告破产,进行公司破产清算。

(2) 和解。

债务人可以依照《破产法》的规定,直接向人民法院申请和解;也可以在人民法院受理破产申请后、宣告债务人破产前,向人民法院申请和解。债务人申请和解,应当提出和解协议草案。债权人会议通过和解协议的决议,由出席会议的有表决权的债权人过半数同意,并且其所代表的债权额占无财产担保债权总额的三分之二以上。债务人应当按照和解协议规定的条件清偿债务。债务人不能执行或者不执行和解协议的,人民法院经和解债权人请求,应当裁定终止和解协议的执行,并宣告债务人破产。

5. 破产宣告和破产清算。

(1) 破产宣告。

当公司满足破产条件而又无破产障碍时,人民法院可以裁定宣告该公司破产。

(2) 破产财产的范围。

破产财产主要由以下几部分构成:

①破产宣告时破产企业经营管理的全部财产;
②破产企业在被宣告破产后至破产程序终结前所取得的财产,如清算组依法进行必要民事活动所取得的财产,清算组行使追回权所追回的财产;
③应当由破产企业行使的其他财产权利,如专利权、商标权、专有技术以及破产企业原来与其他企业联营所投入的财产和应得的利益等;
④超过担保债务数额部分的担保财产。

(3) 破产债权的范围。

破产债权包括:
①破产宣告前成立的无财产担保的债权;
②虽有财产担保但放弃优先受偿权的债权;
③虽有财产担保,但担保物价款低于债权额,其未能受偿的债权等。
(4) 破产财产清偿顺序。
破产财产在优先清偿破产费用和共益债务后,依照下列顺序清偿:
①破产人所欠职工的工资和医疗、伤残补助、抚恤费用,所欠的应当划入职工个人账户的基本养老保险、基本医疗保险费用,以及法律、行政法规规定应当支付给职工的补偿金;
②破产人欠缴的除前项规定以外的社会保险费用和破产人所欠税款;
③普通破产债权。
破产财产不足以清偿同一顺序的清偿要求的,按照比例分配。

6. 破产终结。

破产公司无财产可供分配的,管理人应当请求人民法院裁定终结破产程序。人民法院应当自收到管理人终结破产程序的请求之日起 15 日内作出是否终结破产程序的裁定。裁定终结的,应当予以公告。管理人应当自破产程序终结之日起 10 日内,持人民法院终结破产程序的裁定,向破产人的原登记机关办理注销登记。

(二) 破产程序中几种特殊的权利

1. 别除权。

别除权是指破产宣告前成立的有财产担保的债权,债权人享有就该担保物优先受偿的权利。

2. 取回权。

取回权是指财产的权利人可以不依照破产程序,从管理人管理、控制的债务人财产中,取回原本不属于债务人财产的权利。

3. 抵消权。

抵消权是指债权人在破产申请受理前对债务人负有债务的,不论其债权同所负债务的种类是否相同,也不论其债权是否已经届至清偿期,均有向管理人主张用其债权抵消其所负债务的权利。

4. 管理人的撤销权和追回权。

人民法院受理破产申请前一年内,涉及债务人财产的下列行为,管理人有权请求人民法院予以撤销:
(1) 无偿转让财产的;
(2) 以明显不合理的价格进行交易的;
(3) 对没有财产担保的债务提供财产担保的;

（4）对未到期的债务提前清偿的；

（5）放弃债权的；

（6）人民法院受理破产申请前6个月内，债务人不能清偿到期债务，并且资产不足以清偿全部债务或者明显缺乏清偿能力的，仍对个别债权人进行清偿的，管理人有权请求人民法院予以撤销，但是，个别清偿使债务人财产受益的除外。

涉及债务人财产的下列行为无效：

（1）为逃避债务而隐匿、转移财产的；

（2）虚构债务或者承认不真实的债务的。

因以上行为而取得的债务人的财产，管理人有权追回。

◎ 动态实训

实训目的：掌握有限责任公司的设立条件与程序。

在实务中能运用相关知识进行公司的申请设立登记。

实训项目：模拟设立有限责任公司

实训组织：以班级为单位，将学生分组，模拟公司设立时各位股东进行项目实训；每组学生应根据《公司法》的规定，确定公司名称、模拟出资、制定公司章程、建立公司组织机构，并结合对公司设立的实践调查，进行讨论，作出实训报告，最后交由老师点评。

## 第六节　合伙企业法概述

### 学习目标

能灵活运用所学知识分析合伙企业与其他形式企业的不同法律地位、投资者责任承担、事务管理等方面的异同；掌握设立普通合伙企业、有限合伙企业的条件和程序，能够处理企业运行过程中的简单法律问题。

### 知识要点

普通合伙企业，有限合伙企业，企业的设立，企业的财产和债务清偿，企业的事务执行，入伙和退伙，企业的解散和清算。

### 案例导入

A、B、C成立普通合伙企业，A被推举为合伙事务执行人，B、C授权A在3万元以内的开支及30万元以内的业务可以自行决定。A在任职期间内实施了下列行为：1月份自行决定向善意的甲公司支付广告费5万元；3月份A未经B、C同意，与善意的乙公司签订50万元的合同；4月份A未经B、C同意，将自有房屋以1万元租给合伙企业；7月份A与其妻子一起经营与合伙企业相同的义务。

请用《合伙企业法》的知识分析上述案例有哪些不合法之处？

## 一、合伙企业与合伙企业法

### （一）合伙企业

合伙企业，是指自然人、法人和其他组织依照《中华人民共和国合伙企业法》（以下简称《合伙企业法》）在中国境内设立的普通合伙企业和有限合伙企业。普通合伙企业由普通合伙人组成，合伙人对合伙企业债务承担无限连带责任。《合伙企业法》对普通合伙人承担责任的形式有特别规定的，从其规定。有限合伙企业由普通合伙人和有限合伙人组成，普通合伙人对合伙企业债务承担无限连带责任，有限合伙人以其认缴的出资额为限对合伙企业债务承担责任。

### （二）合伙企业法

合伙企业法有广义和狭义之分。广义的合伙企业法指的是国家有关法律、行政法规和规章中关于合伙企业的法律规范；狭义的合伙企业法是指由国家最高立法机关依法制定的、规范合伙企业合伙关系的专门法律，即由全国人民代表大会常务委员会于1997年2月23日通过，2006年8月27日全国人民代表大会常务委员会修订的《中华人民共和国合伙企业法》，该法分为6章，共109条。

### （三）合伙企业的设立程序

1. 申请人与登记机关。

设立合伙企业，应由全体合伙人指定的代表或者共同委托的代理人向企业登记机关申请设立登记。登记机关为工商行政管理部门。

2. 应提交的材料。

申请设立合伙企业，应向企业登记机关提交登记申请书、合伙协议书、全体合伙人身份证明等文件。法律、行政法规规定设立合伙企业须报经审批的，还应当提交有关批准文件。

3. 登记。

企业登记机关应自收到申请人提交所需的全部文件之日起20日内，作出是否登记的决定。予以登记的，发给营业执照；不予登记的，登记机关应当给予书面答复并说明理由。

合伙企业的营业执照签发日期，为合伙企业成立之日。合伙企业领取营业执照之前，合伙人不得以合伙企业的名义从事合伙业务。合伙企业设立分支机构的，应当向分支机构所在地的企业登记机关申请登记，领取营业执照。

## 二、普通合伙企业

### （一）普通合伙企业的设立条件

《合伙企业法》规定，普通合伙企业的设立条件包括：

1. 有两个以上合伙人。

合伙人可以为自然人、法人或者其他组织。若合伙人为自然人的，应当具备完全民事行为能力。由于普通合伙人承担的是无限连带责任，《合伙企业法》排除了国有独资公司、国有企业、上市公司以及公益性的事业单位、社会团体成为普通合伙人。

2. 有书面合伙协议。

合伙协议，是指依法由全体合伙人协商一致、规范合伙人相互间的权利和义务、以书面形式订立的契约。合伙协议应载明下列事项：合伙企业的名称和主要经营场所的地点；合伙目的和合伙企业的经营范围；合伙人的姓名及其住所；合伙人出资的方式、数额和缴付出资的期限；利润分配和亏损分担办法；合伙企业事务的执行；入伙与退伙；合伙企业的解散和清算；合伙企业的经营期限；争议的解决方式；违约责任等。合伙协议须经全体合伙人签名、盖章后生效。

合伙人违反合伙协议的，应当依法承担违约责任。在履行合伙协议过程中发生争议的，应协商或调解，协商调解不成的，可按照合伙协议的约定或向仲裁机构申请仲裁，或向人民法院起诉。

3. 有合伙人认缴或实缴的出资。

合伙人可以用货币、实物、劳务、知识产权、土地使用权或者其他财产权利出资。劳务出资是普通合伙企业区别于公司出资的主要不同之处。合伙人以劳务出资的，其评估办法由全体合伙人协商确定，并在合伙协议中载明。合伙人以实物、知识产权、土地使用权或其他财产权利出资，需要评估作价的，可由全体合伙人协商确定，也可以由全体合伙人委托法定评估机构评估。合伙人应当按照合伙协议约定的出资方式、数额和缴付期限，履行出资义务。

4. 有合伙企业的名称和生产经营场所。

普通合伙企业应当在其名称中标明"普通合伙"字样，特殊的普通合伙企业应当在其名称中标明"特殊普通合伙"字样。合伙企业登记的主要经营场所只能为一个，并且应当在企业登记机关登记管辖区内。

5. 法律、行政法规规定的其他条件。

（二）合伙企业财产

1. 合伙企业财产的构成。

合伙人的出资、以合伙企业名义取得的收益和依法取得的其他财产，均为合伙企业的财产，由原始财产和积累财产组成。原始财产即全体合伙人的出资，是合伙企业成立的必要条件。积累财产包括合伙企业成立后以合伙企业取得的收益（营业性收入等）以及依法取得的其他财产（如合伙接受赠与的财产）。

2. 合伙企业财产的性质。

合伙企业的财产独立于合伙人，合伙人出资后，便丧失了对其出资财产的所有权，合伙企业的财产权主体是合伙企业；合伙人对合伙企业财产权益的表现形式，仅为按照合伙协议所确定的财产分配份额或比例。因此合伙人在合伙企业清算前，不得请求分割合伙企业的财产。

合伙人在合伙企业清算前私自转移或者处分合伙企业财产的，合伙企业不得对抗善意第三人。善意第三人基于"善意取得制度"取得该财产的所有权，合伙企业的损失只能向合伙人追索，而不能向善意第三人主张，合伙企业也不能以合伙人无权处分其财产而对善意第三人的权利要求进行对抗。

3. 合伙企业财产的管理和使用。

合伙企业财产依法由全体合伙人共同管理和使用。具体表现为：

（1）在合伙企业存续期间，合伙人向合伙人以外的人转让其在合伙企业中的全部或部分财产份额时，须经其他合伙人一致同意，并且，在同等条件下其他合伙人有优先受让的权利。所谓在同等条件下，主要指受让的价格条件；这一规定主要是为了维护现有合伙人的利益，维护合伙企业现有的稳定。作为合伙人以外的人依法受让合伙财产份额后，经修改合伙协议即成为合伙企业的合伙人，新的合伙人依照修改后的合伙协议享有权利、承担责任。

（2）在合伙企业存续期间，合伙人之间可以转让在合伙企业中的全部或者部分财产份额，但应通知其他合伙人。

（3）在合伙企业存续期间，合伙人以其在合伙企业中的财产份额出质的，须经其他合伙人一致同意；否则，出质行为无效，给其他合伙人造成损失的，还应依法承担赔偿责任。

（4）在合伙企业存续期间，除依法退伙等法律有特别规定外，合伙人不得请求分割合伙企业财产，也不得私自转移或者处分合伙企业财产。为了保护第三人的利益，如果合伙人私自转移或者处分合伙企业财产的，合伙企业不得以此对抗不知情的善意第三人。

### (三) 普通合伙企业的事务执行

1. 合伙事务的执行方式。

各合伙人对执行合伙企业事务享有同等的权利，根据《合伙企业法》，合伙事务执行的方式主要有：

（1）由全体合伙人共同执行合伙企业事务；各合伙人均有权执行合伙企业的事务，对外代表合伙企业。这是合伙企业事务执行的常用形式，尤其适用合伙人较少的企业。

（2）由合伙协议约定或者全体合伙人共同决定外，委托一名或者数名合伙人执行合伙企业事务，其他合伙人不再执行合伙企业事务。但并非所有的合伙事务都可以委托部分合伙人决定，除合伙协议另有约定外，以下事项必须经过全体合伙人一致同意：

①改变企业的名称；
②改变合伙企业的经营范围、主要经营场所的地点；
③处分合伙企业的不动产；
④转让或者处分合伙企业的知识产权和其他财产权利；
⑤以合伙企业名义为他人提供担保；
⑥聘任合伙人以外的人担任合伙企业的经营管理人员。

若合伙人违背全体合伙人一致同意规则，给合伙企业或其他合伙人带来损失的，应承担赔偿责任。

2. 合伙人的权利和义务。

（1）合伙人在执行合伙事务中的权利主要包括以下内容：

①合伙人平等享有事务执行权；
②执行合伙事务的合伙人对外代表合伙企业；
③不参加执行事务的合伙人的监督权；
④合伙人查阅账簿权；
⑤合伙人提出异议权和撤销委托执行事务权。

（2）合伙人在执行合伙事务中的义务主要包括以下内容：

①合伙事务执行人应定期向其他合伙人报告企业经营状况和财务状况；
②合伙人不得自营或同他人合作经营与本合伙企业相竞争的义务；
③除合伙协议另有约定或全体合伙人一致同意外，合伙人不得同本合伙企业进行交易；
④合伙人不得从事损害本合伙企业的活动。

若合伙人违反上述义务，由此获得的收益归合伙企业所有，给合伙企业或其他合伙人带来损失的，应承担赔偿责任。

3. 合伙企业的损益分配。

合伙损益的分配包括合伙企业的利润分配和亏损分担两个方面。合伙企业的利润分配、亏损分担，按照合伙协议的约定办理；合伙协议未约定或者约定不明确的，由合伙人协商决定；协商不成的，由合伙人按照实缴出资比例分配、分担；无法确定出资比例的，由合伙人平均分配、分担。合伙协议不得约定将全部利润分配给部分合伙人或者由部分合伙人承担全部亏损。

关于被聘任的经营管理人员的职责，主要有：（1）受聘人员应当在合伙企业授权范围内履行职务；（2）受聘人员，超越合伙企业授权范围履行职务，或者在履行职务过程中因故意或者重大过失给合伙企业造成损失的，依法应承担赔偿责任。

（四）合伙企业与第三人的关系

1. 合伙企业与善意第三人。

合伙人或者合伙事务执行人只要是在正常业务范围内，按通常方式处理属于该合伙企业业务范围的事务，其对外实施的法律行为，就对合伙企业具有约束力。即合伙企业对合伙人执行合伙以及对外代表合伙企业权利的限制，不得对抗不知情的善意第三人。"不得对抗"指的是合伙企业不能否认第三人的某些权利和利益，不能拒绝承担相关责任。"善意第三人"指的是为实现合法交易目的，与合伙企业建立民商事法律关系的，不存在与合伙事务执行人恶意串通、损害合伙企业利益等情况的自然人、法人和其他组织。

2. 合伙企业的债务清偿。

合伙企业对其存续期间的债务，应先以其全部财产用于清偿。合伙企业的债权人应首先从合伙企业的全部财产中求偿。

合伙企业不能清偿到期债务的，合伙人承担无限连带责任，各个合伙人不是以其出资为限，而是以其自有财产用于清偿合伙企业的债务。合伙人之间的分担比例对债权人没有约束力。债权人可以根据自己的清偿利益，请求全体合伙人中的一人或者数人承担全部清偿责任，也可以按照自己确定的比例向各合伙人分别追索。合伙人由于承担无限连带责任，清偿数额超过规定的其亏损分担比例的，有权向其他合伙人追偿。

合伙企业的亏损分担比例，由合伙协议约定；合伙协议未约定或约定不明确的，由合伙人协商决定；协商不成的，由合伙人按照实缴出资比例分担；无法确定出资比例的，由合伙人平均分担。

3. 合伙人的债务清偿。

合伙企业存续期间，合伙人发生与合伙企业无关的债务，相关债权人不得以其债权抵消其对合伙企业的债务；不得代位行使合伙人在合伙企业中的权利。因为合伙企业是基于合伙人相互了解和信任而建立的,若允许个别合伙人的债权人,直接抵消其对合伙企业的债务或代为行使该合伙人的权利,将会严重影响合伙关系的稳定和合伙企业的正常运营。

合伙人的自有财产不足以清偿其与合伙企业无关的债务的,该合伙人可以以其从合伙企业中分取的收益用于清偿;债权人也可以依法请求人民法院强制执行该合伙人在合伙企业中的财产份额用于清偿。这样既保证了债权人的清偿利益,也不损害全体合伙人的合伙利益。

人民法院强制执行合伙人的财产份额时,应当通知全体合伙人,其他合伙人有优先购买权;其他合伙人未购买,又不同意将该财产份额转让给他人的,依照《合伙企业法》的规定为该合伙人办理退伙结算,或办理削减该合伙人财产份额的结算。

(五) 入伙和退伙

1. 入伙。

入伙指在合伙企业存续期间,合伙人以外的第三人加入合伙,取得合伙人资格。

(1) 入伙的条件和程序。

新合伙人入伙,除合伙协议另有约定外,应当经全体合伙人一致同意,并依法订立书面入伙协议。原合伙人应向新合伙人如实告知入伙前合伙企业的经营状况和财务状况。

(2) 入伙的效果。

新合伙人与原合伙人享有同等权利,承担同等责任,即新合伙人对前合伙企业的债务承担无限连带责任。

2. 退伙。

退伙指合伙人推出合伙企业,丧失合伙人资格。

(1) 退伙的种类。

退伙分为自愿退伙和法定退伙。自愿退伙是指合伙人作出自愿的意思表示而退伙。法定退伙是指合伙人基于法律规定的事由而退伙。

①自愿退伙。

A. 协议退伙。在协议退伙中加入下列内容:如果合伙协议约定了合伙期限,在该期限内若有下列情形之一时,合伙人可以单方提出退伙:

a. 合伙协议约定的退伙事由出现;

b. 经全体合伙人一致同意;

c. 发生合伙人难以继续参加合伙的事由;

d. 其他合伙人严重违反合伙协议约定的义务。

B. 通知退伙。合伙协议未约定合伙期限的，合伙人在不给合伙企业事务执行造成不利影响的情况下，可以退伙，但应当提前 30 日通知其他合伙人。

②法定退伙

A. 当然退伙。有下列情形之一的，当然退伙：

a. 作为合伙人的自然人死亡或者被依法宣告死亡；

b. 个人丧失偿债能力；

c. 作为合伙人的法人或者其他组织被吊销营业执照、责令关闭、撤销，或者被宣告破产；

d. 法律规定或者合伙协议约定合伙人必须具有相关资格而丧失该资格；

e. 合伙人在合伙企业中的全部财产份额被人民法院强制执行。

B. 除名。有下列情形之一的，依法除名：

a. 未履行出资义务；

b. 因故意或重大过失给合伙企业造成损失；

c. 执行合伙事务时有不正当行为；

d. 发生合伙协议约定的事由。

退伙事由实际发生之日为退伙生效日。若普通合伙人被依法认定为无民事行为能力人或者限制民事行为能力人的，经其他合伙人一致同意，可以依法转为有限合伙人，普通合伙企业依法转为有限合伙企业。其他合伙人未能一致同意的，该无民事行为能力或者限制民事行为能力的合伙人退伙。

对合伙人的除名决议应当书面通知被除名人。被除名人接到除名通知之日，除名生效，被除名人退伙。被除名人对除名决议有异议的，可以自接到除名通知之日起 30 日内，向人民法院起诉。

（2）退伙的效果。

根据退货原因的不同会产生不同的效果，一般情况下退伙会导致合伙企业组织的变化、合伙人资格的丧失以及财产份额的分割。

合伙人的继承人必须依照合伙协议的约定或者经全体合伙人一致同意，从继承开始之日起，方取得该合伙企业的合伙人资格。但有下列情形之一的，合伙企业应当向合伙人的继承人退还被继承合伙人的财产份额：

①继承人不愿意成为合伙人；

②法律规定或者合伙协议约定合伙人必须具有相关资格，而该继承人未取得该资格；

③合伙协议约定不能成为合伙人的其他情形。

合伙人的继承人为无民事行为能力人或者限制民事行为能力人的，经全体合伙人一致同意，可以依法成为有限合伙人，普通合伙企业依法转为有限合伙企业。全体合伙人未能一致同意的，合伙企业应当将被继承合伙人的财产份额退还该继承人。

## （六）特殊的普通合伙企业

1. 特殊的普通合伙企业的适用范围。

特殊的普通合伙企业是指以专业知识和专门技能为客户提供有偿服务的专业服务机构，如登记为合伙企业的会计师事务所、法律事务所等，此种合伙企业名称中应当标明："特殊合伙"字样。

2. 特殊的普通合伙企业的责任形式。

特殊的普通合伙企业其特殊性主要体现在"债务责任的承担"，具体有两种债务承担方式：

（1）一个合伙人或者数个合伙人在执业活动中因故意或者重大过失造成合伙企业债务的，应当承担无限责任或者无限连带责任，其他合伙人以其在合伙企业中的财产份额为限承担责任。

（2）无限连带责任。合伙人在执业活动中非因故意或重大过失造成的合伙企业债务以及合伙企业的其他债务，由全体合伙人承担无限连带责任。

## 三、有限合伙企业法

### （一）有限合伙企业的设立条件

1. 有限合伙人。

有限合伙企业的合伙人人数限制在 2~50 人，除非法律另有规定。但是，有限合伙企业至少应当有一个普通合伙人。国有独资公司、国有企业、上市公司以及公益性的事业单位、社会团体不得成为有限合伙企业的普通合伙人。

2. 有限合伙企业名称。

有限合伙企业名称中不可以有"公司"或"有限公司"字样，根据《合伙企业法》规定："有限合伙企业名称中应当标明有限合伙字样。"

3. 有限合伙企业协议。

有限合伙企业协议是企业开展生产经营的重要依据，在符合普通合伙企业合伙协议规定的前提下，还应当包含：普通合伙人和有限合伙人的姓名或者名称、住所；执行事务合伙人应具备的条件和选择程序；执行事务合伙人权限与违约处理办法；执行事务合伙人的除名条件和更换程序；有限合伙人入伙、退伙的条件、程序以及相关责任；有限合伙人和普通合伙人相互转变程序。

4. 有限合伙出资形式。

有限合伙人可以用货币、实物、知识产权、土地使用权或者其他财产权利作价出资，不得以劳务出资。

## （二）有限合伙企业的事务执行

1. 有限合伙企业的事务执行方式。

有限合伙企业只能由普通合伙人执行合伙事务。执行事务合伙人的报酬及报酬提取方式可以在合伙协议中予以明确。如合伙协议约定数个普通合伙人执行合伙事务，这些普通合伙人均为合伙事务执行人。如合伙协议无约定，全体普通合伙人是合伙事务的共同执行人。合伙事务执行人享有普通合伙人一般的权利，接受其他合伙人的监督和检查、谨慎执行合伙事务，若因自己的过错造成合伙财产损失的，应向合伙企业或其他合伙人负赔偿责任。

有限合伙人不得执行合伙事务，不得对外代表有限合伙企业。但《合伙企业法》规定有限合伙人的以下行为，不视为执行合伙事务：

（1）参与决定普通合伙人入伙、退伙；

（2）对企业的经营管理提出建议；

（3）参与选择承办有限合伙企业审计业务的会计师事务所；

（4）对涉及自身利益的情况，查阅有限合伙企业财务会计账簿等财务资料；

（5）在有限合伙企业中的利益受到侵害时，向有责任的合伙人主张权利或者提起诉讼；

（6）执行事务合伙人怠于行使权利时，督促其行使权利或者为了本企业的利益以自己的名义提起诉讼；

（7）依法为本企业提供担保。

如果第三人有理由相信有限合伙人为普通合伙人并与之进行交易的，该有限合伙人对该笔交易承担无限连带责任。有限合伙人未经授权以有限合伙企业名义与他人进行交易，给有限合伙企业或者其他合伙人造成损失的，该有限合伙人应当承担赔偿责任。

此外，《合伙企业法》规定，有限合伙企业不得将全部利润分配给部分合伙人；但是，合伙协议另有约定的除外。

2. 有限合伙人的权利和义务。

（1）与本企业交易。

有限合伙人可以同本企业进行交易，除非合伙协议另有约定。有限合伙人受限不得参与企业事务的执行，在与本企业进行交易时，一般不会损害企业的利益。

（2）经营竞业业务。

有限合伙人可以自营或者同他人合作经营与本有限合伙企业相竞争的业务，除非合伙协议另有约定。

（3）财产份额出资。

有限合伙人可以将其在企业中的财产份额出资，除非合伙协议另有约定。有限合伙人将其在本企业中的财产份额出资,指的是有限合伙人以其在合伙企业中的财产份额对外进行权利质押。

（4）财产份额转让。

有限合伙人可以按照合伙协议的约定向合伙人以外的人转让其在本企业中的财产份额,但应当提前30日通知其他合伙人。有限合伙人对外转让其在本企业中的财产份额应当依法进行:一是要按照合伙协议的约定进行转让;二是应当提前30日通知其他合伙人。有限合伙人对外转让其在有限合伙企业的财产份额时,有限合伙企业的其他合伙人有优先购买权。

（三）有限合伙的入伙和退伙

1. 入伙。

与普通合伙企业新入伙的合伙人不同,新入伙的有限合伙人对入伙前有限合伙企业的债务,仅以其认缴的出资额为限承担责任。

2. 退伙。

有限合伙人有下列情形之一的,当然退伙:

（1）作为合伙人的自然人死亡或者被依法宣告死亡;

（2）作为合伙人的法人或者其他组织依法被吊销营业执照、责令关闭、撤销,或者被宣告破产;

（3）法律规定或者合伙协议约定合伙人必须具有相关资格而丧失该资格;

（4）合伙人在合伙企业中的全部财产份额被人民法院强制执行。

作为有限合伙人的自然人在有限合伙企业存续期间丧失民事行为能力的,其他合伙人不得因此要求其退伙。

作为有限合伙人的自然人死亡、被依法宣告死亡或者作为有限合伙人的法人及其他组织终止时,其继承人或者权利承受人可以依法取得该有限合伙人在有限合伙企业中的资格。

有限合伙人退伙后,对基于其退伙前的原因发生的有限合伙企业债务,以其退伙时从有限合伙企业中取回的财产承担责任。

（四）合伙人性质的转变

根据《合伙企业法》的规定,除合伙协议另有约定外,普通合伙人转变为有限合伙人,或者有限合伙人转变为普通合伙人,应当经全体合伙人一致同意。

有限合伙人转变为普通合伙人的,对其作为有限合伙人期间有限合伙企业发生的债务承担无限连带责任;普通合伙人转变为有限合伙人的,对其作为普通合伙人期间合伙企业发生的债务承担无限连带责任。

有限合伙企业仅剩有限合伙人的,应当解散;有限合伙企业仅剩普通合伙人的，转为普通合伙企业。

## 四、合伙企业的解散和清算

### （一）合伙企业的解散

合伙企业有下列情形之一的，合伙人不愿继续经营：
1. 合伙协议约定的经营期限届满，合伙人不愿继续经营；
2. 合伙协议约定的解散事由出现；
3. 全体合伙人决定解散；
4. 合伙企业已不具备法定人数满30天；
5. 合伙协议约定的合伙目的已经实现或者无法实现；
6. 被依法吊销营业执照；
7. 出现法律、行政法规规定的合伙企业解散的其他原因。

### （二）合伙企业的清算

1. 清算人的确定。

合伙企业解散应当进行清算程序，清算人由全体合伙人担任；经全体合伙人过半数同意，可以自合伙企业解散事由出现后15日内指定一个或者数个合伙人，或者委托第三人，担任清算人。

自合伙企业解散事由出现之日起15日内未确定清算人的，合伙人或者其他利害关系人可以申请人民法院指定清算人。

2. 清算人的职责。
（1）清算人应清理合伙企业财产，并编制资产负债表和财产清单；
（2）处理与清算有关的合伙企业未完结的事务；
（3）缴纳拖欠的税款；
（4）清理债权、债务；
（5）处理清偿债务后的财产；
（6）代表合伙企业参加诉讼或仲裁。

清算人违反以上职责，给合伙企业、其他合伙人或企业债权人造成损失的，依法承担赔偿责任。

3. 清算程序。

清算人应自确定之日起10日内将合伙企业解散事项通知债权人，并于60日内在报纸上公告。债权人应当在接到通知之日起30日内，未接到通知的自公告之日起45日内，向清算人申报债权，并提供相关证明材料。清算期间，合伙企业存续，但不得从事与清算无关的经营活动。

4. 清偿的顺序。

合伙企业财产在支付清算费用和职工工资、社会保险费用、法定补偿金以及缴纳所欠税款、清偿债务后的剩余财产，可以按照合伙协议的约定进行分配。合伙协议未约定或者约定不明确的，由合伙人协商决定；协商不成的，由合伙人按照实缴出资比例分配、分担；无法确定出资比例的，由合伙人平均分配、分担。

5. 注销登记。

清算结束后，清算人应编制清算报告，经全体合伙人签字盖章后，在15日内向企业登记机关报送该报告，申请注销登记。经企业登记机关注销登记，合伙企业终止，原普通合伙人对合伙企业存续期间的债务仍承担无限连带责任。

6. 合伙企业的破产与债务清偿。

合伙企业到期不能清偿债务的，债权人可以依法向人民法院提起破产清算申请，也可直接要求普通合伙企业清偿。合伙企业被宣告破产的，普通合伙人对合伙企业债务仍承担无限连带责任。

◎ 动态实训

实训目的：掌握普通合伙企业和有限合伙企业的异同

实训项目：分析有限合伙企业与普通合伙企业有哪些特殊之处，分别有什么优势。

实训组织：以班级为单位，分组分析讨论，然后推举代表阐述进行竞赛，老师点评打分。

学习情境三 | # 合同法律制度与实务

## 学习目标

通过本章学习，掌握以下知识点：合同法的概念与原则；合同的主要条款和格式条款；合同履行的概念与规则；合同的变更与转让；合同的权利义务的终止；合同违约责任的概念与承担违约责任的形式。此外，需掌握的技能点：运用合同法的基本原理确定合同效力；能够运用合同履行中的抗辩权维护自身利益；起草合同文本；初步具备防范和处理合同纠纷的能力。

## 案例导读

李某到外地出差，晚间前往旅馆投宿。办理住宿手续时，服务员拿出一张印制好的"住宿须知"请李某过目，而后请李某签字同意，其中一条写明"除日用必需品外的贵重物品，请交由总服务台统一保管，否则，遗失本店概不负责"。李某签字后，便立即回房休息，因旅途疲惫，李某用手机将工作进展情况向领导作简要汇报并将一些重要内容输入随身携带的笔记本电脑后，便立即睡去，直到第二天早晨8点方醒。醒来后，李某发现自己所住房间的窗户被人打开，房门也大开，手机与笔记本电脑不翼而飞。李某遂以旅店未尽到保护义务为由诉至法院，要求旅店赔偿损失，旅店则以李某签字同意的"住宿须知"为由，申请免责。经查：李某睡前已关好门窗，且其电脑、手机被盗属实，另外，当地治安状况不佳，常有入室盗窃发生，但该旅店未聘用保安人员。

◎思考：

（1）本案中的"住宿须知"是否为合同的一部分？

（2）"住宿须知"中的免责条款的效力如何？为什么？

（3）双方就"住宿须知"中的"非日用必需品的贵重物品"一句的理解发生争议，应如何予以解释？

（4）本案应如何处理？

# 第一节　合同及合同法概述

## 一、合同的概念和特征

### （一）合同的概念

合同是当事人之间设立、变更、终止某种权利义务关系的协议。它包括民法上的民事合同、行政法上的行政合同、劳动法上的劳动合同。本章所指合同，仅限于民法意义上的合同，《合同法》第2条第1款规定：合同是平等主体的自然人、法人、其他组织之间设立、变更、终止民事权利义务关系的协议。但同属于民事法律领域的婚姻、收养、监护等有关身份关系的协议，适用于其他相关法律规定。

### （二）合同的特征

1. 合同是平等主体之间实施的法律行为。所谓平等主体就是订立合同的主体法律地位平等，任何一方都不得将自己的意志强加给另一方。法律行为是与事实行为相对的概念，事实行为是指不以意思表示为要件，不能产生当事人预期的法律效果的行为。如侵权行为、拾得遗失物等。合同是当事人实施的、以意思表示为内涵并产生相应法律效果的法律行为。从本质上讲，合同追求的是一种合法行为。

2. 合同是当事人意思表示一致的协议。或者说，合同是当事人之间的合意。合意就是意思表示一致。首先，合同必须有两个以上的当事人。其次，各方当事人须相互作出意思表示，即当事人各方均从追求自身利益出发作出意思表示，并且意思表示是交互作出的。再次，当事人意思表示达成一致。

3. 合同以设立、变更、终止民事权利义务关系为目的。一方面，合同主要是债权债务关系的协议，基于此，有学者把合同概括为"合意加债"，但也不完全限于债权债务关系，还要涉及其他民事关系（如物权关系）。另一方面，合同不仅导致民事法律关系的产生，而且可以成为民事法律关系变更和终止的原因。所谓产生民事权利义务关系，是指当事人订立合同旨在形成某种法律关系，从而具体地享受民事权利、承担民事义务。所谓变更民事权利义务关系，是指当事人通过成立合同使原有合同权利义务关系发生变化，即在保持原合同关系效力的前提下变更合同内容。所谓终止民事权利义务关系，是指当事人通过成立合同使他们之间原有的民事权利义务关系归于消灭。

## 二、合同的分类

### （一）双务合同和单务合同

依双方当事人是否互付给付义务，合同可分为双务合同和单务合同。

双务合同是指当事人双方互负对待给付义务的合同。所谓对待给付义务是指当事人双方的义务具有对应关系，一方的义务就是对方的权利，反之亦然。

单务合同，是指合同当事人仅有一方负担给付义务的合同。在单务合同中，当事人双方不存在对待给付关系，一方仅承担义务而不享有权利，另一方则相反。在现实生活中，民间借用合同、无息借款合同、赠与合同属于单务合同，虽然允许赠与附义务，但赠与人交付赠与财产与对方承担义务之间不存在直接的对价关系，因而不属于双务合同。

区分两者的意义：

1. 是否适用合同履行抗辩权上不同。双务合同中义务的履行是有顺序的，履行顺序不仅仅是一种时间的顺序，而且往往是一种条件关系，因此顺序体现为一种利益关系。正是这种利益关系，才产生合同履行抗辩权。合同履行抗辩权（包括同时履行抗辩权、先履行抗辩权、不安抗辩权）是以当事人之间存在对待给付义务为前提的，只有双务合同存在履行抗辩权，单务合同不适用合同履行抗辩权。

2. 风险承担不同。双务合同中，双方的权利义务互相依存、互为条件，如果因不可归责于当事人的事由导致当事人不能履行合同义务，则发生风险负担问题。在单务合同中，若一方因不可抗力导致合同义务不能履行，不会发生风险负担问题。

3. 因一方过错所致合同不履行的后果不同。在双务合同中，如果非违约方已履行合同的，可以要求违约方继续履行合同或承担其他违约责任；解除合同的，守约方有权请求返还受领给付。单务合同一般不发生上述后果。

### （二）有偿合同与无偿合同

根据当事人是否可以从合同中获取某种利益，可以将合同分为有偿合同与无偿合同。

有偿合同，是指一方通过履行合同规定的义务而给对方某种利益，对方要得到该利益必须为此支付相应代价的合同。有偿合同是商品交换最典型的法律形式。

无偿合同，是指一方给付某种利益，对方取得该利益时并不支付任何报酬的合同。无偿合同并不反映交易关系的典型形式，但由于一方无偿地为另一方履行某种义务，或者另一方取得某种财产利益都是根据双方的合意而产生的，因此，无偿合同也是一种合同类型,并受到合同法调整。当然,无偿合同是等价有偿在适用中具有的例外现象,在实践中很少被采用。

有偿合同与无偿合同的区分意义在于:

1. 确定的对价关系不同。有偿合同存在对价,而且对价要求充分对应。无偿合同无需对价。

2. 生效要件不同。法律一般把有偿合同规定为诺成合同,只要当事人达成合意,合同就能成立。除了要经过批准、登记或者附条件、附期限的以外,有偿合同一般在合同成立时即行生效。而无偿合同一方履行合同义务但没有获得相应的对价,因此,法律一般把无偿合同规定为实践合同,或者规定为有任意撤销权的诺成合同。对于实践合同,一方实际履行交付标的物合同才生效。

3. 主体要求不同。订立有偿合同的当事人原则上应具备完全民事行为能力,限制民事行为能力人签订的有偿合同要与其智力、健康状况相适应。而无偿合同的债权人是获得利益的一方,而且获得利益不需要支付对价,因此对其主体资格不作要求。

4. 对适用善意取得后果不同。所谓善意取得,是指无权处分他人动产的占有人,在不法将动产转让给第三人后,如果受让人在取得该动产时出于善意并支付了对价,就可依法取得对该动产的所有权。如果无权处分人通过有偿合同处分他人财产,买受人可以通过适用善意取得制度来保护自己取得的财产不受原所有人追及。如果无权处分人是通过无偿合同处分他人财产的,财产取得人不得以善意取得制度保护继受财产。

此外,两者的区别还在于当事人的责任不同,对债权人行使撤销权的影响不同等。

◎**案例**:王某放暑假回家,将价值6000余元的电脑交给同宿舍的室友李某保管,并允许李某使用。李某一日用毕,随手将电脑放在床上就出去到歌舞厅去玩。本打算夜间12点回来,但遇见好友,直到凌晨3点钟才回来。门锁于凌晨2点被撬开,电脑被盗。李某是否承担赔偿责任?

◎**分析**:王某与李某形成无偿保管合同关系,对于无偿保管合同,保管人无故意或重大过失,对保管物的损坏灭失,不承担责任。本案中,李某无故意,也无重大过失,因此不承担赔偿责任。无偿合同轻过失免责,是法律鼓励人们助人为乐的道德行为。

(三)要式合同与不要式合同

根据合同是否应采用一定的形式和程序,可以将合同分为要式合同和不要式合同。

所谓要式合同，是指法律规定合同必须具备特定方式才能成立或者生效的合同。法律没有要求特定方式的合同叫不要式合同。这里的特定方式是指特定的形式或程序。要式中的"要"字可以理解为"必要、必须"的意思。当然要式可以分为绝对要式、相对要式。比如汇票，其格式要式化，不能改变，否则无效。这是绝对要式。法律规定要采用书面形式，当事人没有采用，合同照样生效，这是相对要式合同。

区分两者的意义：两者成立、生效的要件不同。

◎案例：甲乙双方签订房屋租赁合同，双方口头约定租期为2年，租金每月1000元。3个月后由于房价上涨，导致租金上扬，甲方遂找借口赶乙方搬走，乙方不从。甲方起诉。问甲方能否胜诉？

◎分析：《合同法》第215条规定：租赁期限6个月以上的，应当采用书面形式。当事人未采用书面形式的，视为不定期租赁。租赁期为6个月以上的合同为要式合同，应当采取书面形式。当事人没有采取书面形式，合同的效力就发生了改变，就可能不发生当事人追求的法律效果，定期的租赁合同转化为不定期租赁合同，对于不定期租赁，当事人有任意解除权。因此，甲方有权解除合同，对乙方的损失，不承担任何赔偿责任。

（四）有名合同与无名合同

根据法律是否赋予某类合同特定的名称，可以将合同分为有名合同与无名合同。

有名合同是指法律对某类常见合同冠以名称并为其设定具体规则的合同。无名合同是法律未规定名称，也没有为其设定具体规则的合同。有名合同是常见合同、典型合同，无名合同是非典型合同。我国合同法所规定的15类合同，都属于有名合同。对于有名合同的内容，法律通常设有一些规定，但这些规定大多为任意性规范，当事人可以通过其约定改变法律的规定。根据合同自由原则，合同当事人可以自由决定合同的内容，因此即使当事人订立的合同不属于有名合同的范围，只要不违背法律的禁止性规定和社会公共利益，也仍然是有效的。

区分二者的意义：

无名合同可以适用有名合同的规定。《合同法》第124条规定："本法分则或者其他法律没有明文规定的合同，适用本法总则的规定，并可以参照本法分则或者其他法律最相类似的规定。"

当事人可以自由创设无名合同。

## （五）诺成合同和实践合同

根据合同成立是否以标的物的交付为要件，合同可以分为诺成性合同和实践性合同。仅以双方当事人意思表示相一致为成立要件的合同，为诺成性合同。除双方当事人意思表示相一致以外，还要以标的物的实际交付为合同成立要件的，为实践性合同。

区分诺成合同与实践合同的意义在于：确定合同是否成立以及标的物风险转移时间。

## （六）主合同与从合同

根据合同相互间的依存关系，合同可分为主合同和从合同。在相互关联的合同中，不依赖其他合同而能够独立存在的合同是主合同；依赖其他合同的存在而存在的合同是从合同。

主合同和从合同是相对而言的，没有主合同就无所谓从合同，没有从合同也无所谓主合同。一般而言，主合同无效将导致从合同无效，从合同无效不影响主合同的效力。

区分两者的意义在于：确定合同效力的从属关系。

## （七）束己合同与涉他合同

以订约人是否仅为自己设定权利义务为标准，合同可分为束己合同与涉他合同。束己合同是当事人为自己设定并承受权利义务的合同。狭义的涉他合同又可分为两种：一是为第三人设定债权的合同；二是为第三人设定债务的合同。为第三人设定债权的合同，可指定第三人为受益人。为第三人设定债务的合同，要经第三人同意，否则第三人不承担责任，由当事人本人承担。广义的涉他合同，还包括第三人代为履行和第三人代为受领的合同，当然这些合同，名为"涉他"，但未突破合同相对性原则，本质上还是束己合同。

区分两者的意义：

两者的缔约目的和合同效力范围不同。束己合同一般是为自身利益而签订，合同只对当事人产生效力；涉他合同不仅对当事人产生效力，而且对一定范围内的关系人也产生特定的效力。如人身保险合同不仅对当事人投保人与保险人产生效力，而且对保险合同的关系人被保险人与受益人也产生特定的效力。

## 三、合同法的概念和适用范围

### （一）概念

合同法是调整平等民事主体利用合同进行财产流转或交易而产生的社会关系的

法律规范的总和。

（二）适用范围

合同法的适用范围应该为各类由平等主体的自然人、法人和其他组织之间设立、变更和终止民事权利义务关系的协议，简单的说，合同法应适用于各类民事合同。

但是，从我国合同立法的角度上看，并不是所有的合同关系都由合同法来调整，比如劳动合同就是由劳动立法来调整的，保险合同是由保险法来调整的。此外，根据《合同法》第2条的规定："婚姻、收养、监护等有关身份关系的协议，适用其他法律的规定。"

## 四、合同法的概念和基本原则

（一）平等原则

平等原则是指当事人主体资格平等，法律地位平等。

（二）自愿原则

自愿原则是指在不违反法律强制性规定和社会公共利益的情况下，当事人享有自由订立合同的权利，任何单位和个人不得非法干预。

合同自愿原则包括以下内容：
1. 缔结合同的自由。
2. 选择合同相对人的自由。
3. 决定合同内容的自由。
4. 变更解除合同的自由。
5. 决定合同方式的自由，即可选择口头、书面或其他形式缔结合同。

（三）公平原则

实现公平是法律追求的基本价值之一，合同公平原则是指同等条件下，民事主体缔结合同的机会均等，合同当事人的权利义务对等，风险的分担恰当，确定的违约责任合理。

（四）诚实信用原则

诚实信用原则是指民事主体在合同订立和履行过程中，应秉承善意，不得滥用权力、规避法律规定或合同约定的义务。诚实信用原则被称为民法的"帝王"原则，也是合同法的基本原则。

### （五）社会主义法制原则

社会主义法制原则是指当事人订立、履行合同，应遵守社会主义法律、行政法规，尊重社会公德，不得扰乱社会经济秩序，不得损害社会公共利益。

## 第二节　合同订立与成立

### 一、订立合同主体的资格

#### （一）具有民事权利能力

民事权利能力是指民事主体依法享有民事权利和承担民事义务的资格。民事权利能力是整个民事能力制度的基础。合同订立的当事人，是以自己的名义订立合同，享有一定权利并履行一定义务的人。当事人订立合同，应当具有相应的民事权利能力和民事行为能力，其范围包括自然人、法人和其他组织。

1. 公民的民事权利能力：始于出生，终于死亡。
2. 法人的民事权利能力：始于成立，终于消灭。
3. 其他组织的民事权利能力：始于成立，终于消灭。

#### （二）具有民事行为能力

民事行为能力是指民事主体以自己的行为取得民事权利和设定民事义务的资格。

自然人的民事行为能力与其年龄、智力、精神状态相联系，根据其年龄、智力精神状态可划分为完全民事行为能力、限制民事行为能力和无民事行为能力。完全民事行为能力包括两种：第一，一般的完全民事行为能力。年满18周岁且无精神性疾病的我国公民，具有完全民事行为能力。第二，特殊的完全民事行为能力。年满16周岁不满18周岁并以自己的劳动收入为主要生活来源的我国公民，视为具有完全民事行为能力。限制民事行为能力的自然人包括两种：第一，年满10周岁以上的未成年人，他们可以进行与其年龄、智力相适应的民事活动。第二，不能完全辨认自己行为的精神病人。他们可以进行与其精神健康状况相适应的民事活动。无民事行为能力人也包括两种：第一，不满10周岁的未成年人；第二，完全不能辨认自己行为的精神病人。

法人和其他组织的民事行为能力与其民事权利能力相一致。

## 二、订立合同的形式

### (一) 口头形式

口头形式有当面交谈、电话联系等形式。适用于"即时清结"的合同，如集市现货交易、商店零售等。口头形式鼓励交易，但不利于举证解决合同纠纷。

### (二) 书面形式

书面形式是指合同书、信件和数据电文（包括电报、电传、传真、电子数据交换和电子邮件）等有行载体的形式。常见类型有：

1. 格式合同（由格式条款构成的合同）；
2. 合同凭证（车票、保险单、购物凭证等，能够说明合同关系存在）；
3. 合同确认书（在合同成立前，以书面形式对协议内容作出的确认）；
4. 定式合同（经公证、签证、登记、审批等特定手续的合同）。

### (三) 其他形式

1. 推定形式

比如房屋租赁合同，租赁期限已满，承租人继续交纳房租而出租人接受的，则推定原租赁合同中的租赁期限相应延长。这实际上是用行动表现出来的默示。

2. 默示形式

指用沉默表现出来的默示。默示只有在法律特别规定或当事人有特别约定的情况下才产生效力。

## 三、订立合同的内容

合同的主要条款有：

### (一) 当事人的名称、姓名、住所

只有明确当事人名称、姓名、住所，合同法律关系的主体才得以明确定位，才能产生法律关系。

### (二) 标的

标的是合同当事人双方权利义务共同指向的对象。标的是合同法律关系的客体，没有标的，合同关系也就不存在。标的是合同不可缺少的条款。合同标的有三类：(1) 财物或智力成果；(2) 行为，主要是劳务（如货物运输合同、仓储合同等）；(3) 一定工作成果（承揽合同）。

### （三）数量和质量

数量是用数字和计量单位来衡量合同标的规模大小、多少的数目。质量是标的内在属性和外部形态综合表现特征。主要表现为产品的成分、规格、性能、技术指标等。

### （四）价款或酬金

价款和酬金统称为价金，是当事人取得合同标的所付出的货币代价。价金在标的是物或智力成果的合同中称为价款，在标的是劳务或劳动成果的合同中称为酬金。

### （五）履行的地点、期限、方式

履行地点是当事人履行合同义务的地方，也就是当事人一方交付标的，另一方接受标的并支付价金的具体场所。履行期限，是指当事人履行合同义务的时间界限，是一方当事人要求另一方当事人履行合同义务的时间依据。履行方式是指当事人根据合同性质和内容履行合同义务的具体方式和要求。

### （六）违约责任

违约责任是指合同当事人不履行或不完全履行合同时，依照法律规定或合同约定应承担的责任。

### （七）解决争议的方法

合同在履行过程中，当事人可能对具体履行，包括履行效果和不履行的后果产生争议。合同当事人往往在订立合同时，就对解决争议的方法作出明确的规定。解决合同争议的方法主要有协商、调解、仲裁和诉讼的方式。

## 四、合同的成立及其条件

合同的成立，是指当事人就合同的主要条款达成合意。我国《民法通则》规定："合同是当事人之间设定、变更、终止民事关系的协议。"《合同法》规定："本法所称合同是平等主体的自然人、法人、其他组织之间设立、变更、终止民事权利义务关系的协议。"合同法的成立意味着各方当事人的意思表示一致。

具体来说，合同的成立必须具备如下条件：

1. 存在双方或多方订约当事人。所谓订约当事人是指实际订约合同的人，在合同成立以后，这些主体将成为合同的主体。公民、法人和其他组织（如合伙等）都可以成为订约当事人。

2. 订约当事人对主要条款达成合意。合同成立的根本标志在于，合同当事人就合同的主要条款达成合意。我国《合同法》规定：合同的内容由当事人约定，一般包括以下条款即当事人的名称或姓名和住址；标的；数量，质量；价款或者报酬；履行期限、地点和方式；违约责任；解决争议的方法。上述条款并不是每一个合同所必须包括的主要条款。各种合同因性质不同，所应具备的主要条款也应该是不一样的。实际上，只要当事人就合同的主要条款达成合意，合同就可以成立。即使合同缺乏对履行期限、地点等条款的规定，也可以根据《合同法》的规定加以解释或填补。

3. 合同的成立应具备要约和承诺阶段。《合同法》规定："当事人订立合同，采取要约、承诺方式。"要约和承诺是合同成立的基本规则，也是合同成立必须经过的两个基本阶段。如果合同内有经过承诺，而只是停留在要约阶段，则合同跟本没成立。合同的成立应经过要约、承诺阶段，同时也意味着当事人应具备明确的订立合同的目的。以上只是合同成立的一般成立条件。实际上由于合同的性质和内容不同，许多合同还可能具有其特定的成立条件。例如，对实践合同来说，应以实际交付物作为其成立要件；而对于要式合同来说，则要履行一定的方式才能成立。

**五、合同订立的程序**

**（一）要约**

1. 要约的概念和成立。

要约是指当事人一方面向他方发出的希望与其订立合同的意思表示。提出要约的一方称为要约人，接受要约的一方称为受要约人。

要约的目的是订立合同，或者说是要在要约人与受要约人之间确立特定的合同关系。要约的成立应当符合下列条件：

（1）要约必须是特定人意思表示。提出订立合同建议的要约人应当符合合同主体的要求，即自然人、法人或者其他组织，并且有相应的民事行为能力。

（2）要约必须是向相对人作出的意思表示。要约人发生要约，只有得到地方的承诺，才能确立合同权利义务关系。因此，要约必须向要约人希望与之成立合同的相对人发出，这样才能符合要约人的意愿和实现要约人的目的。一般情况下，要约都是向特定的相对人发生的。也就是受要约人都往往是特定的、具体的。但在特殊情况下，要约也可以向不特定的相对人发出，如悬赏广告就是一种特殊要约。

（3）要约必须是内容具体和确定的意思表示。由于要约一经受要约人承诺，合同即为成立，所以要约必须是能够决定合同主要内容的意思表示。要约的内容首先应当明确,不能含混不清;其次还应当完整和具体,应包含合同的主要条款。

(4) 要约必须是受相对人承诺的约束的意思表示。要约的目的是成立合同,因此,要约人发出的要约应当表明,该要约经相对人承诺,要约人即受该意思表示的约束。也就是说,要约人在有效期间要受自己要约的约束,并负有与作出承诺的要约人签订合同的义务。

(5) 要约必须到达受要约人。要约只有在送达受要约人以后才能为受要约人所知悉,并能对受要约人产生实际的拘束力。

2. 要约的效力。

要约的效力又称要约的约束力,是指要约所产生的法律后果,包括对要约人的效力和对相对人的效力两方面。

(1) 要约的生效时间。要约的生效时间,除了表明要约从什么时间开始生效外,还直接关系到要约从何时起对要约人产生约束力以及受要约人作出的承诺的期限。《合同法》第16条第1款规定:"要约到达受要约人时生效。"这表明,对要约的生效时间的确定,采取的是到达生效主义,要约自到达受要约人时生效。对于口头要约,由于要约人作出要约意思表示的同时,相对人就完全了解要约的内容,无须送达的过程,因此,口头要约于要约人作出要约的同时生效。对于要约人采用数据电文形式发出要约,相对人即收件人指定特定系统接收数据电文的,该数据电文进入该特定系统的时间,未指定特定系统的,该数据电文进入收件人任何系统的首次时间,视为要约到达时间。

(2) 要约对要约人的效力。要约对要约人的效力又称为要约的形式约束力,它要求要约人在要约生效后的存续期间,不得变更或撤回要约。当然,要约人可以在要约到达受要约人之前改变要约的内容或者撤回要约;因为此时的要约还未生效。

(3) 要约对受要约人的效力。要约对受要约人的效力又称为要约的实质约束力。它表明受要约人在要约生效后即取得对该要约作出承诺的权利。由于要约一般是向特定的相对人发出的,所以,只有受要约人才享有作出承诺的权利。受要约人在要约生效后,可以对该要约作出承诺,但并不负有必须承诺的义务,如不作承诺,也无需通知要约人。要约人如果对要约作出承诺,合同即为成立,受要约人就成为承诺人,并与要约人共同成为合同的权利义务主体。

(4) 要约的撤回和撤销。要约的撤回,是指要约人在要约生效前有权取消要约。《合同法》第17条规定:"要约可以撤回。撤回要约的通知应当在要约到达受要约人之前或者与要约同时到达受要约人。"因此,任何要约都可以由要约人撤回,只要撤回要约的通知先于或者同时与要约到达受要约人即可。因为要约的撤回是对尚未生效的要约予以取消,与要约未发出的后果是一致的。要约的撤销是指在要约生效后受要约人承诺前,要约人可以依法将要约取消。要约撤回与要约撤销的目的都是取消要约，但前者发生在要约生效之前，而后者发生在要约生效之后。为体现要约的形式效力，要约人对已经生效的要约不得随意撤销，除非法律有特别的规定。《合同法》第18条规定："要约可以撤销。撤销要约的通知应当在受要约人发出承诺通知之前到达受要约人。""有下列情形之一的，要约不得撤销：要约人确定了承诺期限或者以其他形式明示要约不得撤销；受要约人有理由认为要约是不可撤销的，并且已经为履行合同做了准备工作。"

（5）要约的失效。要约的失效又称为要约的消灭，是指要约失去法律效力对要约人和受要约人均不再有法律约束力。《合同法》第20条规定："有下列情形之一的，要约失效：拒绝要约的通知到达要约人；要约人依法撤销要约；承诺期限届满，受要约人未作出承诺；要约受要约人对要约的内容作出实质性变更。"

3. 要约的形式。

（1）口头要约和书面要约。要约根据其表达方式不同，分为口头要约和书面要约。要约人可以用口头表达方式发出要约，并且请求要约人立即作出答复，或者要求受要约人作出承诺期限。书面要约由要约人通过书面文件方式向受要约人发出，一般会明确提出受要约人作出承诺的期限。

（2）特殊要约。要约往往表现为向相对人发出货单、竞买人向拍卖人报价、投标人向招标人投标等比较典型的形式。但有时，要约并不是向特定的相对人发出，或者并非采用典型的口头或者书面形式，这就是特殊的要约，如悬赏广告（以广告声明对完成一定行为之人给予报酬）、商品标价陈列等。

（3）反要约。要约到达受要约人后，如果受要约人对要约的内容作出了实质性变更，并将其意思表示回复给要约人，受要约人的这一答复并非属于承诺，而是又一新的要约。因为此时双方还没有形成最终的合意，合同能否成立还不能确定。受要约人作出的变更要约主要内容的意思表示就是反要约。

（4）区别要约与要约邀请。是指当事人一方发出的希望他人向其发出要约的意思表示。要约邀请不是要约，两者之间存在着明显的区别。首先，要约邀请的直接目的是诱使他人向自己发出要约，而不是期待他人的承诺。其次，要约邀请的内容仅仅是订立合同的建议，而不包含合同的主要条款。再次，要约邀请一般向不特定的相对人发出的，所以无法事先得知其中谁会成为要约人。最后，要约邀请反映的是合同订立的前期准备活动，而未进入实质性的缔约阶段。在实践中，价目表的寄送、拍卖公告、招股说明书、商品广告等，均为要约邀请。

◎讨论：商场价目标签置于商品之前属于要约还是要约邀请？与寄送的价目表有何区别？

◎分析：商场价目标签置于商品之前，可构成要约；寄送的商品价目表是要约邀请。商场价目标签置于欲售商品之前，与寄送的价目表区别在于：第一，寄送的价目表没有实物展示，接受信息的人不能用受领标的物的行为来承诺；而商场价目标签置于实物之前，接受信息的人能够用受领的方式承诺。第二，寄送的价目表不具有数量条款，接受信息的人须提出购买数量，不符合要约明确具体的要求。商场价目标签置于实物之前，有标的、价格、没有数量条款，但有确定数量的方法，即由购买者自行确定。这就符合要约明确具体的要求。因此，商场中商品前的价目标签，被称为实物要约，也称之为现物要约。

◎案例：某酒店客房内备有零食、酒水供房客选用，价格明显高于市场同类商品。房客关某缺乏住店经验，又未留意标价单，误认为酒店免费提供而饮用了一瓶洋酒。结账时酒店欲按标价收费，关某拒绝。

◎问：酒店与关某的买卖合同是否成立？

◎分析：本题就涉及现物要约的问题。酒店将明码标价的洋酒陈列于客房内，构成以实物形式提出的买卖合同要约；关某自行饮用之行为构成承诺，双方之间买卖合同成立。但关某因无住店经验误认为客房酒水免费而饮用，属于对合同内容的重大误解，有权请求人民法院或仲裁机构对合同予以变更。

◎小贴士：根据《最高人民法院关于审理商品房买卖合同纠纷案件适用法律若干问题的解释》（法释〔2003〕7号）第3条规定：商品房的销售广告和宣传资料为要约邀请，但是出卖人就商品房开发规划范围内的房屋及相关设施所作的说明和允诺具体确定，并对商品房买卖合同的订立以及房屋的价格的确定有重大影响的，应当视为要约。该说明和允诺即使未载入商品房买卖合同，亦应当视为合同内容，当事人违反的，应当承担违约责任。

## （二）承诺

1. 承诺的概念。

根据《合同法》的规定，承诺是受要约人同意要约的意思表示。受要约人作出承诺后即为承诺人。

2. 承诺的成立要件。

承诺的成立应当符合下列条件：

（1）承诺必须由受要约人作出。由于要约是向特定的相对人提出的，只有受要约人作出承诺，才能实现要约人的愿望。

（2）承诺必须向要约人作出。

（3）承诺必须是对要约的内容作出完全同意的意思表示。即承诺必须在内容上与要约的内容一致，不得对要约的内容作出实质性变更。如果受要约人在承诺中对要约的内容作出实质性变更，便不构成承诺，而应视为一个新的要约，称为反要约。

（4）承诺必须在有效期限内作出。定有承诺期限的要约，承诺须于期限内作出方为有效；未定有承诺期限的要约，如属口头要约，承诺须有受要约人立即作出才为有效，但当事人另有约定的除外。如果要约是以非对话方式作出的，则应由受要约人在合理期限内作出承诺。

3. 承诺的方式。

承诺的方式是指受要约人将其承诺的意思表示传达给要约人所采用的方式。承诺应当以通知的方式作出，通知的方式可以是口头的，也可以是书面的。根据交易习惯或当事人之间的约定，承诺也可以不以通知的方式，而以通过实施一定的行为或其他方式作出。

4. 承诺的生效。

承诺通知到达要约人时生效。承诺不需要通知的，根据交易习惯或者要约的要求作出承诺行为时生效。

5. 承诺的撤回。

承诺可以撤回。撤回承诺的通知应当在承诺通知到达要约人之前或最迟与承诺通知同时到达要约人。

◎**案例**：甲方给乙方寄送价目表，要卖给乙方 A 牌学习机，价格每台 700 元。乙方发电子邮件给甲，"如果价格能降 10%，则购买 200 台，卖方自电子邮件发送到之日起 10 天内送货"。甲方回邮件称："同意降价 10%，但现在本公司只有存货 100 台，另 100 台 20 天后送到。"甲方当天派业务员王某押车将 100 台送至乙方，乙方验收，按每台 600 元付款。王某告知乙方，另外 100 台可在 15 日内送到。乙方拒绝。甲方认为乙方毁约，遂派王某押车将另外 100 台送至乙方，乙方拒收。王某遂将 100 台学习机存入丙方（仓储公司）的仓库。夜里突降暴雨，学习机经雨水浸泡毁损。甲诉至法院。

◎**问**：（1）甲乙双方合同关系是否成立？为什么？

（2）毁损学习机的后果由谁承担？

◎**分析**：甲方寄送的价目表，为要约邀请；乙方发电子邮件为要约；甲方回邮件，内容对要约作出了实质性变更，是新的要约，谓之反要约；乙方未回复，合同不成立。甲方送货 100 台，以作为的形式为新要约；乙方收货 100 台，以行动表现为承诺。双方以行动表现出来的默示形式成立合同。甲方送另外 100 台学习机，这是以行动表现出来的要约行为，乙方拒收，是对要约的拒绝，合同不成立，货物灭失的风险应由甲方自己承担。甲方将货物存入丙方仓储公司，仓储合同成立，风险承担由甲方转移至丙方，因暴雨不构成不可抗力，丙方不能免责，应承担赔偿责任。

## 六、格式条款

### （一）概念

概念是指合同条款由一方当事人为了重复使用而预先拟定，并在订立合同时未与对方协商的条款。

### （二）特征

1. 单方事先决定性。
2. 重复使用性。
3. 书面明示方式。
4. 条款使用人一般具有法律或事实上的垄断性。（法律上的垄断性是指当事人根据法律规定，如铁路、自来水、煤气、电力供应等，享有的经营垄断权，事实上的垄断性如保险、银行等）。

### （三）利弊

利的方面：有利于提高缔约效率，降低交易成本；可弥补法律不足；可预测经营成果。

弊的方面：对意思自治原则产生冲击，导致契约自由的失衡；可能产生事实上的不公平。

### （四）提供格式条款者的责任（义务）

1. 遵循公平原则；
2. 履行提示或说明的义务。

### （五）格式条款无效的问题

1. 提供格式条款一方免除其责任、加重对方责任、排除对方主要权利的，该条款无效。
2. 格式条款具有《合同法》第52条规定的合同无效的情形，包括：
（1）一方经欺诈、胁迫的手段订立合同，损害国家利益；
（2）恶意串通，损害国家、集体或者第三人利益；
（3）以合法形式掩盖非法目的；
（4）损害社会公共利益；
（5）违反法律、行政法规的强制规定。
3. 《合同法》第53条规定的无效情形：（"免责条款"无效的两种情形）

(1) 造成对方人身伤害的；
(2) 因故意或者重大过失造成对方财产损失的。

（六）格式条款争议的解释原则

(1) 解释不利于提供格式条款的原则；
(2) 解释采用非格式条款优于格式条款的原则。

◎**案例**：张某到某干洗店洗毛料衣服，干洗店给张某开具一事先印制好的洗衣单，后洗衣店洗坏衣服，张某索赔，洗衣店老板说："我可以赔，洗衣单上事先写好按价格的3倍赔偿，我给你洗衣服收了你50元，我赔你150元。"张某不干，说："我的衣服1000元，按照价格的3倍，应该是衣服价格的3倍，应赔偿3000元。"

根据格式条款争议的解释原则，按照价格的3倍赔偿，应当解释为按衣服价格3倍赔偿。

## 七、缔约过失责任

（一）概念

缔约过失责任是指缔约一方当事人因故意或者过失违反先合同义务，而造成对方信赖利益的损失时依法承担的损害赔偿责任。先合同义务是在合同签订之前及其在合同磋商的过程中，当事人应当承担的附随义务，是基于诚实信用原则、合法原则产生的法定义务。

（二）缔约过失责任有以下构成要件：

1. 缔约一方当事人有违反先合同义务的行为；
2. 违反先合同义务一方当事人有过错；
3. 造成了另一方信赖利益的损失；
4. 违反先合同义务的行为与损失之间有因果关系。

缔约过失责任主要发生于以下几种情况：
第一，合同未成立；第二，无效合同；第三，合同被撤销；第四，合同成立但未生效。

（三）合同责任与缔约过失责任

合同责任是否等于违约责任，对此有两种观点：一种观点认为合同责任是与违约责任完全不同的概念。所谓合同责任，是指合同上的民事责任，就是追究当事人在各种合同关系中所承担的民事法律后果，包括变更和解除合同的民事责任、无效合同的民事责任、违反合同的民事责任、合同担保的民事责任、合同代理的民事责任等。另一种观点认为合同责任就是违约责任，它是指违反合同义务所产生的民事责任。通常认为，合同责任就是违约责任。由于缔约过失责任成立时，合同关系尚不存在，无论合同责任还是违约责任，都不包括缔约过失责任。

缔约过失责任是指在合同订立过程中，缔约人违反诚实信用原则，造成对方信赖利益的损失依法应当承担的赔偿责任。

缔约过失责任不同于合同责任，两者的区别主要有以下几个方面：（1）从责任性质上看，合同责任是因为违反有效合同而产生的责任，它是以合同关系存在为前提条件的；而缔约过失责任产生的宗旨就是为了解决在没有合同关系的情况下因一方的过失而造成的另一方信赖利益的损失问题，所以区分合同责任与缔约过失责任首先要依合同关系是否成立为认定标准。（2）缔约过失责任是一种法定的损害赔偿责任，以损害赔偿作为其责任形式；而违约责任可以由当事人自由约定，可约定继续履行、给付违约金、也可以赔偿损失。（3）从赔偿范围而言，缔约过失责任赔偿当事人的信赖利益损失，旨在达到犹如合同当事人未进行准备订立合同的状态；违约责任则要赔偿期待利益的损失，就如同达到了合同已经履行的状态。（4）就损害赔偿的限制而言，违约责任赔偿原则上不能超过守约方在订立合同时预见到的利益；但在缔约过失责任中却不存在这样的限制性规定。从免责条件来看，我国法律对缔约过失责任没有规定免责事由；而在合同责任中，不可抗力是违约责任的法定免责事由。

◎**案例**：1992 年 12 月，原告（某研究所）委托本单位职工张某（被告一）赴 A 石化厂（被告二）就承接原油电脱盐项目进行了多次磋商。为此合同的签订，原告作了资金、设备人员的准备。但在与 A 石化厂正式签订合同之前，张某调离了该研究所。张某调离后，以另一家工程研究所名义与 A 石化厂签订了承接原油电脱盐项目的合同，致使原告的经济利益受到了侵害。因此，原告诉至法院，要求两被告赔偿原告经济损失 30 万元。法院经过审理后判决：（1）被告张某、A 石化厂赔偿原告某研究所 30 万元；（2）两被告负连带赔偿责任。判决后，原、被告均未上诉，判决生效。

试分析法院作出上述判决的理论依据和法律依据。

◎**分析**：本案中，A 石化厂明知张某一开始是代表原告某研究所与其进行磋商关于承接原油电脱盐项目，而张某在实际签合同时，是代表另一家工程研究所签订的，而仍与之签订合同，其此种行为侵犯了原告某研究所的信赖利益而应当承担缔约过失责任。张某在原告处工作并代表原告与 A 石化厂磋商承接原油电脱盐项目，但其调离了原告某研究所后,利用其对磋商过程和情况熟悉的优势,代表另一家工程研究所与 A 石化厂签订了合同,致使原告经济利益受到了侵害。张某和 A 石化厂承担赔偿责任的理论依据是缔约过失责任理论。

法院作出判决的法律依据是《合同法》第 42 条的规定:当事人在订立合同过程中有下列情形之一,给对方造成损失的,应当承担损害赔偿责任:(1)假借订立合同,恶意进行磋商;(2)故意隐瞒与订立合同有关的重要事实或者提供虚假情况;(3)有其他违背诚实信用原则的行为。

## 第三节 合同的效力及履行

### 一、合同生效

(一) 概念

合同生效是指合同所产生的法律上的约束力。表现为:对合同当事人有约束力;受法律保护。

(二) 合同生效的条件

1. 主体合格(具有相应民事权利能力与行为能力);
2. 意思真实(欺诈问题);
3. 内容合法(不违反法律或者社会公共利益)。

### 二、无效合同

(一) 概念

无效合同是指当事人签约成立而国家不承认和不受法律保护,没有法律约束力的合同。

(二) 确认机构

只能由人民法院、仲裁机构确认。

(三) 确认依据

1. 一方以欺诈、胁迫的手段订立合同、损害国家利益;
2. 恶意串通,损害国家、集体或者第三人利益;
3. 以合法形式掩盖非法目的;

4. 损害社会公共利益；
5. 违反法律、行政法规的强制规定。

### （四）法律后果

1. 返还财产；2. 赔偿损失；3. 折价补偿。

## 三、可变更或可撤销的合同

### （一）概念

可变更、可撤销合同是指虽然合同已经成立并生效，但由于特定原因致使当事人意思表示不真实，有撤销权的当事人可以请求法院或仲裁机构予以变更或撤销的合同。

### （二）条件

1. 必须具有法定事由，即"重大误解"；"显失公平"；"一方以欺诈、胁迫的手段或者乘人之危，使对方违背真实意思"。
2. 必须有一方当事人请求变更或撤销。
3. 必须是由人民法院、仲裁机构来行使。

### （三）导致合同变更、撤销的事由

1. 重大误解。是指当事人对合同主体、标的物等产生错误认识，致使行为结果与自己意思相悖，并会造成较大损失的情形。
2. 显失公平。是指合同订立时，一方当事人利用优势或者利用对方没有经验，致使双方权利义务明显不对等的情形。
3. 欺诈。是指一方在订立合同时，故意制造假象或者掩盖真相，致使对方陷入错误而订立合同。
4. 胁迫。是指一方采用违法手段，威胁对方与自己订立合同，被胁迫一方因恐惧而与其订立合同。
5. 乘人之危。是指一方当事人乘对方处于危难之际，为谋取不正当利益，迫使对方违背自己的真实意愿与己作出民事行为。

### （四）撤销权的消灭

有下列情形之一，撤销权消灭。

1. 具有撤销权的当事人自知道或者应当知道撤销事由之日起一年内没有行使撤销权。

2. 具有撤销权的当事人知道撤销事由后明确表示或者以自己的行为放弃撤销权。

◎**案例**：张强是某市东城区无业游民，在当地横行霸道。2009年7月15日他到西城区吃饭时发现刘鹏有一家杂货店生意兴隆，就想买下来自己做生意。由于铺面地理位置较好，刘鹏不想出售。张强见其不同意就威胁说，如果不卖，就要砸杂货店，并于当日叫来很多兄弟来捣乱，对前来买东西的顾客进行骚扰。连续几天过后就没有人来买东西了。8月1日，刘鹏的父亲因病重急需16万元进行手术。张强知道后故意压低房价。该房子市价为20万元，张强只愿给14万元。刘鹏无奈之下和张强签订了铺面买卖合同。合同约定：刘鹏将其西城区店面以14万元的价格出售给张强，如果日后出现合同纠纷，应将纠纷交由合同履行地人民法院裁决。刘鹏与张强办理好房屋产权转移手续后，便要求张强支付房款，张强却以合同没有履行期限为由拒绝付款，并拆除原有室内装潢。刘鹏于是向张强住所地东城区人民法院起诉，要求撤销该合同并赔偿其对店面进行改装后所造成的损失。

◎**问**：1. 张强和刘鹏所签订的是什么性质的合同？
2. 刘鹏能否行使撤销权？
3. 如果合同被撤销，是否影响合同中有关争议解决条款的效力？
4. 张强能否以合同没有约定履行期限而拒绝支付房款？

◎**分析**：（1）合同可变更可撤销的主要情况有：受欺诈；受胁迫；乘人之危；重大误解；显失公平等。张强在先胁迫、后又在乘人之危的情况下，迫使刘鹏违背真实意愿与其签订合同，导致刘鹏遭到重大损失，属可变更可撤销合同。

（2）刘鹏行使撤销合同的权利是一种形成权，即以其单方面意思表示就可产生预期法律效力的权利，只要在法律规定的时间内行使，就可消灭合同效力。

（3）《合同法》第57条规定，合同无效、被撤销或者终止的，不影响合同中独立存在的有关解决争议方法的条款的效力。

（4）《合同法》规定：履行期限不明确的，债务人可以随时履行，债权人也可以随时要求履行，但应当给对方必要地准备时间。据此，在刘鹏向张强发出履行通知后，只要给必要的合理的期限，张强就应该支付房款，而不能以没有约定履行期限为由拒绝支付房款。

## 四、合同的履行

合同的履行是合同具有法律约束力的首要表现，是指合同双方当事人，依法完成合同规定的义务和实现各自权利。合同的订立是前提，合同的履行是关键。

(一) 履行原则

1. 全面履行原则。

全面履行原则亦称"适当履行原则",指当事人除按合同规定的标的履行外,还要按合同规定的数量、质量、期限、地点、价金、结算方式等各方面全面、适当的履行。当事人按照合同规定的标的来完成义务,不能用其他标的来代替合同标的,也不能以偿付违约金、赔偿金来代替履约。

2. 诚实信用履行原则。

履行通知、协助、保密等义务,履行时根据合同的性质、目的和交易习惯进行。

(二) 履行规则

1. 协议补充履行规则(自愿原则的体现)。
2. 合同约定不明的履行规则。
(1) 质量不明,按国家标准、行业标准履行;通常标准履行;特定标准履行。
(2) 价金不明,按履行地的市场价格履行。依法应当执行政府定价或指导价的,按规定履行。
(3) 履行地点不明,在履行义务的一方所在地履行。
(4) 履行期限不明,债务人可以随时履行,债权人也可以随时要求履行,但应给债务人合理准备时间。
(5) 履行方式不明,按有利于实现合同目的的方式履行。
(6) 负担费用不明,由承担履行义务的一方承担。
3. 价格变动履行规则("针对政府定价或者政府指导价的情形")。

该规则体现"谁违约谁受损,谁守约谁受益"的法律价值取向,体现惩罚违约方,保护守约方。表现为:

(1) 交付期内政府价格调整时,按照交付的价格履行。
(2) 逾期交付标的物的,价格上涨,按原价格履行;价格下降,按新价格履行。
(3) 逾期提取标的物的(或逾期付款),价格上涨,按新价格履行;价格下降,按原价格履行。
4. 债务人向第三人履行债务的规则(亲自履行与替代履行的问题)。

必须由合同当事人约定;债务人不向第三人履行债务或者是履行债务不符合约定,应当向债权人承担违约责任。

5. 第三人向债权人履行债务的规则(亲自履行与替代履行的问题)。

必须由合同当事人约定;第三人未向债权人履行债务或者履行债务不符合约

定，债务人应当向债权人承担违约的责任。

6. 当事人变动的履行规则。

（1）合同生效后，不得因姓名、名称的变更或者法定代表人、负责人、承办人的变动而不履行合同。

（2）当事人一方发生合并与分立。（原签订的合同继续有效，由变更后的当事人承担或分别承担）

## 五、合同履行中的抗辩权

抗辩权又称异议权，是指在双务合同中，一方当事人在对方不履行或履行不符合约定时，依法对抗对方要求或否认对方权利主张的权利。抗辩权的作用是使对方的权利受到阻碍或者消灭。

履行抗辩权是指在双务合同中，一方当事人在对方不履行或不完全履行合同时，依法对抗对方请求或否认对方权利主张的权利。

### （一）同时履行抗辩权

同时履行抗辩权，是指双务合同没有确定先后履行顺序的，一方当事人在对方履行之前有权拒绝其履行要求或一方在对方履行债务不符合约定时，有权拒绝其相应履行要求的权利。

同时履行抗辩权的行使需要具备以下条件：

1. 需基于同一双务合同；
2. 根据合同约定或合同性质，要求当事人同时履行合同义务；
3. 双方债务已届清偿期；
4. 一方当事人有证据证明应同时履行义务的对方当事人未履行或未适当履行合同；
5. 对方有履行的可能性。

### （二）后履行抗辩权

后履行抗辩权，是指在双务合同中，有先后履行顺序，先履行一方未履行的，后履行一方有权拒绝其履行要求；先履行一方履行债务不符合约定的，后履行一方有权拒绝其相应的履行要求。

后履行抗辩权的行使需具备以下条件：

1. 当事人基于同一双务合同，互负债务；
2. 当事人的履行有先后顺序；
3. 应当先履行的当事人不履行合同或不适当履行合同；
4. 后履行抗辩权的行使人是履行义务顺序在后的一方当事人。

### （三）不安抗辩权

不安抗辩权，是指在有先后履行顺序的双务合同中，先履行的一方当事人有确切证据证明后履行一方当事人丧失履行债务能力时，有中止己方履行合同的权利。

行使不安抗辩权的条件是：
1. 经营状况严重恶化；
2. 转移财产、抽逃资金，以逃避债务；
3. 丧失商业信誉；
4. 有丧失或可能丧失履行债务的能力的其他情形。

## 六、合同债权保全

合同债权保全是指法律为防止因债务人的财产不当减少而给债权人的债权带来危害，允许债权人为保全其债权的实现而采取的法律措施。

### （一）代位权

代位权是指在合同履行过程中因债务人怠于行使其到期债权从而危及债权人的债权实现，债权人可以自己的名义行使债务人对第三人的债权的权利。

债权人提起代位权诉讼应当符合以下条件：
1. 债权人对债务人的债权合法；
2. 债务人怠于行使其到期债权，对债权人造成损害；
3. 债务人的债权已到期；
4. 债务人的债权不是专属于债务人自身的债权。

所谓的债务人的自身债权，是指基于扶养关系、抚养关系、赡养关系、继承关系产生的给付请求权和劳动报酬、退休金、养老金、抚恤金、安置费、人寿保险、人身损害赔偿请求权等权利。

◎案例一：甲建材公司向乙建筑公司提供了300万元借款，年息10%，到期连本带利共350万元，丙公司又欠乙公司400万元，且债务已到期。现乙公司无力偿还甲公司350万元款项，甲公司能否行使代位权要求丙公司向自己偿还350万元款项？

◎分析：甲公司不是金融企业，无权放贷，按目前规定，甲乙之间的合同无效，利息应当予以追缴，但一方对于本金是应当返还的，也就是说，甲公司对乙公司300万元本金是合法的。这样，甲方可以行使代位权，但只能要求丙公司向自己清偿300万元，而不能是350万元。

◎案例二：张某对李某600万元的债权，李某对赵某有600万元的债权。张某起诉赵某行使代位权胜诉。法院判决赵某直接向张某清偿600万元。执行300万元之后，赵某已无财力清偿，张某能否再找李某要求清偿300万元？

◎分析：张某对李某600万元的债权，经法院裁判，实现转移，即张某对赵某有600万元债权，李某对相应600万元债务免除。

### （二）撤销权

撤销权是指债权人对债务人恶意实施的危及债权实现的减少财产行为，可以请求法院予以撤销的权利。

债权人行使撤销权时应当具备以下条件：

1. 债权人必须以自己的名义行使撤销权；
2. 债权人对债务人存在有效债权；
3. 债务人实施了减少财产的处分行为；
4. 有偿受让的第三人具有主观恶意；
5. 债务人的处分行为有害于债权人债权的实现。

法理链接：合同解除权与撤销权。

解除权，是指合同有效成立以后，当具备合同解除条件时，因当事人一方或者双方可以使合同关系自始归于消灭或者将来消灭的一种权利。合同解除权分为法定解除权和约定解除权。

撤销权分为合同效力中的撤销权和债权保全中的撤销权。债的保全中的撤销权与合同的解除权有可比性，它是指因债务人放弃到期债权或者无偿转让财产，对债权人的债权造成损害的，债权人可以请求人民法院撤销债务人行为的权利。合同效力中的撤销权，是指在当事人意思表示不真实的合同中，法律赋予因意思表示不真实而受到损害的一方通过法定程序撤销已经成立的合同的权利。

合同解除权与合同撤销权，既有相同点也有不同点。相同点有：（1）在合同没有被解除或者被撤销前，合同都是有效的。（2）合同解除权与合同撤销权都是一种形成权，它们的行使期间都是法定的除斥期间。（3）行使的后果都使合同归于消灭。不同点是：（1）合同解除权既可以是法定的，也可以是约定的；而合同的撤销权是法律规定的，当事人不得约定。（2）合同解除权的行使可以在当事人之间进行，不必经过仲裁机构或者人民法院；而合同的撤销权行使，必须由撤销权人提出，由仲裁机构或者人民法院确认。（3）从发生效力上看，合同撤销权的行使，要发生溯及既往的效力；而合同解除权的行使，除了对某些特殊的合同外，一般不发生溯及既往的效力。

## 七、合同的变更和转让

### (一) 合同变更

合同变更有广义、狭义之分。广义的合同变更包括合同主体的变更和合同内容的变更。合同主体的变更就是通常所说的合同转让。我们通常所说的合同变更是指狭义的合同变更。

合同变更是指合同成立以后，尚未履行完毕之前由合同当事人双方依法对原合同的内容所进行的修改或补充。其包括4层涵义：

1. 原合同关系存在（合同成立以后，尚未履行完毕之前）。
2. 合同内容部分变动。
3. 当事人协商一致。
4. 变更须经批准的应当经批准。

### (二) 合同转让

1. 合同转让。

合同转让是指合同当事人依法将合同规定的权利和义务全部或部分转让给第三者的合法行为。具体涵义包括5点：

(1) 向第三人转让。
(2) 合同主体变化，但合同内容不变。
(3) 是合法行为。
(4) 经对方同意或通知对方。
(5) 涉及批准，须经批准。

合同的转让是合同变更的一种特殊形式，它不变更合同所规定的权利、义务的内容，而变更合同的主体。即变更是对合同内容而言，不是对合同主体而言，合同主体变化属于合同转让；两者都是法律行为，都改变了原有合同的法律关系。

2. 合同权利转让。

合同权利转让是指合同中享受权利的一方当事人通过协议将自己的债权全部或部分转让给第三人的行为。

合同权利转让的限制：

(1) 依合同性质不转让；
(2) 依合同约定不转让；
(3) 依法律规定不转让。

合同权利转让者的义务：

(1) 通知义务；(即表明债权人转让债权，只要对债务人履行通知义务即可，

不必经债务人同意)

(2) 承担转让从债权义务;

(3) 需办手续必办手续。

3. 合同义务转让。

合同义务转让是指合同中债务人将自己应当履行的义务全部或部分转让给第三人的行为。

合同义务转让者的规则:

(1) 必须经债权人同意(此与合同权利转让不同);

(2) 新债务人应承担从债务;

(3) 需办手续必办手续。

◎**案例**:2009 年,上海市市民王成与鸿运房地产开发公司签订了一份商品房预售合同。约定房屋将于 2010 年 10 月建成,房屋位置在龙海公园开发小区,交付房款的方式是分期付款。王成在合同签订后交付了部分预售款。后因工作原因,王成要到国外定居,遂决定将房屋转让给他的好朋友张海。双方经过协商后,到鸿运房地产公司,将合同欲转让的情况告知了该公司,但房地产公司不同意该转让。

◎**问**:鸿运房地产公司有权利不同意预售商品房的转让吗?

◎**分析**:王成交付了部分房款,即履行了合同的部分义务,但还有部分义务没有履行,所以他的转让属于部分转让合同权利义务,部分权利的转让不需要公司的同意,但义务的转让应经过债权人的同意。所以鸿运房地产公司有权阻止预售房屋的转让。

## 八、合同终止

合同终止是指当事人双方终止合同关系,合同所确定的当事人之间的权利、义务关系消灭。

根据《合同法》第 91 条规定,合同终止主要有以下几种情形:

### (一) 自行终止(债务已按约定履行)

当事人权利义务全面履行完毕,合同自然终止。这种终止方式最能体现合同签订的宗旨。

### (二) 解除终止(合同解除)

合同解除是指在合同有效成立后,在一定的条件下通过当事人的单方行为或者双方协议,终止合同效力或者溯及地消灭合同效力的行为。合同解除分为以下几种情形：

1. 合意解除。

合意解除是指根据当事人事先约定的情况或经当事人协商一致而解除合同。合意解除合同包括以下两种情况。

（1）协商解除　是指合同生效后，未履行或未完全履行之前，当事人经协商一致而解除合同；

（2）约定解除　是指当事人根据合同约定，在合同履行过程中出现某种可以解除合同的情形时，当事人一方或双方可解除合同。

2. 法定解除。

法定解除是指在合同成立后，没有履行或没有完全履行完毕之前，当事人在法律规定的解除条件出现时行使合同解除权。《合同法》第94条规定，有下列情形之一的，当事人可以解除合同。

（1）因不可抗力致使不能实现合同目的；

（2）在履行期限届满之前，当事人一方明确表示或者以自己的行为表示不履行主要债务；

（3）当事人一方迟延履行主要债务，经催告后在合理期限内仍未履行；

（4）当事人一方迟延履行债务或有其他违约行为致使不能实现合同目的。

当事人一方主张解除合同时，应当通知对方。合同自通知到达对方时解除，对方有异议的，可以请求人民法院或者仲裁机构确认解除合同的效力。

3. 任意解除。

任意解除是指无须法定事由，仅凭一方当事人单方意志就可解除合同。如《合同法》第268条规定："定作人可以随时解除承揽合同，造成承揽人损失的，应当赔偿损失。"第410条规定："委托人或者受托人可以随时解除委托合同，因解除合同给对方造成损失的，除不可归责于该当事人的事由以外，应当赔偿损失。"这种可随时解除合同的权利，因不需要法定事由，因而称为任意解除权。

（三）抵消终止（债务相互抵消）

债务抵消是指当事人互负到期债务，各自以其债权冲抵自己的债务，从而使自己的债务与对方的债务在对等额内相互消灭的行为。

债务抵消分为约定抵消和法定抵消。约定抵消是根据当事人协议而发生的抵消。法定抵消是法律规定抵消条件，当条件具备时，依当事人一方的意思表示发生的抵消。《合同法》第99条规定，当事人互负到期债务，该债务的标的物种类、品质相同的，任何一方可以将自己的债务与对方的债务抵消，但依照法律规定或者按照合同性质不得抵消的除外。当事人主张抵消的，应当通知对方，通知自到达对方时生效。抵消不得附条件或者附期限。这是法定抵消。

当事人互负债务，标的物种类、品质不相同的，经双方协商一致，也可以抵消。这是约定抵消。

（四）债务人依法将标的物提存

1. 提存是指由于债权人的原因，债务人难以履行债务时，将标的物交由有权机关保存，以替代履行，从而终止合同权利义务关系的行为。

2. 提存的要件。

（1）提存的主体适格。

提存人是对提存受领人负有履行义务的人，即债务人。

（2）有合法的提存原因。

有下列情形之一，债务人可以将标的物提存：

①债权人无正当理由拒绝受领；

②债权人下落不明；

③债权人死亡未确定继承人或者丧失行为能力未确定监护人；

④法律规定的其他情形。

3. 提存的标的物符合要求。

提存的标的物可以是货币、有价证券、票据、提单、权利证书、货物等，动产和不动产都可以提存。当然，提存的标的物应当与合同约定的标的物相符。标的物不适于提存或者提存费用过高的，债务人依法可以拍卖或者变卖标的物，提存所得的价款。

**提存一览表**

| | | | |
|---|---|---|---|
| 1 | 提存人：债务人 | 8 | 辅助手段：变价提存 |
| 2 | 提存机关：公证机关 | 9 | 通知义务人：债务人 |
| 3 | 提存地：清偿地 | 10 | 风险负担：债权人 |
| 4 | 提存性质：保护债务人，兼顾债权人利益 | 11 | 孳息所有：债权人 |
| 5 | 提存原因：不能履行或难以履行 | 12 | 提存费用：债权人 |
| 6 | 提存目的：代为履行，终止合同 | 13 | 权利存续期间：5年 |
| 7 | 提存标的物：货币或其他适合提存的动产 | 14 | 抗辩权行使：提存机关根据债务人要求行使 |

（五）债权人免除债务

债务免除是指债权人免除债务人的部分或者全部债务以使合同权利义务部分或

全部终止的行为。

免除的成立：

免除须有债权人抛弃债权的意思表示，免除债务应当告知债务人或者其代理人；债权人须有相应的行为能力且有处分权；免除债务不得要求债务人支付对价；免除的意思表示不得撤销，但可以撤回。

（六）混同

混同是指债权人和债务人同归于一人，从而债权、债务归于一人，导致合同权利义务终止。

债权债务的概括承受是发生混同的主要原因。如两个企业法人之间发生合并，债权债务因同归于同一个企业而消灭。

混同是一种客观事实，混同一经发生，不需要任何意思表示即发生合同之债消灭的效果。

（七）法律规定或约定终止的其他情形如

当事人死亡又无继承人。

## 第四节 违约责任

### 一、违约责任的概念与特征

（一）概念

违约责任，指合同当事人因不履行合同义务或者履行合同义务不适当所应当承担的责任。当事人违反合同义务，对方请求其承担违约责任时，当事人所负担的第一性义务（合同义务）转化为第二性的义务（违约责任）。根据当事人违约行为的具体形态以及对方当事人的选择，违约方承担违约责任的具体方式并不相同，承担违约责任的具体方式称为违约责任的形态。

（二）特点

1. 违约责任的承担以合同有效存在为前提。如果合同不成立、无效、被撤销，纵使当事人因过失给对方造成损害，也不发生违约责任，应通过缔约过失责任或者侵权责任解决。

2. 当事人具有违约行为是其承担违约责任的要件。只要当事人没有全面而适当地履行其负担的合同义务，又无法定或约定的抗辩事由，即应承担违约责任。双方当事人均违约的,应当各自承担相应的违约责任。违反的合同义务不仅包括主给付义务,还包括从给付义务和附随义务。

3. 违约责任具有相对性。除非法律另有规定,违约责任只能在合同当事人之间发生,不涉及第三人。

4. 违约责任可以由当事人约定。当事人可以事先约定违约责任的损害赔偿数额或者计算方法。当事人也可以通过设定免责条款限制或者免除其责任。

5. 违约责任仅为是财产责任。根据我国现行法,违约责任不包括精神损害赔偿。

## 二、违约责任的归责原则

《合同法》颁布前,我国民事立法对违约责任采用过错归责原则。《合同法》第 107 条贯彻"契约必须严守"的方针,改变过去的做法,对违约责任采用"无过错责任原则"。因此,原则上,承担违约责任不要求违约方具有过错。不过,《合同法》分则的部分条款采用了"过错责任原则",对于少数合同中的特定违约行为,违约方具有过错是其承担违约责任的前提条件。在无偿委托合同、无偿保管合同、赠与合同中,受托人、保管人、赠与人承担违约责任甚至要求其具有故意或者重大过失。一言以蔽之,违约责任原则上采用无过错归责,例外地采用过错归责。

1. 违约责任原则上适用无过错责任原则。需要注意的是:采用无过错归责原则的结果之一是,法定的免责事由只有不可抗力,债务人因为意外事件不能履行合同义务的,不能作为免责事由。

2. 例外情况下,少数的违约责任采用过错责任原则。需要注意的是:过错责任仅仅适用于法律明确规定的某类合同中的"特定"违约行为,而不是某类合同中的"所有"违约行为。

## 三、违约行为的形态

违约行为形态,简称违约形态,是指根据违约行为违反义务的性质和特点而对违约行为所作的划分。根据《合同法》的规定,违约行为包括以下形态:

### (一)预期违约

预期违约包括明示毁约与默示毁约。

1. 明示毁约。指在履行期届至前,债务人无正当理由明确肯定地表示其将不履行合同义务的违约形态。

2. 默示毁约。指在履行期届至前,债权人有确切的证据证明,在合同履行期届至时,债务人将不履行或者不能履行债务,且债务人拒绝为履行债务提供相应担保的违约形态。

（二）实际违约

债务履行期届至后，债务人无正当理由，未全面而适当履行合同义务的，为实际违约。一旦债务履行期届至，债务人未履行债务或者履行债务不适当，无须经债权人催告，即构成违约，此即所谓"期限代人催告"。实际违约包括拒绝履行、迟延履行、不完全履行三类。

1. 拒绝履行。又称不履行，指履行期限到来之后，债务人无正当理由拒绝履行债务的行为。

2. 迟延履行。包括：（1）迟延给付，又称债务人迟延，指债务人在履行期限到来后，能够履行债务而没有按期履行债务。（2）迟延受领，指债权人应当对债务人的履行及时受领而没有受领。

3. 不完全给付。不完全履行，指债务人虽有履行行为，但在履行数量、质量、方式、地点等方面存在瑕疵。不完全履行的进一步分类存在较多争议，多数教科书将其分为：（1）部分履行。（2）瑕疵履行。

## 四、违约责任形态

（一）违约责任的形态

违约责任的形态，指违约方承担违约责任的具体方式。《合同法》规定的违约责任方式包括五种：1. 实际履行；2. 采取补救措施（修理、更换、重作、减少价款或报酬）；3. 支付违约金；4. 适用定金罚则；5. 赔偿损失。

（二）承担违约责任的构成要件

决定违约责任的构成要件因素有两个，一是归责原则，二是违约责任的具体形态。违约责任的构成要件分为一般构成要件和特别构成要件。一般构成要件，指违约当事人承担任何违约责任都必须具备的要件。特殊构成要件，指各种具体违约责任形式所要求的责任构成要件。

1. 违约责任的一般构成要件。

违约责任的一般构成要件有二：（1）具有违约行为。（2）不存在法定或约定的免责事由。

2. 违约责任的特殊构成要件。

违约责任的特殊构成要件，指承担具体的违约责任时，在一般构成要件之外，还需具备的其他要件：（1）采用过错归责原则的，要求违约方具有过错。（2）实际履行要求继续履行可能或者可行。（3）损害赔偿要求另外两个构成要件：受有损失;违约行为与损失之间具有因果关系。

## 五、违约损害赔偿、违约金

### (一) 违约损害赔偿

违约损害赔偿,指违约方因不履行或不完全履行合同义务而给对方造成损失,依据法律和合同的规定应承担损害赔偿的责任。违约损害赔偿可以和其他任何一种违约责任并用,但是并用后,违约方支付的数额不得超过因违约给对方造成的损失总额。法定损害赔偿根据其功能的不同,分为补偿性损害赔偿和惩罚性损害赔偿。

1. 违约损害赔偿责任的构成要件。

(1) 违约行为;(2) 非违约方受有损害;(3) 违约行为与损害之间具有因果关系;(4) 没有免责事由。

2. 补偿性损害赔偿。

违约方承担补偿性损害赔偿的范围包括实际损失和可得利益的损失两部分。(1) 实际损失。指因违约行为遭受的财产损害和人身损害,但不包括精神损害赔偿。(2) 可得利益的损失。主要指利润的损失,例如获得标的物以后转卖所获得的纯利润;获得机器设备后投入使用所获得的营业纯利润。

3. 惩罚性损害赔偿。

惩罚性赔偿责任的承担,须有法律的明确规定。目前法律规定了三种情形,违约方应当承担惩罚性损害赔偿责任:(1) 经营者对消费者实施欺诈行为时的双倍赔偿责任。《消费者权益保护法》第49条规定:"经营者提供商品或者服务有欺诈行为的,应当按照消费者的要求增加赔偿其受到的损失,增加赔偿的金额为消费者购买商品的价款或者接受服务的费用的一倍。"(2) 房地产销售企业对房屋购买人承担的惩罚性损害赔偿责任。根据《商品房买卖合同解释》的规定,房地产开发企业在销售商品房的过程中,具有下列六种行为之一的,商品房的购买人有权主张已付房款两倍的惩罚性赔偿。(3) 生产或者销售明知不符合食品安全标准的食品的十倍惩罚性赔偿。《食品安全法》第96条规定:"违反本法规定,造成人身、财产或者其他损害的,依法承担民事责任。生产不符合食品安全标准的食品或者销售明知是不符合食品安全标准的食品,消费者除要求赔偿损失外,还可以向生产者或者销售者要求支付价款十倍的赔偿金。"

### (二) 支付违约金

违约金责任,指在违约发生后,违约方作出的独立于履行行为以外的金钱给付。按照违约金适用的依据,违约金分为约定违约金和法定违约金。

1. 违约金责任的成立。

违约金责任的成立需要两个条件：(1) 合同有效存在且约定了违约金条款（或法规规定了法定违约金）。(2) 发生违约行为。可见，违约金责任的成立不以违约造成损失为前提条件。损失的大小，只是调整违约金数额的考虑因素。

2. 违约金责任的适用。

(1) 当事人既约定违约金，又约定定金的，一方违约时，对方只能在违约金责任和定金责任中选择一种主张，不能同时主张。(2) 支付违约金不能代替实际履行。违约方实际履行后，如果对方要求其支付违约金，只要违约金的数额并非过分高于造成的损失的，违约方应当继续支付违约金；反之亦然。

（三）法定免责事由：不可抗力

不可抗力是违约责任的法定免责事由。《合同法》对违约责任采用无过错责任原则，违约方不得援引不具有过错，因第三人原因违约、意外事件作为免责事由。《合同法》仅承认不可抗力为法定的免责事由。同时，根据意思自治，当事人可以约定免责事由，约定的免责事由不具有无效原因的，可以作为减轻或者免除违约责任的依据。

1. 不可抗力的概念。

不可抗力，是指不能预见、不能避免并不能克服的客观情况。

2. 不可抗力的范围。

(1) 自然灾害。如地震、台风、洪水、海啸、雷电袭击。(2) 政府行为。主要指合同成立后，因权力机关颁布新法律、制定新政策、采取新措施致使合同不能得以履行。如政府发布禁运令；戒严。(3) 社会异常现象。如罢工、骚乱。

3. 不可抗力作为法定免责事由的适用。

(1) 债务人欲援引不可抗力免除或者减轻责任的，应当做两件事：第一，及时通知对方发生了不可抗力；第二，在不可抗力发生后的合理期限内提供证明。

(2) 不可抗力发生后，并非当然免除债务人的全部责任。而是根据不可抗力的影响，部分或者全部免除其责任。

(3) 债务人迟延履行后发生不可抗力的，不能免除其责任。除非债务人能够证明即使无迟延履行，债权人也会因为不可抗力的发生不能取得给付利益。

◎例一：华星电影院在放映电影"阿凡达"的过程中，突然停电（以前几乎没有发生过），长时间未能恢复电力供应，2000名观众无所适从。此例中：停电不属于不可抗力，而是"意外事件"。所谓"意外事件"指当事人没有预见可能性的事件。意外事件虽然不可预见其发生，但是可以克服其对于合同履行的影响，也就是说华星电影院可以通过设置自备发电机组克服因为意外停电可能导致的违约行为。因此，华星电影院不能免责，应当承担违约责任。

◎例二：华星电影院在放映电影"阿凡达"的过程中，电影院遭雷击失火，2000名观众虽无一伤亡，但一年内无望在华星观看此电影。此例中：雷击符合不可预见、不能避免，不能克服三个条件，构成不可抗力。华星可以主张不承担违约责任。

◎技能训练：
1. 下列协议中可适用"合同法"的是（　　）
  A. 收养协议　　　　　　　　B. 结婚协议
  C. 离婚协议　　　　　　　　D. 合伙协议
2. 某宾馆筹备处以宾馆名义与某公司签订客户租赁合同，约定自开业时起出租15套客房给该公司。此合同（　　）
  A. 内容违法　　　　　　　　B. 行为人主体不合格
  C. 意思表示不真实　　　　　D. 超出经营范围
3. 某甲和某乙签订了一份货物运输合同，双方约定：甲向乙支付运输费，乙将货物由 A 地运到 B 地并交付于丙。对于该合同正确的表述应该是（　　）
  A. 对丙而言，该合同是无偿合同　　B. 丙是该合同的一方当事人
  C. 该合同为要物合同　　　　　　　D. 该合同是为第三人利益合同
4. 甲因购车向乙借款 12 万元，但双方没有约定利息，那么该合同的性质是（　　）
  A. 有偿合同　　　　　　　　B. 实践合同
  C. 无名合同　　　　　　　　D. 双务合同
5. 下列属于要约的是（　　）
  A. 寄送的价目表　　　　　　B. 招股说明书
  C. "本店有大量高档衬衫，价格优惠，预购从速"
  D. "纯棉袜子，每双 2 元，交款取货，预购从速"
6. 下列情形中，要约仍有效力的是（　　）
  A. 甲给乙打电话，称："我有 ED 机一台，九成新，价格一千元，你要不要？"，但乙对上述问话未作表态
  B. 甲公司电告乙公司"现有小麦一万吨，于上海交货，每吨一千元"，乙公司回电："同意贵公司报价，交货地为天津。"
  C. 乙按甲要求的时间、方式发出承诺通知，但因邮局的延误，乙的承诺通知未在承诺期限内到达要约人，要约人收到后未作表态
  D. 乙在承诺期限后次日向甲发出了承诺通知，但甲在收到后未作答复
7. 甲、乙为友。甲欲自乙处购物，但尚未决定购何物，遂与乙相约：甲购乙

物,品种待定,质量从优,价格 1 万元左右。该买卖合同(　　)
  A. 不成立       B. 无效
  C. 可撤销       D. 可解除
  8. 乙公司以国产牛肉 5 万斤伪称 A 国进口牛肉,与甲公司签订购销合同。后甲公司得知这一事实,而此时恰逢 A 国流行口蹄疫病,A 国牛肉无人问津,国产牛肉价格上涨,甲遂决定履行该合同,但此时乙公司则准备以高价将该批牛肉卖给其他客户,下列陈述错误的是:(　　)
  A. 甲公司有权以订立合同中存在欺诈为由,主张撤销该合同
  B. 乙公司有权以订立合同中存在欺诈为由,主张撤销该合同
  C. 甲公司向乙公司催要货物,则该合同成为确定有效的合同
  D. 甲公司向乙公司交付货款,则该合同成为确定有效的合同

## ◎案例分析:

一、甲公司向乙公司发出传真,称:"现有乌龙牌高标号水泥一批,价格优惠,每吨仅 500 元,数量不多,欲购从速。"乙公司随即回电:"需水泥 50 吨,于 7 月 9 日在贵公司提货。"(传真 2)甲公司立即回复:"同意,但 7 月 9 日为周末,请于 7 月 10 日来提货。"(传真 3)但由于通信线路故障,该传真被延误一周于 7 月 16 日才到达乙公司,乙公司收到后未再与甲公司联系。7 月 10 日,甲公司将 50 吨水泥从位于外地的库房拉到公司院内并通知乙公司提货,但乙公司未派人提货。7 月 11 日,突然天降暴雨,堆放在院内的水泥虽经努力掩盖但仍被雨淋泡变质。
  ◎问:1. 三个传真的法律性质是什么?
     2. 甲乙公司间的合同是否成立?若成立,应自何时成立?为什么?
     3. 水泥毁损的损失应由谁负担?为什么?

  二、甲乙双方签订了一份合同。合同约定,由乙方为甲方印制羊肉片包装袋。合同约定分 3 次交货,第一次交货时经甲方验收,发现包装袋上的"清真"二字的"真"字少了一横。甲方收货,但在验收单上注明了货物的瑕疵。后两次交货发生了同样的事情。在三次交货之后,甲方拒绝付款。乙方认为,
  甲乙双方以实际行为变更了合同,因而乙方的行为未构成违约。经查,甲方所收货物已用于包装销售。
  ◎问:1. 甲乙双方的合同是否发生变更?
     2. 乙方是否有权要求支付价款?
     3. 甲方是否有权要求乙方承担违约责任?

## 学习情境四 代理法律制度与实务

### 学习目标

掌握代理制度的概念及特征；了解代理权产生的原因，行使的原则以及消亡的原因；掌握代理关系中代理人和被代理人各自的权利义务；针对代理关系中常见的无权代理和表见代理的构成条件及相应的法律效力的重点学习。

### 案例导读

陈小某是某偏僻农村的一个农民。2007年4月5日，陈小某拿着其父陈某的身份证、印章和户口本，以陈某的名义向当地信用社申请贷款，并签订借款合同一份，约定由陈某向该信用社借款2万元，期限为2007年4月5日至2010年4月5日，借款由陈小某提走。后陈小某以其父名义偿还贷款3千元，剩下的直到今日还没有偿还，于是信用社将陈某和陈小某一起告上了法庭。

法院对该案应如何判决？

对于本案的审理有两种截然不同的意见：第一种意见认为，陈小某构成表见代理。原因是他持有其父的身份证及其印章，使得信用社完全有理由相信他是有代理权的合法代理人，而且信用社也尽了适当的注意义务，所以本案应由陈某承担偿还贷款的义务。第二种意见认为，本案应认定为无权代理。原因是陈小某没有经过其父的授权，或者说他没有代理权，之后也没有得到其父的追认；工作人员仅仅凭几个证件就相信有代理权，是由其主观上过失导致的，所以应属无权代理行为，应该由陈小某承担还贷义务。

针对以上两种判决，你会支持哪一种？

# 第一节 代理概述

## 一、代理的概念和特征

### (一) 代理的概念

代理,是指代理人以被代理人(又称本人)的名义,在代理权限内与第三人(又称相对人)为法律行为,其法律后果直接由被代理人承受的民事法律制度。其中,代为他人实施民事法律行为的人,称为代理人;由他人以自己的名义代为民事法律行为,并承受法律后果的人,称为被代理人。例如,某甲接受某乙的委托,以某乙的名义与某丙签订合同,而在某乙和某丙之间形成债权债务关系。可见,代理活动涉及三方主体,其整体是代理法律关系,又包含着三部分内容。一是被代理人与代理人之间的关系,这是代理的基础关系,涉及代理权问题,如委托合同;二是代理人与第三人之间的关系,此为代理行为问题;三是被代理人与第三人之间的关系,这是代理的法律后果问题,即基于代理行为而产生、变更或消灭的某种法律关系。

### (二) 代理的特征

我国民法理论以代理人的活动为中心,将民事代理的法律特征归纳为以下四点(这使其区别于其他相近的民事法律制度):

1. 代理人必须以被代理人的名义进行代理活动。

代理的这一特征是由代理制度的目的所决定的。代理人与第三人为民事法律行为,其目的并非为代理人自己设定民事权利义务,而是基于被代理人的委托授权或依照法律规定,代替被代理人参加民事活动,其活动产生的全部法律效果,直接由被代理人承受。因此,代理人只能以被代理人的名义进行活动。

代理的这一特征,是代理与"行纪"的重要区别。行纪行为又称信托行为。在行纪行为中,行纪人受委托人的委托,用委托人的费用,以自己的名义为委托人从事购买、销售及其他商业活动,因其活动系以自己的名义进行,故相对于第三人而言,其活动的后果只能直接由行纪人自己承受,然后再依委托合同的规定转移给委托人,也就是说,行纪人的活动不能形成代理的三方关系。例如,某甲将自己的电视机委托寄售商店出售,寄售商店即以自己的名义将之售与某顾客,然后将收取的价款扣除有关费用后,转交委托人。在这一行纪行为中,寄售商店以自己的名义与顾客订立买卖合同,并向顾客履行合同义务。顾客与委托人之间,不发生任何法律关系。

2. 代理实施的行为必须是有法律效果的行为。

代理人所进行的代理活动,能够在被代理人和第三人之间设立、变更或终止某种民事法律关系。如果不产生法律后果,虽然在形式上是受人委托进行某项活动,但不是民法上规定的代理。如请他人代拟合同文本、询价等,只委托事务,这些事务属于事实行为,不是民事法律行为,因而不产生代理关系。

3. 代理人进行代理活动时独立地进行意思表示。

代理制度的重要特点,在于代理人在代理关系中具有独立的法律地位。代理人进行代理活动不得超出被代理人授予的或者法律规定的代理权范围,但代理权范围只是确定了代理人活动的基本界限,在这一界限范围之内,代理人必须根据维护被代理人利益的需要,根据实际情况,向第三人作出意思表示或接受第三人的意思表示。也就是说,代理人在代理活动中必须根据自己的判断作出独立的决定。例如,某乙受某甲的委托,代理某甲购买住房。在购买房屋的过程中,某乙必须自己决定向谁购买、购买何种具体的房屋、以何种具体的价格和条件购买等等。因此,代理人在代理关系中是独立的民事主体,要为自己的行为向被代理人承担责任。如果代理人因为疏忽大意而使其代理活动造成了被代理人的损失,代理人必须向被代理人承担赔偿责任。

代理的这一特征把代理与传达人、居间人、见证人区别开来:

(1)居间人。居间行为是根据双方约定,一方为他方报告成交机会即提供商业信息,他方当事人在居间人介绍的交易成立后,向其给付一定报酬的行为。居间人在委托人与第三人订立合同的过程中,起的是穿针引线的媒介作用,不需要以委托人名义向第三人进行独立的意思表示。

(2)传达人。传达人是将一方的意思表示原原本本地转达另一方的行为人。在当事人双方订立合同的过程中,传达人只是起传话工具的作用,无须也不能进行独立的意思表示。

(3)见证人。见证人是对当事人实施的民事法律行为进行证明的人,其既非民事法律行为的实施者,也非法律关系的参加者,不能对民事法律行为的实施作出任何独立的意思表示。

4. 代理行为所产生的法律效果直接由被代理人承担。

代理的这一特征是由代理制度的作用所决定的。代理是被代理人通过代理人的活动为自己设定民事权利义务的一种方式,因而代理人在代理权限范围内所为的行为,与被代理人自己所为的行为一样,其法律效果应全部由被代理人承受。其中包括:

(1)代理行为所产生的民事权利归被代理人享有,所产生的民事义务归被代理人承担。此外,代理行为所取得的其他利益也归属于被代理人。

(2)代理人的代理活动产生的不利后果应由被代理人承受。代理人在代理活动中为第三人造成的损害，应首先由被代理人对第三人承担民事责任。但是，如果对不利后果或损害的造成，代理人有过错的，被代理人有权追究代理人的民事责任。

5. 代理人在代理权限之内实施代理行为。

代理人为代理行为，须有代理权。没有代理权所实施的"代理"，不能发生代理的法律后果。

## 二、代理的意义与适用范围

### （一）代理的意义

1. 通过代理制度，可以最大限度扩大民事主体的活动范围。民事主体从事民事行为，主观上受知识和认识能力的限制，客观上受时间和空间的限制，凡事不一定能事必躬亲，其业务范围大受限制。而代理制度的价值就在于能克服民事主体在认识、知识、水平、时间、空间等方面的局限性，使民事主体的权利能力得以实现。

2. 通过代理制度，可以补充某些民事主体的行为能力不足。无民事行为能力人和限制行为能力人不能或不完全能行使自己的权利，履行义务，而代理能使这类民事主体行为能力得以补充。

### （二）代理的适用范围

1. 代理各种民事法律行为。这是最普遍的代理行为，如代签合同。

2. 代理民事诉讼行为。民事诉讼中，律师或其他诉讼代理人依照其诉讼中的地位，依法维护当事人的合法权利，其活动可以不依附于委托人的意志，也不必以委托人名义进行。所以，诉讼代理不是民事代理。不过，诉讼代理基于委托合同产生，在某些方面，可以参照适用民事代理的某些规定进行处理。

3. 代理实施某些行政、财政行为。行政、财政活动的代理，通常是指代替他人依法定程序办理审核登记或注册以及履行行政或财政义务（如法人登记、商标注册登记等）。这些活动所发生的关系不是平等主体之间的关系，不属民法调整的范围。不过，基于这些活动中，委托人与受托人之间存在委托合同，因此，其某些方面可以参照民法有关代理制度的规定予以处理。

后两项代理的内容不属于民事法律行为，但民法上代理的原则对此也适用。但下列行为不适用代理：

（1）具有人身性质的民事行为。如设立遗嘱、婚姻登记、收养子女等。

（2）履行与特定人的身份相联系的民事行为。这类债务通常与特定人的技能、专业水平、能力等密切相关，不能由他人代为履行。如写作、演出、绘画、建筑工程承包等义务的履行。

（3）被代理人无权进行的行为。内容违法的民事行为和侵权行为都不能代理。

## 第二节　代理权的产生、行使和消亡

### 一、代理权的产生

代理权产生于授权行为，故授权行为是代理关系的组成部分。基于以上发生授权行为的依据不同，我国民法将代理分为委托代理、法定代理和指定代理。

（1）委托代理，是指按照委托人的委托而产生的代理。委托代理的授权，可以用书面形式，也可以用口头形式：法律规定用书面形式的，应当用书面形式。授权的书面形式成为授权书，授权委托书应当记载代理人的姓名或者名称、代理事项、代理权限及期限。《民法通则》第65条第3款规定，委托书授权不明的，被代理人应当向第三人承担民事责任，代理人负连带责任。

（2）法定代理，是指根据法律的直接规定而发生的代理关系，它是为无行为能力人和限制民事行为能力人设立代理人的方式。法定代理产生的根据是代理人和被代理人之间存在着血缘关系、婚姻关系、组织关系等。它的代理权来自法律的直接规定。

（3）指定代理，是指代理人根据人民法院或制定机关的指定而进行的代理。代理人的代理权来自法院或有关单位的裁定或决定，与被代理人的意志无关。这类代理是在没有委托代理或法定代理的情况下，为无民事行为能力人和限制行为能力人设立的。

另外，根据代理权是否本人授予的，代理可分为本代理与再代理。代理人亲自实施代理行为的，称为本代理，也称为普通代理；不是由代理人自己而是由代理人委托的其他人实施代理行为的，称为复代理，也称为再代理、次代理或转委托。接受代理人委托的人称为复代理人。

再代理的成立必须具备以下条件：

（1）须是为了被代理人的利益。

（2）须是经原代理人授权。原代理人对再代理人的授权不能超出自己的代理权限。

（3）须事先征得被代理人的同意或事后取得被代理人的同意。如果被代理人不同意，由代理人对自己所转托的人的行为负民事责任，但在紧急情况下，为了保护被代理人的利益而转托他人代理的除外。民通意见第80条又规定，由于急病、通讯联络中断等特殊原因，委托代理人自己不能办理代理事项，又不能与被代理人及时取得联系，如不及时转托他人代理，会给被代理人的利益造成损失或者扩大损失的，属于《民法通则》第68条中的"紧急情况"。

例如，某厂委托某乙为其采购一批原料，某乙接受委托以后，突发急病，不能完成采购事项，故在征得某甲的同意以后，转委托某丙完成采购事项。这就是复代理。某丙就是复代理人。

## 二、代理权的行使

代理权的行使是指代理人依据代理权实施民事法律行为。代理权的实质是代理人为实现被代理人的利益而行为。因此，代理制度关于代理权行使的最基本准则就是保证被代理人利益最大化。

代理权的行使，是代理人以被代理人的名义进行民事法律行为，是一行为法律事实的发生过程。因此代理权的行使不仅要遵守代理制制度的规定，而且还要遵守民事法律行为制度的规定。要正确行使代理权就需要遵循以下几点原则：

1. 必须在代理的权限内行使代理权。代理权是实施代理行为的法律依据。只有有代理权时，才能进行代理行为，否则为无权代理，而有代理权，这种权限也是有范围的，代理人只有在这个限度内实施代理行为方可产生代理的后果，如果超越这个限度，就形成了超权代理。法定代理人应最大限度地保护被代理人的合法权益，这是原则规定的权限。委托代理人和法定代理人应在委托和指定的范围内进行代理行为，授权不明致使第三者受损，代理人和被代理人共同承担责任。

2. 要维护被代理人的利益，认真负责地履行代理职责。被代理人委托代理人，其代理目的就是在于更好地维护自己的利益，代理人就应当认真负责的履行。如未履行职责给被代理人造成损失，代理人就承担民事责任，联合第三人串通损害被代理人的利益。代理人和第三人共同承担民事责任。代理人当然也有知情权，被代理人故意隐匿真实情况，代理人可不负责任或单方终止代理。

3. 委托代理人应当亲自履行职责，不得擅自转托他人，委托代理中，有可能出于信任或有隐私，也可能是代理人有专业知识，如转托他人，很可能造成泄密，或让被代理人增添不信任感。但被代理人同意后可转托，否则要承担民事责任。

4. 应当在法律规定的范围内行使代理权，不得进行违法行为。违法行为是法律所禁止的，对于违法行为，被代理人自己不得进行，更不得委托他人进行。如双方明知而为。双方负连带责任。

代理权可以在授权的范围内自由行使，有自由就必然有其约束，因此行使代理权就必然受到一定的限制，这种限制主要表现为以下两个方面：

（1）自己代理。所谓自己代理，就是指代理人代理被代理人依自己为相对人实施同一民事法律行为。代理制度的意义就在于代理人以被代理人的名义同第三人为民事行为，来实现被代理人的利益的最大化。如果代理人和第三人为一体的话，就涉及代理人的利益，那么代理人就很难舍去自己的利益来保证被代理人的最大化利益，甚至被代理人无利可图，这样的结果显然违背了代理制度的初衷。因此，自己代理在没有被代理人允许或事后追认的情况下，法律不予承认。

（2）双方代理。所谓双方代理，是指一个代理人同时代理双方当事人为同一法律行为。民事法律行为中，利益是焦点，双方的利益总是相矛盾的，只有经过双方商讨后来达到利益的平衡。如果一个人同时代理双方，去代理两个不相容的利益，就难免会顾此失彼；另外，双方代理可能出现代理人与其中一被代理人恶意串通来损害另一被代理人的利益，给社会经济发展带来不安定的因素。因此，除双方被代理人许可的情况下的双方代理，法律盖不予承认。我国《民法通则》第66条规定："代理人和第三人恶意串通，损害被代理人的利益的，由代理人和第三人负连带责任。"

### 三、代理权的消亡

代理权的消亡，又指代理终止，是指代理人与被代理人间的代理关系的终止。代理权终止的共同原因有以下几点：

#### （一）代理人死亡或法人消灭

代理人死亡或作为代理人的法人消灭，代理权失去承担人，当然消灭。

#### （二）代理人丧失民事行为能力

代理人以完全民事行为能力为条件，丧失民事行为能力肯定无法担当代理职责，代理权也终止。

#### （三）本人死亡或法人消灭

代理权是本人与代理人之间的关系，两者之中任何一方人格消灭，代理权理应终止。但自然人死亡或法人消灭是个事件，代理人有可能不知，或终止代理对本人不利。为保护本人之利益，最高人民法院《民通意见》第82条规定了四种例外：被代理人死亡后有下列情况之一的，委托代理人实施的代理行为有效：（1）代理人不知道被代理人死亡的；（2）被代理人的继承人均予承认的；（3）被代理人与代理人约定到代理事项完成时代理权终止的；（4）在被代理人死亡前已经进行、而在被代理人死亡后为了被代理人的继承人的利益继续完成的。

针对不同的代理行为，除以上共同的终止原因外，也分别存在各自的原因。
1. 委托代理终止之特别原因。
（1）代理事务完成，代理已无存在的必要。
（2）授权行为附有终期的，期限届满，代理权终止。
（3）代理权撤回。代理权撤回是本人直接终止代理权的意思表示。《民法通则》第 69 条第 2 项谓之"被代理人取消委托"。授权行为如是向第三人表示的，撤回之意思表示也得告知第三人，或以公示方式（如将意思表示发表）进行。

（4）代理人辞去代理。辞去代理是代理人放弃代理权的意思表示。辞去代理属于单方民事法律行为，于意思表示通知本人时生效。

2. 法定代理终止之特别原因。

（1）本人取得或者恢复民事行为能力，这里应解释为本人取得完全行为能力；

（2）指定代理的人民法院或者指定单位取消指定；

（3）由其他原因引起的被代理人和代理人之间的监护关系消灭。

## 第三节 代理关系中的权利和义务

在代理行为中，被代理人和代理人之间的权利义务是相互对应的，被代理人的权利也就是代理人的义务，代理人的权利也就是被代理人的义务。下面分别从义务的角度来分析双方的权利义务关系。

### 一、代理人的义务主要有以下几项

#### （一）忠实地、勤勉地履行代理职责

代理人应为了被代理人的利益，按照其要求在授权范围内积极、认真、有效地进行代理行为，如果由于代理人疏于职责而致使被代理人遭受损失的，代理人应对本人负赔偿责任。代理人不得从事任何有损于被代理人利益的行为。这既是一般伦理的要求，又是法律规定的代理人的义务。代理人在为代理行为时应尽到一定的注意义务，而根据代理属于有偿或无偿，代理人所尽到的义务也并不相同。在无偿代理的情况下，代理人应当尽到与处理自己事务相同的所谓的同一的注意义务，对此义务的违反则构成具体的轻过失；而在有偿代理关系中，代理人应当负担善良管理人的注意义务，否则构成抽象的轻过失。

#### （二）将代理行为产生的权利和收益及时移转给被代理人

获得代理行为产生的权利和收益，这是被代理人的目的，也是代理人从被代理人那儿取得报酬或佣金的主要依据，代理人应及时将这些权利和收益移转给委托人，不得无故延误，更不得据为己有。

#### （三）负有一定的报告义务

代理人的报告义务主要有两方面，一方面是在代理活动进行中，代理人应该将与代理活动相关的重要信息报告给被代理人，告知被代理人代理活动进展的情况；

另一方面是当代理活动结束时，代理人应该将代理活动的最终结果报告给被代理人，以便被代理人承担相应的代理结果。

（四）保守被代理人的商业秘密

在代理关系中，代理人往往比较容易接触到被代理人的秘密，当此种秘密不具有违法性时，代理人当然要承担保密义务。代理人在代理合同有效期间或在代理合同终止之后，均不得把代理过程中所得到的有关被代理人的保密情报、资料或其他商业秘密向他人泄露，也不得由他自己利用这些情报、资料同被代理人进行不正当的业务竞争。

例如在一则侵权纠纷案中，原告系某民办公司，曾委托某甲帮其推销一种新技术产品，双方签有代理协议。由于代理业务进展的需要，原告向某甲出示了该公司新产品的技术图纸及其他相关资料，某甲将这些资料进行了拍照、复印。该代理协议终止后，某甲与另一乡镇企业联营，生产与原告公司相同的产品。因为某甲将其获得的有关该产品的技术图纸和其他资料提供给了联营企业，后被原告发现。原告遂以某甲为被告，以联营企业为第三人，向人民法院提起诉讼，要求联营企业立即停止生产、销售该项产品，要求某甲赔偿经济损失。法院依法判决原告胜诉。

（五）原则上不得将代理权转委托给他人

代理人应根据委托亲自进行代理行为，因为委托代理是基于被代理人与代理人之间的相互信任关系而产生的；因此在一般情况下，代理人不得把被代理人授予的代理权再委托给其他人，让别人替他履行代理义务。但在法律允许的特定情形下，转委托是可以的。

## 二、被代理人的义务

（一）提供和补偿代理人因履行代理义务而产生的费用

这是指代理人因执行被代理人的指示，完成被代理人交给的特定义务而支出的费用或所受的损失。例如，被代理人指示代理人在当地法院对违约的客户进行诉讼，由此形成的费用支出或损失，代理人有权要求予以补偿。但在一般情况下，代理人履行代理义务所进行的正常业务开支应由代理人自己负担，除非合同有特别约定或代理人能证明该项支出完全是为了执行被代理人的指示，完成委托人交给的特定任务而直接产生的。

（二）提供必需的材料或资料

为了便于代理人顺利完成代理事务，尽早实现授权目的，被代理人应向代理人提供开展代理业务所必需的材料，如订单、样品、广告宣传资料、客户信息等。

### （三）承担代理行为的法律后果

被代理人对代理人在委托授权范围内所进行的行为的法律后果，无论是有利的还是不利的，都应当接受。被代理人是代理行为所缔结的法律关系的当事人，法律关系的权利由其享有，义务由其履行，责任由其承担。

### （四）支付报酬或佣金

这是委托代理中被代理人最主要的义务。根据商业惯例佣金一般是按照代理人所完成业务金额，标的一定比例提取，并事先在委托合同中予以规定。

## 第四节 无权代理和表见代理

### 一、无权代理的概念、类型和特征

#### （一）无权代理的概念

广义的无权代理包括表见代理，指行为人无代理权而以本人名义实施代理行为的各种情形。狭义的无权代理，不包括表见代理，仅指行为人没有代理权，也没有使第三人相信其有代理权的客观事实，却以本人名义而为代理行为的情况。

#### （二）无权代理的类型

1. 没有代理权的代理。即当事人在实施代理行为时，根本未获得被代理人的授权。

2. 超越代理权的代理。即代理人虽然有被代理人的授权，但其实施的代理行为，不在被代理人的授权范围内，而是超越了被代理人的授权。其超越代理权所实施的代理行为构成无权代理。

3. 代理权已终止后的代理。即代理人获得了被代理人的授权，但代理授权所规定的代理期限届满后，代理人继续实施代理行为，其超过代理权存续期限所为的代理行为，构成无权代理。

#### （三）无权代理的特征

1. 行为人以他人的名义独立对第三人意思表示，其行为符合代理行为的表面特征。

2. 行为人不具有代理权。这是无权代理的本质特征。

3. 无权代理行为的法律效果是不确定的，并非绝对不能产生代理的法律后果。由于无权代理的行为未必一定对本人或相对人不利，同时为了维护交易的安全和善意第三人的利益，在一定的条件下，承认无权代理产生代理的法律效果，如经过追认的狭义无权代理、表见代理。

◎**例题**：司机李某要出差到乡下，刘某委托其购买一箱土鸡蛋，李某见当地鸡蛋物美价廉，就以刘某的名义多买了一箱。李某多买一箱鸡蛋的行为属于（D）。
A. 代理权终止以后的行为　　B. 有权代理行为
C. 滥用代理权行为　　　　　D. 超越代理权行为
◎**解析**：超越代理权的代理即代理人虽然有被代理人的授权，但其实施的代理行为，不在被代理人的授权范围内，而是超越了被代理人的授权。其超越代理权所实施的代理行为构成无权代理。

## 二、无权代理的法律效果

### （一）因被代理人的追认而产生代理的法律效力

无权代理行为对于本人属于效力未定的民事行为，其是否有效决定于本人是否追认。本人同意无权代理行为的，该行为即发生有权代理的后果，本人不承认无权代理行为效力的，该无权代理行为则对本人不发生效力。因此，本人对无权代理行为的同意，可以以明示的方式，也可以采取默示的方式。所谓明示的方式，指被代理人以明确的意思表示对无权代理行为给予承认。所谓默示的方式，是指被代理人虽没有明确表示承认无权代理行为，但以特定的行为，如实际履行无权代理行为所产生的义务或实际接受享有无权代理所产生的权利，视为默视承认无权代理行为。

### （二）无权代理中第三人的催告权与撤销权

在无权代理中，法律为保护被代理人的利益，赋予其追认权，同时为了保护第三人的利益，赋予其催告权与撤销权。

1. 催告权。催告权是指在无权代理中，第三人有权向被代理人发出催告通知，要求其在一定的合理期限内答复是否承认无权代理行为，如超过期限本人未予答复，即视为被代理人拒绝承认，被代理人也就丧失追认权。

2. 撤销权。撤销权是指第三人有权在被代理人承认无权代理行为之前撤销其与无权代理人所为的意思表示。第三人一旦行使撤销权，被代理人就不能再行使追认权。行使撤销权的第三人必须是善意的，即不知代理人无代理权。明知代理人无代理权而仍与其为法律行为的第三人，即恶意第三人，法律无赋予其撤销权的必要，如给被代理人造成损害的，还要与无权代理人一起承担损害赔偿责任。

◎**例题**：某公司业务员张某被开除后，为报复公司，用盖有公司公章的空白合同书与某厂订立一购销合同。该厂并不知情，并按时将货送至公司所在地。公司拒收引起纠纷。下列说法中，正确的是（A）。

A. 张某的行为为无权代理，合同有效
B. 张某的行为为无权代理，合同无效
C. 张某的行为为有权代理，合同无效
D. 张某的行为为滥用代理权，合同无效

◎**解析**：此代理权已终止后的代理。即代理人获得了被代理人的授权，但代理授权所规定的代理期限届满后，代理人继续实施代理行为，其超过代理权存续期限所为的代理行为，构成无权代理。

## 三、表见代理

### （一）表见代理的概念

表见代理，是指行为人无代理权而以本人的名义与第三人为民事行为，依据行为人与本人之间某种关系的存在，足以使第三人相信行为人有代理权而与其进行民事法律行为，使之发生与有权代理相同的法律效果。表见代理属于广义的无权代理，但它与狭义的无权代理不同，其意义在于维护善意第三人的利益，维护交易安全。

### （二）表见代理的成立要件

1. 代理人不具有代理权。如果代理人实际上拥有代理权，则属于有权代理，不发生表见代理的情况。

2. 客观上存在使第三人相信表见代理人有代理权的事实，这是表见代理构成的根本条件，如本人的介绍信，盖有合同专用章或公章的空白合同书等。表见代理人与本人之间的亲属关系也常构成认定表见代理成立的依据。

3. 第三人善意。即第三人不知道也不应知道表见代理人不具有代理权，表见代理只维护善意第三人的利益。

4. 表见代理人与第三人之间的民事行为具备成立的有效要件。法律规定表见代理制度是为确定这种无权代理的后果应否由本人承担，因而只有在表见代理人与第三人之间的行为具备有效条件时才发生表见代理。

## （三）表见代理的法律效力

1. 当第三人主张代理行为的效力时，表见代理发生与有权代理同样的法律效果，既表见代理人代理行为所设定的权利、义务由被代理人承担，被代理人不得以表见代理人无代理权抗辩善意第三人。

2. 被代理人承担代理行为的法律效果后，如因此造成损失的，有权向代理人请求赔偿。

3. 对表见代理，被代理人不得主张无效，但第三人可以主张无效。

◎例题：A公司委托业务员李某到某地采购空调，李某到该地发现B公司的冰箱畅销，就用盖有A公司公章的空白介绍信和空白合同与B公司签订了购买1000台冰箱的合同。双方约定货到付款。货到后，A公司拒绝付款，下列论述正确的是哪些？（BCDE）

A. 该代理属于表见代理，说明表见代理一定具有代理权
B. 李某购买冰箱的行为构成表见代理，产生有权代理的法律后果
C. A公司应接受货物并向丙公司付款
D. 若A公司受到损失，有权向李某追偿
E. 李某购买D冰箱的行为没有代理权

◎解析：表见代理的成立要件中，代理人不具有代理权。

◎技能训练

一、不定项选择题

1. 本人知道他人以本人名义实施民事行为而不否认表示的，对该行为应由（　　）承担责任。
   A. 他人　　　　　　　　B. 本人
   C. 相对第三人　　　　　D. 本人与他人

2. 无权代理经被代理人追认，由被代理人承担民事责任。未被代理人追认，由（　　）承担民事责任。
   A. 本人　　　　　　　　B. 第三人
   C. 行为人　　　　　　　D. 行为人和第三人

3. 委托代理人为被代理人的利益需要委托他人代理的，（　　）事先取得被代理人的同意。
   A. 可以　　　　　　　　B. 必须
   C. 应当　　　　　　　　D. 不必

4. 下列不可实行代理的是（　　）

107

A. 代签合同　　　　　　B. 代理民事诉讼
C. 代理签署遗嘱　　　　D. 代理专利申请

5. 委托书授权不明的（　　）
A. 被代理人应当向第三人承担民事责任
B. 被代理人不应当向第三人承担民事责任
C. 代理人应当对第三人承担连带责任
D. 代理人不应当对第三人承担连带责任

6. 无权代理产生的原因有（　　）。
A. 代理人超越代理权的代理
B. 未经授权或代理权已终止后的代理
C. 代理人同时代理两方当事人的代理
D. 代理人与对方恶意串通的代理

7. 代理是指代理人在代理权限内，以被代理人的名义实施民事法律行为，由此产生的法律后果由被代理人承担，因此，代理人具有法律特征（　　）
A. 代理人是被代理人的名义为民事法律行为
B. 代理是具有法律意义的活动
C. 代理人在代理权限内独立地进行意思表示
D. 代理人在代理权限内以被代理人的意思进行意思表示

8. 代理权发生的依据有（　　）
A. 被代理人的委托　　　　B. 法律的直接规定
C. 有关机构的指定　　　　D. 人民法院的裁定

9. 代理人知道委托事项违法，仍进行代理活动，或被代理人知道代理人的代理活动违法不表示反对的，由（　　）承担责任。
A. 代理人和被代理人分别承担责任
B. 代理人和被代理人承担连带责任
C. 是并行的连带责任
D. 是补充连带责任

10. 下列关于表见代理正确的是（　　）
A. 表见代理是无权代理的一种
B. 有使相对行为人相信有代理权的事实和理由
C. 需相对人为善意
D. 需行为人与相对人之间的民事行为具备法律行为的有效要件

二、案例分析题

原告王某住在外省，A市有祖传私人房屋6间，全部用于出租。王某之父委托其好友第三人胡某代收房租并代为照看房屋。王父于1998年8月初给胡某写信，委托其将 6 间房屋卖出，王某、李某达成卖房协议。此后不久，王某回到 A 市，称售房协议是在其父死亡后才订立的，是无效的，并主张自己继承 6 间房屋产权。赵某称：在得知王某不同意卖房前，已经根据协议将房款全部交给代理人胡某，并于 8 月 18 日和胡某一起到当地房屋主管部门办理了过户手续，因此不同意终止履行协议，要求继续履行。王某遂向人民法院起诉，要求赵某返还房屋产权，要求李某终止履行合同。

1. 此案中胡某在王某之父死后是否仍有代理权？为什么？
2. 赵某、李某购买房屋的行为是否有效？本案应如何处理？

学习情境五 | 劳动法律制度与实务
===

 学习目标

了解劳动法的概念；掌握劳动者的基本权利和义务；熟悉劳动合同的订立和解除。

 案例导读

深圳富士康工人洗澡猝死，工厂拒提供上班记录。

2011年6月25日下午，23岁的富士康深圳观澜厂区工人陈某在宿舍洗澡时猝死，家属疑其因长期加班过劳致死。由于富士康拒绝提供陈某上班记录，双方协商赔偿无果，陈某家属在厂区门前打横幅讨要说法。

据介绍，陈某每周一到周五从早上7点工作到晚上7点，每天加班2小时，星期六则加班10小时。从6月1日直至身亡，短短25天陈某的加班时间已达66小时。

深圳富士康是否应对陈某猝死负责？

 法律解析

我国实行劳动者每日工作时间不超过8小时、平均每周工作时间不超过40小时的工时制度。任何单位和个人不得擅自延长职工工作时间。用人单位由于生产经营需要，经与工会和劳动者协商后可延长工作时间，一般每日不得超过1小时；因特殊原因需延长工作时间的，在保障劳动者身体健康的条件下延长工作时间每日不得超过3小时，但每月不得超过36小时。

《劳动保障监察条例》规定："用人单位违反劳动保障法律、法规或

者规章延长劳动者工作时间的,由劳动保障行政部门给予警告,责令限期改正,并可以按照受侵害的劳动者每人 100 元以上 500 元以下的标准计算,处以罚款。"《劳动法》规定:"用人单位制定的劳动规章制度违反法律、法规规定的,由劳动行政部门给予警告,责令改正;对劳动者造成损害的,应当承担赔偿责任。"

如果有证据能够表明深圳富士康长期安排员工超时加班,即使已按规定支付加班费,也难逃侵权责任。至于赔偿金额,可比照《工伤保险条例》中有关工伤死亡的规定来确定用人单位的责任,享有相同待遇。

陈某家属向公司提出赔偿有无胜算,取决于两个前提,一是能证明深圳富士康安排员工违法超时加班,二是能证明导致陈某死亡的主要原因系过度疲劳。

陈某家属主张深圳富士康安排员工超时加班,而深圳富士康却不愿提供上班记录。关于加班事实的举证,根据《最高人民法院关于审理劳动争议案件适用法律若干问题的解释(三)》:"劳动者主张加班费的,应当就加班事实的存在承担举证责任。但劳动者有证据证明用人单位掌握加班事实存在的证据,用人单位不提供的,由用人单位承担不利后果。"

考虑到行使管理职能的用人单位与劳动者接近或掌握加班证据的能力不同,在举证程度上可适当减轻劳动者的举证责任。只要陈某家属提出的初步证据可证明有加班事实,即可视为其举证责任已完成。举证范围可以是考勤表、交接记录、加班通知,也可以是工资条、证人证言等。经其举证后,举证责任就转移给了深圳富士康。深圳富士康不提供工作记录,则须承担不利后果。

## 第一节 劳动法概述

### 一、劳动法的概念

劳动法是调整劳动关系以及与劳动关系密切联系的社会关系的法律规范总称。劳动法的内容主要包括:劳动者的劳动权利与义务;劳动就业的有关规定;劳动合同与集体合同制度;工作时间与休息时间制度;职业培训制度;工资支付制度;劳动卫生安全制度;女职工与未成年工的特殊保护制度;社会保险与福利制度;劳动争议的处理制度;执行劳动法的监督检查制度以及违反劳动法的法律责任等。在社会主义市场经济条件下,由于劳动关系的变化,劳动争议日益增加,使调整劳动关系的劳动法成为我国法律体系中一个重要的独立的法律部门。

劳动法有狭义和广义之分。从狭义上讲,我国劳动法是指由中华人民共和国第八届全国人民代表大会常务委员会第八次会议 1994 年 7 月 5 日通过,1995 年 1 月 1 日起施行的《中华人民共和国劳动法》,它是国家为了保护劳动者的合法权益,来调整劳动关系,建立和维护适应社会主义市场经济的劳动制度。

## 二、劳动法律制度的主要内容与特性

### （一）劳动法律制度

简单地说，劳动法律制度是规范劳动关系的法律制度。在市场经济中，劳动、资本和技术是市场的三大基本要素，因而，调整劳动关系的劳动法律也就成为市场经济的重要法律制度。

具体而言，劳动法律制度是指调整劳动关系与劳动关系有密切联系的其他社会关系的法律制度。劳动关系是劳动法律制度调整的核心内容。所谓劳动关系，是劳动者与用人单位在实现劳动过程中发生的社会关系。其基本内容是劳动者提供劳动，用人单位使用该劳动并支付工资。

### （二）劳动法律制度的主要内容

由于劳动法律制度所调整的范围涉及劳动关系的方方面面，因此，其内容也十分丰富，从理论上说，主要包括以下部分：

1. 劳动基准方面的法律制度。主要指国家制定的关于劳动者最基本劳动条件的法律法规，包括最低工资法、劳动安全与卫生法、工作时间法等。其目的是改善劳动条件，保障劳动者的基本生活，避免伤亡事故的发生。

2. 劳动关系方面的法律制度。这是调整劳动关系最基础的法律制度，主要是指集体合同法和劳动合同法。在市场经济条件下，劳动关系主要通过劳动者与用人单位订立劳动合同来建立。

3. 社会保险方面的法律制度。主要对劳动者基本生存条件的保障以及生活质量的提高进行的规定。具体包括养老保险法、失业保险法、医疗保险法、工伤保险法、生育保险法等。

4. 劳动权利保障与救济方面的法律制度。主要包括劳动监察法和劳动争议处理法。由于劳动关系具有身份属性，劳动者与用人单位之间形成了管理与被管理的关系，用人单位往往会忽视甚至侵犯劳动者的劳动权利。因此，劳动监察对劳动法律制度的实施和劳动者劳动权的实现起着至关重要的作用。目前，我国劳动争议处理包括调解、诉讼和仲裁三种方式。

### （三）劳动法的法律属性与特点

劳动法是起源于私法（民法）、又最终从私法分离出来的独立法律部门。从法律属性来说，它属于社会法的范畴。由此可以归纳出它的几个特点：

1. 劳动法的基本价值取向是侧重保护劳动者。劳动关系是一种不平等的关系，资本的巨大支配力很容易把劳动者变成它的附属。要保护劳动者，使其获得有尊严的劳动，必须通过法律的强制来弥补劳动者的弱势地位。因此，侧重保护劳动者是劳动法与生俱来的使命。但这并不意味着不保护资本者或经营者的利益，一方面，劳动法也规定了劳动者的许多义务；另一方面，资本者或经营者的利益可以通过其他的法律得到保护，如物权法、合同法、公司法、知识产权法等等。

2. 强制性规范与任意性规范相结合，以强制性规范为主。劳动法大多属于强制性规范，尤其是劳动基准法，它是国家对用人单位设定的义务，用人单位必须严格遵守，不能降低标准，只能在最低标准之上给予劳动者更好的劳动条件和工资福利待遇。

3. 实体法和程序法相统一。一般而言，实体法和程序法是一种互为依存的关系，有一定的实体法，就有与之对应的程序法。

## 三、劳动者的基本权利和义务

1. 劳动者依法享有的主要权利。劳动者的权利是指劳动者依照劳动法律行使的权力和享受的利益。主要包括：①平等就业和选择就业的权利；②取得劳动报酬的权利；③休息、休假的权利；④获得劳动安全卫生保护的权利；⑤接受职业技能培训的权利；⑥享受社会保险和福利的权利；⑦提请劳动争议处理的权利及法律规定的其他权利。

2. 劳动者依法履行的主要义务。劳动者的义务是指劳动者必须履行的责任。主要内容包括：

①劳动者应完成的劳动任务。劳动者应完成的劳动任务是劳动者必须履行的责任，是最基本的义务。

②提高职业技能。首先，由于劳动者职业技能的高低直接影响着劳动生产率水平，决定产品质量的好坏，因此，提高劳动者的职业技能，有利于生产力水平和经济效益的提高。其次，劳动者职业技能的提高，是劳动者迎接21世纪挑战的需要。21世纪的职业主体是技术性工作，对劳动者的技能水平提出了更高的要求。因此，劳动者只有不断提高自己的职业技能，才能适应未来的社会需要，才能迎接21世纪的挑战。

③执行劳动安全卫生规程。劳动安全卫生规程，是指关于消除、限制或预防劳动过程中的危险和有害因素，保护职工安全与健康、保障设备、生产正常运行而制定的统一规定。劳动者必须认真遵守和执行。

④遵守劳动纪律和职业道德。遵守职业道德是每个劳动者基本的道德准则，是维护社会主义市场经济秩序的保障。劳动者应该做到爱岗敬业，诚实守信，办事公道，服务群众，奉献社会。

## 四、劳动合同的订立与解除

### （一）合同的订立方法

1. 《劳动合同法》第 3 条规定：订立劳动合同，应当遵循合法、公平、平等自愿、协商一致、诚实信用的原则。依法订立的劳动合同具有约束力，用人单位与劳动者应当履行劳动合同规定的义务。

2. 签订劳动合同由用人单位与劳动者协商一致，并经用人单位与劳动者在劳动合同文本上签字或者盖章生效。劳动合同文本由用人单位和劳动者各执一份。

### （二）合同的期限

劳动合同的期限：一般有 3 种，分别是：

1. 有固定期限的劳动合同。

它是指订立劳动合同时约定了一定的期限，期限届满，劳动法律关系即行终止。这种合同适用范围广，应变能力强，可以根据生产需要和工作岗位的不同要求来确定合同期限。

2. 无固定期限的劳动合同。

这种合同一般适用于从事技术性较强、需要持续进行工作的岗位。订立这种合同的职工一般可以长期在一个单位或部门从事生产工作。但无固定期限的劳动合同不等于一成不变，如果出现符合法律、法规或者双方约定的条件，也可变更、解除或终止劳动合同。

3. 以完成一定工作为期限的劳动合同。

它是指劳动合同当事人双方把完成某项工作的时间约定为合同终止而达成的协议。它与固定期限劳动合同的区别是约定合同终止条件，而不是约定确定的时间期限。

签订劳动合同可以不约定试用期，也可以约定试用期，但试用期最长不得超过 6 个月。劳动合同期限在 6 个月以下的，试用期不得超过 15 日；劳动合同期限在 6 个月以上 1 年以下的，试用期不得超过 30 日；劳动合同期限在 1 年以上 2 年以下的，试用期不得超过 60 日。试用期包括在劳动合同期限中。非全日制劳动合同，不得约定试用期。

### （三）无效劳动合同的种类

一是违反法律、行政法规的劳动合同。

二是采取欺诈、威胁等手段订立的劳动合同。

## （四）劳动合同履行的原则和行为

1. 劳动合同履行的原则有：
①亲自履行原则；
②权利义务统一原则；
③全面履行原则；
④协作履行原则。

2. 劳动合同履行的行为有：
①完全履行；
②不完全履行；
③不履行和单方不履行。

## （五）劳动合同变更的条件和程序

1. 劳动合同变更的条件有：
①订立劳动合同时所依据的法律、法规已修改或废止；
②用人单位转产或调整、改变生产任务；
③用人单位严重亏损或发生自然灾害，确实无法履行劳动合同规定的义务；
④当事人双方协商同意；
⑤法律允许的其他情况。

2. 劳动合同变更的程序有：
①及时提出变更合同的要求；
②按期作出答复；
③双方达成书面协议。

## （六）解除劳动合同的条件

1. 双方自愿；
2. 平等协商；
3. 不得损害一方利益。

## （七）终止劳动合同的条件

劳动合同的终止是指劳动合同期满或当事人双方约定的劳动合同终止条件出现，劳动合同即行终止。

如果约定的终止条件是合同生效前就已经发生的事件或行为，则该合同无效。而客观情况下，合同终止情况的发生是自然出现的，不是人为制造的，不能事先预谋的。因而用人单位以考核结果的某种等级、层次约定为劳动合同终止的条件，就具有很高的主观因素，不能作为劳动合同终止的条件。用人单位不能将企业并购、机构外包等主观制造的重大变化约定为终止劳动合同，只能依照《劳动法》第26条第2项规定办理解除劳动合同。

根据合同法有关原理，合同的终止权与解除权虽然都表现为依一方当事人的意思使合同关系消灭的权利，但二者在理论上存在不少差别。首先，法律效力不同。合同终止仅使合同关系发生将来消灭的效力，不具有溯及既往的效力，因此不能产生恢复原状的法律后果，而合同解除使合同关系发生既往消灭的效力，具有追溯的效力，因而对已履行的合同将产生恢复原状的后果。其次，适用的条件不同。合同终止既适用于一方违反合同，也适用于没有违反合同的情况，而合同解除主要适用于当事人一方不履行合同的情况。

因此，用人单位可以约定作为劳动合同的终止条件的可以是：（1）法律规定用人单位可以随时解除，劳动者又没有给用人单位造成经济损失的。如劳动者严重违反劳动纪律或者用人单位规章制度或劳动者因私人事务被依法追究刑事责任等情况。（2）因劳动者本人原因丧失某种专业资格的。如从事食品饮食类用人单位所从事的行业有特别禁忌规定，将劳动者患慢性传染病约定为劳动合同终止条件的或劳动者的工作职能就是开车，则用人单位将劳动者被吊销驾驶执照约定为劳动合同终止条件的等情况。

### （八）违反劳动合同的责任

一般可约定两种形式的违约责任，一是由于一方违约给对方造成经济损失，约定赔偿损失的方式；二是约定违约金，采用这种方式应当注意根据职工一方承受能力来约定具体金额，不要出现显失公平的情形。另外，这里讲的违约，或者称违反劳动合同，不是指一般性的违约，而是指违约程度比较严重，达到致使劳动合同无法继续履行的程度，如职工违约离职，单位违法解除劳动者合同等。

### （九）劳动合同适用法律法规

劳动合同适用法律法规有：

1. 中华人民共和国劳动法；
2. 中华人民共和国劳动合同法；
3. 中华人民共和国劳动合同法实施条例。

### （十）劳动合同的法律特征

1. 合法性。

劳动合同必须依法以书面形式订立。做到主体合法、内容合法、形式合法、程序合法。只有合法的劳动合同才能产生相应的法律效力。任何一方面不合法的劳动合同，都是无效合同，不受法律承认和保护。

2. 协商一致性。

在合法的前提下，劳动合同的订立必须是劳动者与用人单位双方协商一致的结果，是双方"合意"的表现不能是单方意思表示的结果。

3. 合同主体地位平等。

在劳动合同的订立过程中，当事人双方的法律地位是平等的。劳动者与用人单位不因为各自性质的不同而处于不平等地位，任何一方不得对他方进行胁迫或强制命令，严禁用人单位对劳动者横加限制或强迫命令的情况。只有真正做到地位平等，才能使所订立的劳动合同具有公正性。

4. 等价有偿。

劳动合同明确双方在劳动关系中的地位作用，劳动合同是一种双务有偿合同，劳动者承担和完成用人单位分配的劳动任务，用人单位付给劳动者一定的报酬，并负责劳动者的保险金额。

（十一）劳动合同必须约定哪些事项

劳动合同必须约定：
1. 用人单位的名称、住所和法定代表人或者主要负责人。
2. 劳动者的姓名、住址和居民身份证或者其他有效证件号码。
3. 劳动合同期限。

签订劳动合同主要是建立劳动关系，但建立劳动关系必须明确期限的长短。合同期限不明确则无法确定合同何时终止，如何给付劳动报酬、经济补偿等，引发争议。

4. 工作内容和工作地点。

所谓工作内容，是指劳动法律关系所指向的对象，即劳动者具体从事什么种类或者内容的劳动，这里的工作内容是指工作岗位和工作任务或职责。这一条款是劳动合同的核心条款之一。它是用人单位使用劳动者的目的，也是劳动者通过自己的劳动取得劳动报酬的缘由。劳动合同中的工作内容条款应当规定得具体明确，便于遵照执行。否则难以发挥劳动者所长，也很难确定劳动者的劳动报酬，造成劳动关系的不稳定。工作地点是劳动合同的履行地，是劳动者从事劳动合同中所规定的工作内容的地点，它关系到劳动者的工作环境、生活环境以及劳动者的就业选择，劳动者有权在与用人单位建立劳动关系时知悉自己的工作地点。

5. 工作时间和休息休假。

工作时间是指劳动时间在企业、事业、机关、团体等单位中，必须用来完成其所担负的工作任务的时间。一般由法律规定劳动者在一定时间内（工作日、工作周）应该完成的工作任务，以保证最有效地利用工作时间，不断地提高工作效率，因此工作时间成为劳动合同不可缺少的内容。

休息休假是指企业、事业、机关、团体等单位的劳动者按规定不必进行工作，而自行支配的时间。休息休假的权利是每个国家的公民都应享受的权利。劳动法第38条规定："用人单位应当保证劳动者每周至少休息一日。"

6. 劳动报酬。

劳动合同中的劳动报酬，是指劳动者与用人单位确定劳动关系后，因其提供了劳动而获取的报酬。劳动报酬是满足劳动者及其家庭成员物质文化生活需要的主要来源，也是劳动者付出劳动后应该得到的回报。因此，劳动报酬是劳动合同中必不可少的内容。劳动报酬主要包括以下几个方面：(1) 用人单位工资水平、工资分配制度、工资标准和工资分配形式；(2) 工资支付办法；(3) 加班、加点工资及津贴、补贴标准和奖金分配办法；(4) 工资调整办法；(5) 试用期及病、事假等期间的工资待遇；(6) 特殊情况下职工工资（生活费）支付办法；(7) 其他劳动报酬分配办法。劳动合同中有关劳动报酬条款的约定，要符合我国有关最低工资标准的规定。

7. 社会保险。

社会保险是政府通过立法强制实施，由劳动者，劳动者所在的工作单位或社区以及国家三方面共同筹资，帮助劳动者及其亲属在遭遇年老、疾病、工伤、生育、失业等风险时，防止收入的中断、减少和丧失，以保障其基本生活需求的社会保障制度。社会保险由国家成立的专门性机构进行基金的筹集、管理及发放，不以赢利为目的。一般包括医疗保险、养老保险、失业保险、工伤保险和生育保险。

8. 劳动保护、劳动条件和职业危害防护。

劳动保护是指用人单位为了防止劳动过程中的安全事故，采取各种措施来保障劳动者的生命安全和健康。在劳动生产过程中，存在着各种不安全、不卫生因素，如不采取措施加以保护，将会发生工伤事故。如矿井作业可能发生瓦斯爆炸、冒顶、片帮、水火灾害等事故；建筑施工可能发生高空坠落、物体打击和碰撞等。所有这些，都会危害劳动者的安全健康，妨碍工作的正常进行。

职业危害是指用人单位的劳动者在职业活动中，因接触职业性有害因素如粉尘、放射性物质和其他有毒、有害物质等而对生命健康所引起的危害。根据《职业病防治法》第30条的规定，用人单位与劳动者订立劳动合同时，应当将工作过程中可能产生的职业病危害及其后果、职业病防护措施和待遇等如实告知劳动者，并在劳动合同中写明，不得隐瞒或者欺骗。

职业病防治法中还规定了用人单位在职业病防护中的义务：用人单位应当为劳动者创造符合国家职业卫生标准和卫生要求的工作环境和条件，并采取措施保障劳动者获得职业卫生保护；应当建立、健全职业病防治责任制，加强对职业病防治的管理，提高职业病防治水平，对本单位产生的职业病危害承担责任；必须采用有效的职业病防护设施，并为劳动者提供个人使用的职业病防护用品；应当对劳动者进行上岗前的职业卫生培训和在岗期间的定期职业卫生培训，普及职业卫生知识，督促劳动者遵守职业病防治法律、法规、规章和操作规程，指导劳动者正确使用职业病防护设备和个人使用的职业病防护用品。

## 学习目标

1. 通过学习掌握我国劳动争议处理的程序和原则；
2. 了解劳动争议调节的特点；
3. 了解劳动争议仲裁的原则；
4. 了解劳动争议的分类；
5. 了解劳动争议的分析处理方法。

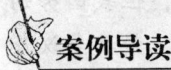

## 案例导读

上海市某职校学生李某外号"调皮李"，暑假经学校安排推荐，到某运输公司参加汽车维修实习。这天下午，李某违反作业规则，横穿试车道时，被实习单位的驾驶员倒车撞伤。师傅们看他背部伤势严重，让他仰卧在硬木板上送往医院救治。几个月后他终于出院，但因"日常生活有关的活动能力严重受限"，被司法鉴定中心确认为七级伤残。

公司以其与李某之间不存在劳动关系为由，不同意李某为工伤。经理说："驾驶员倒车是符合操作规范的，李某受伤是自己调皮捣蛋、违反操作规程所致。要说有责任，也是他本人或学校的责任。学校应负责教育好自己的学生。"校方则认为："李某是在公司工作时受伤，学校并非侵权行为人，因而没有赔偿义务。"

李某的家长想不通：尽管孩子较调皮，但毕竟年幼无知。工人发生这种事可认定工伤，为何李某受伤就没人负责？难道实习生就如此"伤不起"？

实习生受事故伤害该由谁负责？

## 法律解析

原劳动部1996年10月1日起试行的《企业职工工伤保险试行办法》第61条曾规定："到参加工伤保险的企业实习的大中专院校、技工学校、职业高中学生发生伤亡事故的，可以参照本办法的有关待遇标准，由当地工伤保险经办机构发给一次性待遇。"但该《办法》已被废止。

劳动部《关于贯彻执行〈中华人民共和国劳动法〉若干问题的意见》第12条明确规定："在校生利用业余时间勤工助学，不视为就业，未建立劳动关系。"实习是学校课堂教学内容的延伸，由于在校的实习学生不是《劳动法》意义上的劳

119

动者,实习生受事故侵害,双方的权利义务不受《劳动法》调整,而作为一般人身侵权按《民法通则》及相关司法解释的规定处理。

李某基于学校安排到汽运公司实习,与汽运公司之间未建立实质意义上的劳动者与用人单位间的身份隶属关系,虽然是在实习单位因实习受伤,但劳动保障部门一般不予认定为工伤,其不能享受工伤保险待遇。

但汽运公司有义务为实习生提供安全的实习场地。李某可起诉到法院,请求判令汽运公司、所在学校等承担连带民事赔偿责任,包括赔偿其相应的医疗费、残疾赔偿金、误工费、精神抚慰金等。

实践中,实习生与实习单位签订实习协议很重要。协议中应明确实习报酬的标准、实习纪律的约定、实习生过错造成单位经济损失的处理、实习生人身意外保险的约定、学校在实习过程中的职责要求及学校的法律责任等,以预防和处理各种争议。

随着群众法律意识的提高,我国有关劳动纠纷的案件也逐年增加,但我国劳动争议纠纷解决程序的不足给司法实践及劳动者维权带来了很大的不便。劳动争议处理制度起源于英国的工业革命,在其漫长的历史发展中逐步趋于完善。如今,几乎所有的工业化国家均建立了此项制度。完备且有效的劳动争议处理制度,能够使劳资双方之间产生的矛盾和冲突得到及时化解或缓解,这是各国政府考虑并发展劳动争议处理制度的基本出发点和目的。西方主要工业化国家产业发达,劳资冲突历史悠久,积累了丰富的处理争议的经验。而我国现行的劳动争议处理程序还存在诸多不足,不利于劳动争议的有效解决。我们应该研究国外或地区一些先进的劳动争议处理程序,以改善我国解决程序中的不足。我认为可以借鉴一下国外的经验。

## 第二节 劳动争议纠纷的处理

### 一、我国劳动争议解决程序和原则

#### (一)我国劳动争议解决程序

《劳动法》第77条规定用人单位与劳动者发生劳动争议,当事人可以依法申请调解、仲裁、提起诉讼,也可以协商解决。第79条规定劳动争议发生后,当事人可以向本单位劳动争议调解委员会申请调解;调解不成,当事人一方要求仲裁的,可以向劳动争议仲裁委员会申请仲裁。当事人一方也可以直接向劳动争议仲裁委员会申请仲裁。对仲裁裁决不服的,可以向人民法院提起诉讼。

#### (二)我国劳动争议解决原则

根据《条例》规定,处理劳动争议应当遵循以下三个原则:

1. 着重调解，及时处理。

"着重调解、及时处理"的原则大致包含四个方面的内容：

第一，调解是处理劳动争议的基本手段，贯穿于劳动争议处理的全过程。企业劳动争议调解委员会完全是运用调解手段，劳动争议仲裁委员会和人民法院也是先行调解，即使在案件裁决或判决之前，还要给当事人一次调解解决争议的机会。因此，劳动争议处理机构应尽全力采用调解方式化解矛盾，以便双方当事人达到最大和解，维护并发展原有的劳动关系。

第二，调解应在当事人双方自愿基础上进行。调解应当是双方当事人自愿参加，自愿进行。因此，劳动争议处理工作人员在主持调解工作时，须特别注意遵循自愿原则，不能有丝毫的强制或勉强。否则，调解协议书、仲裁调解书等将不具有约束力和法律效力。

第三，调解应依法进行，既要依实体法，又要依程序法。首先，调解协议和调解书的内容不得违背国家的法律、法规；其次，调解应按《条例》及有关部门规章所规定的程序进行，以提高调解的成功率，确保调解的有效性。

第四，对劳动争议处理要迅速、及时。企业劳动争议调解委员会对案件若调解不成，应在规定的处理时效内及时结案，不要使当事人丧失申请仲裁的权利；仲裁委员会若先行调解不成，应及时裁决，不要超过处理时效；人民法院在调解不成时，应及时判决。总之，调解虽是处理争议的基本手段，但也不是万能手段，还需要依托裁决和判决等后盾性的手段，切不可久调不决，应掌握好其中的辩证关系。

2. 在查清事实的基础上，依法公正处理。

"在查清事实的基础上，依法公正处理"的原则主要包括以下三方面的内容：

第一，调查取证与举证责任相结合，才能查清事实。调查取证是劳动争议处理机构的权力和责任，举证责任是当事人应尽的义务和责任，劳动争议处理机构不能因当事人有举证责任而不尽调查取证的责任，当事人也不能完全依赖劳动争议处理机构的调查取证。只有将两者有机地结合起来，才能达到查清事实的目的，为处理争议提供依据。

第二，既要依实体法，又要依程序法，而且要掌握好依法的顺序。所谓依法顺序，就是有法律依法律，没有法律依法规，没有法规依规章，没有规章依政策，没有政策依惯例，也就是依情依理，要使法、理、情融为一体。另外，同层次的法律、法规不一致，可采取由共同上级部门指定依据的方式，依法签订劳动合同和依法制定企业规章，这实际是国家法律的一种延伸，也可作为处理劳动争议的依据。

第三，既要有原则性，又要有灵活性。在当前劳动法律、法规不健全的情况下，尤其应注意这一点。如果过于抠条文的话，劳动争议处理工作就很难开展。特别是在调解劳动争议过程中，只要不违反法律、法规，双方又能接受，即可达成协议。

3. 当事人在适用法律上一律平等。

"当事人在适用法律上一律平等"的原则,主要体现为两方面的内容:

第一,劳动争议双方当事人处于平等的法律地位,具有平等的权利、义务,任何一方不得有特权。

第二,应保护双方当事人在实际生活中的平等地位。这主要是靠法律、法规和政策的规定向弱者倾斜,以保护弱者。同时,劳动争议处理工作者也应学好、用好这些规定,以尽量使当事人在适用法律上一律平等。

## 二、劳动争议调节的特点

在我国,劳动争议的解决方式有三种:调解、仲裁、诉讼。这三种方式分别具有各自的特点。

调解是指在查明事实、分清是非、明确责任的基础上,依照国家劳动法的规定以及劳动合同约定的权利和义务,推动用人单位和劳动者之间相互谅解,解决争议的方式。企业调解委员会是解决劳动争议的第一道防线。劳动部于1993年11月5日颁发了《企业劳动争议调解委员会组织及工作规则》,对劳动争议的调解组织、调解原则、调解程序作出了具体的规定。劳动争议调解委员会可以设在用人单位内部,也可以由各地方的工会负责组织。劳动争议调解委员会应当由职工代表、用人单位代表和工会代表组成。劳动争议调解委员会主任由工会代表担任。

劳动争议的调解应当遵循当事人双方自愿的原则。需注意的是,调解委员会只能起调解作用,它本身并无决定权,不能强迫双方接受自己的意见,也无权作出对双方具有法律约束力的文件。但是如果双方经调解达成了调解协议的,调解委员会应当制作调解协议书,对于协议书,双方当事人应当自觉履行。

仲裁是根据法律规定或者当事人之间的协议,由一定的机构以第三者身份,对双方发生的争议在事实上作出判断,在权利义务上作出裁决。我国劳动争议的仲裁由指劳动争议仲裁委员以第三者身份为解决劳动争议而作出裁决的劳动执法活动,因此兼有行政和司法的双重性质。劳动争议仲裁委员会不会主动介入劳动争议,发生劳动争议的主体可以向其提出仲裁申请,仲裁委员会在受理案件后,经过开庭审理,在确定事实后,应先进行调解,如调解不成或双方不愿进行调解,可以作出仲裁裁决,该裁决具有强制性。如当事人双方未在法定期限内向法院起诉,则裁决生效,当事人必须履行,如一方不履行仲裁裁决,另一方可以请求强制执行。

虽然仲裁委员会可以对劳动争议作出有法律效力的裁决,但是依照我国的法律,只有法院才享有对劳动争议的最后决定权。仲裁委员会依法裁决后,如果当事人一方或双方不服,在法定期限内有权向法院起诉。当事人起诉后,原裁决即无约束力,人民法院有权对该劳动争议独立审判,并作出判决。在诉讼阶段,如当事人不服一审法院的判决，还可以提出上诉，由二审法院作出最终裁决。

### 三、劳动争议仲裁的原则

劳动争议仲裁委员会仲裁劳动争议，除需遵守处理劳动争议的基本原则外，还需遵守如下特有原则：

1. 调解原则。是指劳动争议仲裁委员会在裁决前，可以先行调解，经过调解不能达成协议，应及时仲裁。之所以规定这一原则，是因为争议的产生往往是双方当事人对执行劳动法律、法规的认识、理解不一致，对争议事实存在分歧和误解等，通过宣传法制、说服教育、疏导协商，争议事项大多是可以解决好的。同时，调解还具有简便、灵活、易行、迅速的特点以及缓和、改善双方矛盾的作用。贯彻调解原则，应注意防止强行调解和久调不决的做法。强行调解违反了自愿原则，久调不决则违背了及时、迅速的原则。

2. 及时、迅速原则。这一原则要求劳动争议仲裁委员会在处理劳动争议案件时，必须严格依照法律规定的期限结案尽快地解决争议。贯彻这一原则，是由劳动争议的特点所决定。劳动争议与企业的生产和职工的生活密切相关，久拖不决势必影响到社会的安定和生产、生活秩序的稳定。因此，劳动法明确了"仲裁裁决一般应在收到仲裁申请的60日内作出"的要求。

3. 回避原则。是指仲裁委员会成员或仲裁员在仲裁劳动争议案件时，认为具有法定回避情况不宜参加本案审理，或当事人认为仲裁员具有回避情节的，可能裁决不公，都可以申请更换他人，以保证仲裁公正顺利进行。是否采取回避措施由仲裁委员会决定。

4. 少数服从多数原则。仲裁委员会由三方代表单数组成，仲裁庭则由三名仲裁员组成，均为多数人组成，难免意见有分歧，而仲裁委员会成员、仲裁员均有平等的表决权，为保证裁决不因少数成员意见的不一而难以作出，故以少数服从多数，简单多数即可作出裁决。《企业劳动争议处理条例》第13条和第29条明确规定：劳动争议仲裁委员会和劳动争议仲裁庭处理劳动争议案件，按少数服从多数原则作出仲裁决定。

5. 一次裁决原则。这一原则是指劳动争议仲裁委员会对每一起劳动争议案件实行一次裁决即行终结的法律制度。这是针对过去曾实行两次裁决所存在的弊端而确立的一项重要原则。贯彻这一原则，当事人不服劳动争议仲裁委员会的裁决，不得再向上一级劳动争议仲裁委员会申请第二次仲裁，只能在收到仲裁决定书之日起十五日内，向有管辖权的人民法院起诉。期满不起诉的，仲裁决定书即发生法律效力，当事人必须按仲裁决定履行。贯彻这一原则，有利于及时、迅速解决争议事项，保护当事人的合法权益。

## 四、劳动争议的分类

劳动争议根据其主体、客体、性质和内容的不同，可以有不同的分类。

首先，从劳动争议主体上分。劳动争议分为个人劳动争议、集体劳动争议。个人劳动争议指劳动者个人与用人单位发生的劳动争议。集体劳动争议则分两种：一种是劳动者一方为多人，且发生争议的原因和请求是共同的。这种集体争议劳动者一方应推举代表参加法定的处理程序。在处理程序上与个人劳动争议相同，但根据《劳动争议仲裁委员会办案规则》规定，职工一方在30人以上的集体劳动争议适用特别程序。另一种为团体争议，即指以工会组织为一方，代表职工与用人单位因签订和执行集体协议而产生的争议。

其次，从劳动争议的客体上分，即从争议涉及的劳动关系上分，可分为：因执行劳动法律、法规、劳动合同和集体合同的规定而发生的劳动争议，亦称权利之争。以及因确定或变更劳动者的权利义务而发生的劳动争议，亦称利益争议。

再次，从劳动争议的性质上分，可以分为因参加、组织工会及罢工等行使公民权行为与用人单位产生的劳动争议和因要求增加工资、缩短工时等经济利益产生的争议。

最后，从劳动争议的内容上分，劳动争议可分为因执行国家有关工资、保险、福利、职业培训、劳动保护的规定等发生的争议；因履行劳动合同发生的争议；因用人单位开除、除名、辞退职工和职工辞职、自动离职发生的争议等。还可从内容的难易程度上分为简单的劳动争议和复杂的劳动争议。对简单的劳动争议，在处理程序上依法可以简化。

## 五、劳动争议的分析处理方法

首先，对争议的解决方式不是由当事人选择的，而是《中华人民共和国劳动法》规定的必须要经过仲裁。当事人使用劳动局制定的格式劳动合同尚能勉强称之为当事人对仲裁机构和仲裁事项进行了选择，而当事人使用非标准格式的劳动合同或者根本没有签订劳动合同的事实劳动关系就不能认为他们对仲裁机构和仲裁事项进行了选择，但事实上劳动争议仲裁机构还是接受并处理了这类案件。

其次，完整意义上的仲裁程序是与司法程序平行的一种制度，仲裁实行一裁终局制，司法程序不是仲裁程序的后续，当事人不能采用先裁后审的方式来解决纠纷。而劳动争议仲裁程序只是司法程序的前置程序，当事人不服裁决可以向人民法院起诉，而最终的裁判权是司法机关而不是非司法机构，劳动争议最终变成了由司法机关审理而不是由非司法机构审理。

再次，仲裁裁决一经作出就具有法律约束力，当事人可以申请强制执行。司法机关必须经过严格的司法程序才可以撤销已经具有法律效力的仲裁裁决和对已经具有法律效力的仲裁裁决不予执行，并且司法机关无权改变仲裁裁决。但是，根据目前我国法律法规规定，司法机关是无权而且没有必要撤销劳动仲裁裁决的。因为在司法机关审理的时候，劳动争议仲裁裁决已经处于效力待定的阶段，只有人民法院准予当事人撤诉和当事人超过起诉期间被驳回起诉，劳动争议仲裁裁决才能恢复其效力。除此之外的其他任何情况，劳动争议仲裁裁决都没有法律约束力，是一个没有法律效力的裁决，司法机关可以自行对劳动争议进行审理。

最后，根据我国目前的法律架构来进行分析，《中华人民共和国劳动法》、《中华人民共和国仲裁法》同属于我国法律体系中的法律，即"二级大法"，是我国的基本法律，其法律地位和效力低于宪法而高于其他法。而我国在程序法方面规定了"三诉一仲"制度，即：《中华人民共和国民事诉讼法》、《中华人民共和国刑事诉讼法》、《中华人民共和国行政诉讼法》和《中华人民共和国仲裁法》。而《中华人民共和国劳动法》中对劳动争议的仲裁解决程序是和《中华人民共和国仲裁法》的仲裁程序相违背的，是一种游离于"三诉一仲"程序之外的另外一种程序。而这种似是而非的程序是没有必要存在的，因为《中华人民共和国仲裁法》规定："平等主体的公民、法人和其他组织之间发生的合同纠纷和其他财产权益纠纷，可以仲裁。"《中华人民共和国民事诉讼法》规定："人民法院受理公民之间、法人之间、其他组织之间以及他们相互之间因财产关系和人身关系提起的民事诉讼，适用本法的规定。"

## 六、我国劳动纠纷通常有以下几种情况：

1. 停薪留职人员在约定期满后，未与单位办理延续手续，也未对单位付出实际劳动，而单位未对其支付劳动报酬。在这种情况下，双方之间已没有劳动权利义务，单位可行使对"空壳"劳动关系的单方解除权。

2. 根据有关法规规定，劳动争议诉讼时效是从劳动争议发生之日起开始计算，当劳动者就报酬被拖欠、克扣与雇佣方发生纠纷时，有关方面判断争议发生的时间，不能简单地把"发薪日未发薪"视为争议发生之日，而应以劳动者追索被拒绝之日算起，以避免不法单位借助"时效"来逃避法律责任。

3. 企业辞退、解聘或开除严重违反劳动合同规定的员工本是正常现象。但由于一些企业开具的处理意见书中使用的是人力资源部门的印章，而不是具有法人资格的单位印章，结果被劳动仲裁部门认定为无效；用人单位变动员工工作岗位未进行转岗培训，员工拒绝服从安排，从而引发劳动争议，仲裁部门因为用人单位没有履行相关程序而认定其决定无效。上述现象在国内许多企业都存在。这就告诉用人单位：企业在处理劳动纠纷、争议时应依法进行，否则将会形成无效处理意见，无法及时处理犯错误的员工，还白白浪费了精力和时间。

4. 企业在处理劳动纠纷、争议过程中容易忽略的法律问题还有：处理证据不充分,缺少有力证明;忽视处理时效性规定和处理书送达手续不完善等,以上任何一个方面的疏忽都可能导致企业处理意见无效。企业处理劳动纠纷、争议留有法律"漏洞"的现象说明,一些企业处理员工存在随意性,没有充分重视员工的辩驳权利,以为劳动纠纷争议处理仅是企业内部管理问题,而没有意识到必须依照法律规定程序严格执行。企业如果继续忽视这些问题,被处理员工依据法律规定要求仲裁,不仅人力资源管理无法正常进行,而且企业的声誉也会受到损害。

5. 《劳动法》规定:用人单位与劳动者发生劳动争议,当事人可以依法申请调解、仲裁、提起诉讼,也可以协商解决。如果你与单位或老板发生了劳动争议,首先应与单位或老板进行协商,找出解决争议的方法。协商虽然不是法定程序,但却是解决一般争议最常用的方法。

不愿协商或协商不成的,可以向劳动争议调解委员会申请调解。调解也不是法律规定的必经程序,但对解决劳动争议有很大作用。特别在你并不想炒老板鱿鱼时,还是尽量通过调解解决争议为好。调解不成,就得申请仲裁了。根据规定,当事人从知道或应当知道自己的权利被侵害之日起60日内,要以书面形式向仲裁委员会申请仲裁。仲裁委员会应当自收到申诉书日起7日内作出受理或不予受理的决定。仲裁庭处理劳动争议应当自组成仲裁庭之日起60日内结束。案情复杂需要延期的,经报仲裁委员会批准,可以适当延期,但延期不得超过30日。

当事人对仲裁裁决不服可以向人民法院起诉。起诉也要注意时限,必须是在收到仲裁书之日起15日内。法院民事审判庭受理或审理劳动争议案件,其审理期限为6个月。

6. 劳动合同是企业与职工之间为明确双方在劳动关系中的权利和义务而订立的协议。劳动合同是否订立和如何订立,对于预防和减少劳动纠纷的发生,保护劳资双方的合法权益,有重大影响。所以,劳资双方在招聘或受聘进入劳动关系时,应该考虑将签订劳动合同作为头等大事来付诸实施,以免留下后患。

◎ 技能训练:

1. 未签合同讨说法,人事经理输官司。

2008年2月,张某进入某跨国家具公司任人力资源总监,负责公司人事管理工作,雇佣期限至2011年2月。张某的劳动报酬为税前年薪45万元,公司每年分12个月平均支付。

后来,张某将公司告上法庭提出近100万元的索赔要求。她称,曾向公司要求签订劳动合同事宜,并向总部请示如何签订,但公司拖延至今未签,仅通过口头和电子邮件形式约定劳动报酬事宜。法院审理后认为,张某作为人事经理,其主要工作就是负责单位的人事管理,而与所有员工签订劳动合同更是人事经理的主要职责。张某理应全面履行自己的职责,其中当然也包括其自己劳动合同的签订。家具公司有理由相信，公司内所有员工的劳动合同均已签订。因此，公司并无不与张某签订劳动合同的主观恶意。

近日，黄浦区人民法院驳回张某的诉讼请求。

家具公司和张某不订书面劳动合同的行为是否适用《劳动合同法》？

◎**法律解读**：家具公司招用张某并聘其为公司人事总监。张某作为受企业法定代表人的授权委托管理人事部门、行使企业法人的劳动人事管理活动。在人事部门与员工签订书面劳动合同，加盖人事部门劳动合同专用章时，张某具有用人单位代表的身份。同时，张某系法定代表人招用，成为公司员工，具有劳动者的身份。

正是由于存在双重身份，张某与用人单位签订书面劳动合同的行为存在相当的特殊性。由于张某系人事经理，其与用人单位签订劳动合同，即与自己签订劳动合同，这违背合同由两个以上主体签订的基本原则。且张某作为用人单位代表所行使的行为，又将被认定为企业法人的行为，并由企业法人承担民事责任。张某完全可依据其双重身份谋取不合理的利益。

《劳动合同法》第82条规定，用人单位自用工之日起超过一个月不满一年未与劳动者订立书面劳动合同的，应当向劳动者每月支付二倍工资。张某系用人单位人事总监，现有法规并无人事总监可不签订书面劳动合同的规定，张某应当属于需要签订劳动合同的范围。用人单位人事总监的主要职责就是代表用人单位行使劳动人事管理，帮助用人单位合法履行劳动法律规定，避免因违法行为而导致用人单位的利益受到损害。

张某作为人事总监，理应知道用人单位与劳动者不订立书面劳动合同将承担向劳动者支付两倍工资的法律责任，理应履行用人单位赋予的与员工签订书面劳动合同的岗位职责。用人单位已明确要求人事部门与所有员工签订书面劳动合同，张某所负责部门已与该用人单位其他员工签订书面劳动合同。张某既未向公司经理提出存在身份冲突，由人事部门与自己直接签订书面劳动合同存在不妥，又未履行自己与用人单位签订书面劳动合同的职责，甚至存有故意损害用人单位、谋取自己利益的嫌疑。对该行为，从公平合理执行法律规定出发，理应不得到支持。

2. 接连病假遭怀疑，女白领拒绝公司"复核"。

2004年，李小姐入职某国际货运公司任操作员。2006年6月，公司与李小姐签订无固定期限劳动合同，约定工作岗位及劳动报酬不变，工作地点变更至浦东机场附近。

之后，李小姐接连请病假，病因先后为扁桃体炎、腰部扭伤、耳痛、腰部软组织挫伤以及睡眠障碍等。7月下旬，公司提出派行政人员陪同李小姐到指定医院复查，以确定病情的真实性，李小姐不同意。公司遂于8月10日致函李小姐，确认其于7月23日至8月10日连续旷工13天，决定自8月11日起解除双方劳动合同。

9月7日,李小姐向长宁区劳动争议仲裁委员会申请仲裁。12月1日,仲裁委裁决,公司应向李小姐支付赔偿金4.32万元、病假工资1112元。

公司不服,于今年1月向长宁区法院起诉。近日,长宁区法院民一庭一审判决,驳回货运公司要求不支付违法解除劳动合同赔偿金的诉讼请求。

某国际货运公司解雇李小姐为何被判非法?

◎**法律解析**:病假指职工因病或非因工负伤,经医师建议、单位批准停止工作治病休息的期间。职工请病假需经单位批准,但用人单位对病假的审核一般仅限于形式,至于病情严重程度及应否休息,作为不具有相关专业医疗知识和技能的单位很难从实质上审核。因此,职工请病假,只要手续完备,公司没有理由不予批准。如企业对病情有怀疑,可向医院及其上级部门反映情况,但强令员工到指定医院复查,是不尊重员工和医疗机构的表现,也没有任何法律依据。

职工以合法手续请病假,用人单位不仅不应视为旷工,还应按规定发放病假工资或病假救济费。目前,各地均规定病假工资最低标准不得低于最低工资标准的80%,但具体发放标准各地并不一致。如北京规定企业应根据劳动合同或集体合同的约定支付病假工资;江苏、安徽、广东允许通过劳动合同约定病假工资;深圳规定按不低于本人标准工资的60%支付病伤假期工资;陕西规定医疗期内工资不低于劳动合同约定工资的70%;上海则根据职工的工龄和工资,按一定比例支付病假工资。

对违法解除劳动合同,《劳动合同法》明确规定:劳动者要求继续履行劳动合同的,用人单位应当继续履行;劳动者不要求继续履行劳动合同或者劳动合同已经不能继续履行的,用人单位应当按照经济补偿金标准的两倍向劳动者支付赔偿金,赔偿金的计算年限自用工之日起计算。

# 学习情境六 市场规制法律制度与实务

**学习目标**

通过学习本章,理解竞争法的法律地位,掌握我国竞争法的现状;熟练掌握垄断行为和不正当竞争行为的法律规定。理解掌握违反竞争法的法律责任。运用本章知识和法律规定分析实际案例。

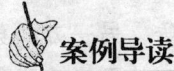
**案例导读**

2007年7月,方便面实行集体涨价。据称,自2006年年底始,由行业协会参与,国内方便面巨头召开了3次内部价格协调会议,最终达成一致意见:康师傅、统一、今麦郎等10多家知名企业全部参与此次统一调价,其市场覆盖率达到95%以上。请问,方便面企业以及方便面行业协会的这种行为是否违反了我国《反垄断法》的规定。

**分析提示**

方便面企业以及方便面行业协会的这种行为违反了我国《反垄断法》第13条第1款规定,禁止具有竞争关系的经营者达成"固定或者变更商品价格"的垄断协议;第16条规定,行业协会不得组织本行业的经营者从事本章禁止的垄断行为。垄断协议,是指排除、限制竞争的协议、决定或者其他协同行为,方便面企业以及方便面行业协会公然以协议方式实施垄断商品的价格、破坏市场有序竞争、侵害消费者的利益,正是我国《反垄断法》要制止的垄断行为之一。

# 第一节 竞争法律制度

## 一、竞争法概述

### (一) 竞争和竞争法的概念

竞争是一种普遍的社会现象,它不仅存在于人民的经济生活中,而且也存在于体育、文艺、科技、军事等许多社会领域。竞争是一个内涵颇为丰富的概念:既有涵盖整个生命体运动的所谓生物学意义上的竞争,也有涉及人类生活各个层面的社会学意义上的竞争;既有蕴含有重大社会经济价值和广泛社会效益的经济学意义上的竞争,也有具有特定内含和明确调整范围的法学意义上的竞争。法学意义上的竞争是指市场竞争,即卖方相互之间、买方相互之间、买方和卖方之间等市场经济活动的主体为争取有利的生产和销售条件,就商品和服务的价格、质量、交易机会和其他交易条件进行较量。

竞争法是现代国家为了维护市场经济的正常运行及活力而制定的有关维护、促进或限制竞争的法,简言之,就是调整市场竞争关系的法。竞争是市场经济的本质特征,但市场经济本身存在着一个悖论。一方面市场需要竞争,另一方面竞争的过程中或竞争的结果会产生扰乱竞争或限制竞争的因素和力量,从而影响竞争机制作用的发挥。正是因为市场经济存在这样的悖论,所以价值取向是优化市场秩序的竞争法,就成为市场经济中一个极其重要的法律,竞争法在西方国家被誉为经济宪法,是现代经济法的象征和典范。

### (二) 竞争法的对象

竞争法是规制市场主体竞争行为的法律规范,因此,竞争法的调整对象就是关系和竞争管理关系。

1. 竞争关系,是指经营者之间在交易过程中形成的以利害关系方为对手,相互争夺资金、技术、劳动力以及市场占有额的经济关系。竞争法对竞争关系的调整主要是通过法律规范创设平等、公平的竞争环境,保证公平竞争;同时法律保护正当竞争,制止非法垄断和不正当竞争。维护合法竞争者的利益。

2. 竞争管理关系,是指根据国家经济管理机关在依照职权实施监督、管理市场竞争活动的过程中形成的管理关系。竞争法对竞争管理关系的调整主要是确立监督管理体制,明确管理职责,规定监督管理的程序,确定对违法者的制裁和对被侵害者的救济。

## （三）竞争法的宗旨和原则

1. 竞争法的宗旨。

竞争法的宗旨是指该法的立法本意及其立场。从竞争法的起源和发展来看，竞争法的一部分源于侵权法，它针对市场交易中的种种不正当竞争行为，通过民事赔偿甚至刑罚手段加以禁止；竞争法的另一部分源于制裁限制竞争的共谋及经济垄断的对策。这说明，竞争法从诞生之日起，即将维护公平的竞争秩序，保障合法经营者的利益摆在首位；在对付垄断产生的弊病时，又将保持市场活力，竭力保持二者之间的平衡。

所以，竞争法的宗旨可以概括为遏制市场竞争中的各种限制竞争和不正当竞争行为，维护市场机制和市场秩序，促进公平、自由和有效竞争。

2. 竞争法的原则。

竞争法的基本原则不仅是国家竞争政策在法律上的集中反映，是竞争法内容的高度抽象和概括，同时也是弥补竞争关系中法律漏洞和缺陷的工具，自由竞争是市场经济的客观要求，而政府的适度干预不是为了限制竞争，而恰恰是为了使竞争在有序的市场环境中充分地展开。

（1）平等、自由竞争原则。平等、自由竞争是市场经济的客观要求，市场经济以市场作为资源配置的基础性手段，它首先要求市场主体具有独立性，这个独立性就是以平等、自由的参与竞争为基础的，即参与竞争的经营者法律地位平等，可以根据自身的情况和意愿开展竞争活动，而不必依附于他人，更无须征得他人的同意，可以自由地进入或者退出竞争，甚至是退出市场，能够与其他经营者享受同样的法律适用与保护，拥有同样的救济手段和途径。我们可以说，竞争的独立就是竞争的平等和自由，它是市场经济最基本的特征和最基本的要求。

（2）公平竞争原则。法律赋予每个主体平等的法律地位，使他们能够享有相同的权利，承担相同的义务，能够在平等的基础上自由地开展竞争，但是，绝对的平等和自由是不可能存在的，形式意义上的公平有时会造成实质意义上的不公平例如，经济实力强的企业可以凭借其经济优势，通过低价销售等手段，损害竞争对手的利益，造成其破产，从而取得市场的独占地位；拥有某些行政权力的机构以及处于基本无竞争状态的公用企业，可以利用自己的特殊地位，限制购买者与其指定的经营者进行交易，等等，如果仅仅将公平局限在形式上，不公平竞争的现象和结果将始终不可避免。因此，竞争法不能只提供一个形式平等的框架，而是必须同时从实质上对公平问题作出规定，比如对某些特殊主体的行为进行必要的限制，对遭受实质上的经济特权侵害的主体给予特别的保护。这种状况的改变，在于市场结构的合理和完善，在于供需关系的协调发展和平衡。竞争法，尤其是反垄断法对调节市场结构具有特别的价值。

（3）适度干预原则。自由竞争是市场经济的客观要求，但是，市场竞争的自由决不是没有边界的。第一，自由必须约制在这样一个界限上，就是必须不使自己成为他人的妨碍。对任何主体而言，自由的享有和实施总是要受到群体或社会道德法律等规范不同程度的限制，确保市场主体间既自由又有序地开展竞争，是竞争法的一项根本任务。第二，市场本身也不是万能的，在经济领域的某些问题上，市场机制的作用并不尽如人意。因此，自由市场的存在当然并不排除对政府的需要，必须通过政府采取一定的措施来纠正市场的缺陷，即市场失灵和市场缺陷是决定政府对市场竞争行为进行干预的内在要求。政府对市场竞争的干预关键是要把握好度，即在自由竞争和政府干预中找到一个最佳的结合点，既要赋予政府一定的干预市场的权力，避免市场失灵，又要防止政府越界，政府干预失灵。

（四）现代竞争法的沿革和我国竞争法的现状

1. 现代竞争法的沿革。

19世纪末美国出现垄断现象，引起中小业主、农民和工人普遍不满，美国私人企业的传统模式受到了威胁，自由竞争的市场经济体系岌岌可危，为了改变这种状况，1890年，美国参议员谢尔曼提出并由国会通过的《保护贸易和商业不受非法限制和垄断的侵害法》，又称为《谢尔曼法》，它突破了传统公法和私法的界限，凸显了国家以公权力介入传统私法领域的经济生活，体现了国家对经济关系的协调，是世界上第一部成文的反垄断法。

1896年德国制定了世界上第一部《反不正当竞争法》，对不正当竞争行为进行专门的规制和处理。在德国是反不正当竞争法律体系中的基本法。这部法律以后虽经多次局部修改，但其基本方向没有变化，并一直适用至今。它对其他许多国家的反不正当竞争立法产生了深远的影响。

1900年《保护工业产权巴黎公约》（简称《巴黎公约》）的修订本作为国际公约和国际立法第一次对反不正当竞争作出了明确的规定。为以后的反不正当竞争国际立法奠定了基础，推动了一些国家反不正当竞争立法的进程。竞争法在二战前一度出现低迷和倒退。二战以后，在和平建设的同时重建市场，以美国在德国和日本肃清法西斯影响、推动建立反垄断制度为起点，反垄断法及竞争法作为市场经济基本法的地位逐步得到确定。

2. 我国竞争法的现状。

在我国，对竞争法的研究起步较晚，1978年十一届三中全会确立了改革开放，发展商品经济的国策，市场和竞争在社会主义经济发展中的地位和作用才逐渐被认识，并日益受到重视。1980年7月，国务院发布了我国第一份关于反垄断的规范性文件——《关于推动经济联合的暂行规定》，提出打破地区封锁和部门分割，由此拉开了我国竞争立法的序幕。

1993年，第八届全国人大常委会第三次会议通过了《反不正当竞争法》，于同年12月1日起施行。

随着市场化改革和法制的发展，《反垄断法》于1999年列入九届全国人大常委会立法规划；2007年，十届全国人大常委会颁布了《反垄断法》，于2008年8月1日正式实施。

## 二、反垄断法法律制度

（一）反垄断法概述

1. 垄断与反垄断法。

垄断是指经营者单独或与他人结合、合谋或以其他形式，排斥、支配或限制其他经营者，在一定的经营领域限制或排除竞争的行为或状态。在资本主义经济的发展过程中，自由竞争引起生产集中，生产集中发展到一定阶段就必然引起垄断。垄断者能在其市场上具有控制权，限制或排斥其他经营者不能进入市场并与之竞争。

早期的各国反垄断法制度比较严厉，对垄断地位和垄断行为控制较严。比如"大的就是坏的"被许多国家反垄断法所接受。现在各国普遍认识到不是单纯反对垄断，需要反对的是滥用垄断地位、进行不正当竞争的行为。比如美国的反垄断法就是重行为不重结果。我国的反垄断法也采取行为主义的反垄断法律制度，只要经营者做大做强的方式不违法，那么其垄断状态本身就不违反《反垄断法》。这样有利于鼓励竞争者通过合法、妥当的方式，追求经济规模的扩大，也有利于协调反垄断制度与我国的知识产权制度、中小企业制度及产业政策之间的关系。

反垄断法：是反对垄断和保护竞争的法律制度。它是市场经济国家基本的法律制度。我国《反垄断法》第3条规定：本法规定的垄断行为包括：（1）经营者达成垄断协议；（2）经营者滥用市场支配地位；（3）具有或者可能具有排除、限制竞争效果的经营者集中。第8条规定：行政机关和法律、法规授权的具有管理公共事务职能的组织不得滥用行政权力，排除、限制竞争。

2. 反垄断法适用除外制度。

垄断的双重性决定了反垄断法的双重职能，即一方面要抑制垄断的消极因素，另一方面又要保护垄断的积极成分。所以反垄断法并非对所有的限制竞争行为都进行禁止。利益权衡和合理原则在反垄断法中占居着重要位置，即在限制竞争行为既有积极效果又有消极效果的情况下权衡利弊，"当利大于弊"时，反垄断法就可以网开一面。由此产生了反垄断适用除外制度，是指某些特定行业、领域或特定条件下，允许一定的垄断组织、垄断状态和垄断行为可以依法存在的法律制度。

我国《反垄断法》第55条规定：经营者依照有关知识产权的法律、行政法规规定行使知识产权的行为，不适用本法；但是，经营者滥用知识产权，排除、限制竞争的行为，适用本法；第56条规定：农业生产者及农村经济组织在农产品生产、加工、销售、运输、储存等经营活动中实施的联合或者协同行为，不适用本法。

（二）反垄断法所规制的垄断行为

1. 垄断协议。

垄断协议是典型的限制竞争行为，是指两个或者两个以上的经营者（包括行业协会等经营者团体），通过协议或者其他协同一致的行为，实施固定价格、划分市场、限制产量、排挤其他竞争对手等排除、限制竞争的行为。我国《反垄断法》第13条规定的垄断协议，是指排除、限制竞争的协议、决定或者其他协同行为。有的行业协会通过"行业自律"行为来限制竞争，以行业协会决议等限制竞争，也是属于垄断协议的垄断形式。《反垄断法》规定，行业协会不得组织本行业的经营者从事反垄断法禁止的垄断行为。如：彩电峰会商定统一彩电价格、"方便面涨价事件"都是属于垄断协议行为。

2. 《反垄断法》禁止的垄断协议。

（1）横向垄断协议：又称"卡特尔"，是实践中反垄断规制的重点。一般是指同一行业或处于产业链同一环节有平行横向竞争关系的几个经营者所订立的排除、限制竞争的协议。

《反垄断法》第13条规定，禁止具有竞争关系的经营者达成下列垄断协议：

①固定或者变更商品价格；

②限制商品的生产数量或者销售数量；

③分割销售市场或者原材料采购市场；

④限制购买新技术、新设备或者限制开发新技术、新产品；

⑤联合抵制交易；

⑥国务院反垄断执法机构认定的其他垄断协议。

（2）纵向垄断协议：指处于同一产业链有供求关系的垂直纵向环节的两个或两个以上经营者所作为的联合限制竞争行为。生产商和销售商、批发商与零售商，他们不属于同业竞争关系，其是整个生产、销售链条上某一环节与下一环节的关系。他们之间的协议，如规定固定零售价等行为，是纵向垄断协议行为。

《反垄断法》第14条规定：禁止经营者与交易相对人达成下列垄断协议：

①固定向第三人转售商品的价格；

②限定向第三人转售商品的最低价格；

③国务院反垄断执法机构认定的其他垄断协议。

3. 垄断协议的除外适用。

垄断行为不一定都有害，即使作为典型限制竞争行为的垄断协议也不例外。因此，反垄断法在概括地禁止垄断协议的同时，也允许乃至鼓励某些垄断协议的存在。《反垄断法》第 15 条规定，经营者能够证明所达成的协议属于下列情形之一的，不适用本法第 13 条、第 14 条的规定：

①为改进技术、研究开发新产品的；
②为提高产品质量、降低成本、增进效率，统一产品规格、标准或者实行专业化分工的；
③为提高中小经营者经营效率，增强中小经营者竞争力的；
④为实现节约能源、保护环境、救灾救助等社会公共利益的；
⑤因经济不景气，为缓解销售量严重下降或者生产明显过剩的；
⑥为保障对外贸易和对外经济合作中的正当利益的；
⑦法律和国务院规定的其他情形。

属于前款第 1 项至第 5 项情形，不适用本法第 13 条、第 14 条规定的，经营者还应当证明所达成的协议不会严重限制相关市场的竞争，并且能够使消费者分享由此产生的利益。

**举一反三**：根据《反垄断法》规定，下列哪些选项不构成垄断协议？（　　）

A. 某行业协会组织本行业的企业就防止进口原料时的恶性竞争达成保护性协议

B. 三家大型房地产公司的代表聚会，就商品房价格达成共识，随后一致采取涨价行动

C. 某品牌的奶粉含有毒物质的事实被公布后，数家大型零售公司联合声明拒绝销售该产品

D. 数家大型煤炭企业就采用一种新型矿山安全生产技术达成一致意见

答案：ACD

4. 滥用市场支配地位。

随着生产规模的扩大以及生产效率的提高，一些经营者会对某些领域具有一定的支配能力，但是，经营者本身具有市场支配地位本身并不违法，反垄断法并不反对企业通过合法手段做大做强，取得市场支配地位。关键在于，具有市场支配地位的企业，有没有滥用自己的市场支配地位，限制竞争、扰乱市场秩序。

（1）市场支配地位的界定。

市场支配地位，是指经营者在相关市场内具有能够控制商品价格、数量或者其他交易条件，或者能够阻碍、影响其他经营者进入相关市场能力的市场地位。经营者具有下列情形之一，应当认定其具有市场支配地位：①在特定市场内独家经营的。②在特定市场内居于优势（压倒性）地位，其他经营者难以进入的。③在特定市场内虽然存在两个以上的经营者，但他们之间无实质竞争的。其中的特定市场

也就是特定的相关市场，具体包括：产品市场、地区市场和时间市场。其中前两个是最基本的，确定产品市场的基本原则是，只有相似的产品才属于相关的市场，是指产品对于消费者的交叉可替代性。确定地区市场范围的方法以企业的销售范围为主要依据。时间市场是指某些产品有季节性、时尚性其相关市场只是暂时存在。而滥用市场支配地位，简而言之，就是具有市场支配地位的企业不正当地利用其市场支配地位，并实质性地排斥或限制竞争，损害消费者利益的行为。

（2）滥用市场支配地位的具体表现。

我国《反垄断法》第17条规定了七种禁止具有支配地位的经营者从事滥用市场支配地位的行为，具体体现在以下几个方面：

第一，垄断价格，即具有市场支配地位的经营者利用其支配地位将商品或服务的价格定在超出竞争状态下的市场价格水平之上进行销售或者以不公平的低价购买商品的行为。具有支配地位的经营者依靠其特殊的市场地位，对商品的价格进行操控，严重损害其他经营者和消费者的合法权益。

第二，掠夺性定价，即没有正当理由以低于成本的价格销售商品。正当理由，是指过季商品降价出售、鲜活商品或质量残次品降价处理等。需要明确的是垄断者低于成本价销售商品的目的是为了将相关市场上的竞争者排挤出市场，在市场上占据独占地位以后，他会将商品价格提高，赚取超额垄断利润，从而弥补他在倾销阶段的损失，并赚取高额垄断利润。

第三，拒绝交易，即具有市场支配地位的经营者没有正当理由，拒绝与交易相对人进行交易。正当理由是指基于商业上的正当利益所做的考虑，如产品的质量、产品的价格、供货时间和交货条件、运输成本等，如果是基于上述商业理由的考虑，而拒绝与交易对方进行交易的，则属于遵循合同法中的意思自治原则。如果经营者在上述正当理由之外拒绝交易的，很可能导致交易相对人无法继续经营，从而被迫退出市场，也可能导致新的市场主体不能进入相关市场。

第四，强制交易和独家交易。强制交易是指具有市场支配地位的经营者强制交易相对人与其进行交易的行为。独家交易是指取得市场支配地位的经营者要求经销商在特定范围内之销售其所提供的商品或服务，而不得经营其他经营者所提供的相同种类的商品或者服务。同样是具有市场支配地位的经营者滥用市场支配地位排除、限制市场竞争的行为，违背了交易相对人的意愿，损害其利益，而且也会限制、影响其他竞争对手的经营活动。

第五，搭售或附加不合理条件的行为。所谓搭售行为，是指在商品交易过程中，拥有某种经济优势的一方利用自己的优势地位，在提供商品、服务时，强行搭配销售购买方不要或不愿意要的另一种商品或服务或者附加其他不合理条件的行为。在实践中，搭售的商品往往是滞销的商品或者质次价高的商品，种种行为限制了交易相对人自由选购商品的权利，实际上是一种变相的强制交易。

第六，差别待遇，是指具有市场支配地位的经营者没有正当理由，对条件相同的交易对象提供不同的价格或其他交易条件，从而使部分交易对象处于不平等的竞争地位的行为。价格歧视是差别待遇最常见的表现形式。价格歧视对市场的整体负影响是明显的，生产的价格歧视行为可能排挤其他竞争对手，对经销商之间的公平竞争带来不利影响，也会使消费者受到不应有的不公平待遇。

5. 经营者集中。

反垄断法控制经营者集中，其目的是防止产生过强的市场力量，从而限制、损害竞争。其形式包括企业合并、取得股份或资产、经营结合、人事控制等。《反垄断法》第20条规定：经营者集中是指下列情形：

（1）经营者合并；

（2）经营者通过取得股权或者资产的方式取得对其他经营者的控制权；

（3）经营者通过合同等方式取得对其他经营者的控制权或者能够对其他经营者施加决定性影响。

第一，经营者集中的申报。

经营者集中是经济活动中的普遍现象，一方面有利于形成规模经济，提高经营者的竞争力；另一方面又可能产生或者加强市场支配地位，对市场竞争产生不利影响。因此，各国反垄断法都对经营者集中实行必要的控制，以防止因经济力的过度集中而影响市场竞争。控制的主要手段是对经营者集中实行事先或者事后申报制度，并由反垄断执法机构进行审查，决定是否允许经营者实施集中。我国《反垄断法》规定了经营者集中事先申报制度，规定经营者集中达到国务院规定的申报标准的，经营者应当事先向国务院反垄断执法机构申报，未申报的不得实施集中。

我国《反垄断法》规定：经营者集中有下列情形之一的，可以不向国务院反垄断执法机构申报：

（1）参与集中的一个经营者拥有其他每个经营者百分之五十以上有表决权的股份或者资产的；

（2）参与集中的每个经营者百分之五十以上有表决权的股份或者资产被同一个未参与集中的经营者拥有的。

经营者向国务院反垄断执法机构申报集中，应当提交下列文件、资料：（1）申报书；（2）集中对相关市场竞争状况影响的说明；（3）集中协议；（4）参与集中的经营者经会计师事务所审计的上一会计年度财务会计报告；（5）国务院反垄断执法机构规定的其他文件、资料。

申报书应当载明参与集中的经营者的名称、住所、经营范围、预定实施集中的日期和国务院反垄断执法机构规定的其他事项。

第二，经营者集中的审查。

（1）初步审查。

国务院反垄断执法机构应当自收到经营者提交的符合本法规定的文件、资料之日起30日内，对申报的经营者集中进行初步审查，作出是否实施进一步审查的决定，并书面通知经营者。国务院反垄断执法机构作出决定前，经营者不得实施集中。国务院反垄断执法机构作出不实施进一步审查的决定或者逾期未作出决定的，经营者可以实施集中。

（2）进一步审查。

国务院反垄断执法机构决定实施进一步审查的，应当自决定之日起90日内审查完毕，作出是否禁止经营者集中的决定，并书面通知经营者。作出禁止经营者集中的决定，应当说明理由。审查期间，经营者不得实施集中。

有下列情形之一的，国务院反垄断执法机构经书面通知经营者，可以延长90日的审查期限，但最长不得超过60日：

（1）经营者同意延长审查期限的；

（2）经营者提交的文件、资料不准确，需要进一步核实的；

（3）经营者申报后有关情况发生重大变化的。

国务院反垄断执法机构逾期未作出决定的，经营者可以实施集中。

第三，审查结果。

经营者集中具有或者可能具有排除、限制竞争效果的，国务院反垄断执法机构应当作出禁止经营者集中的决定。但是，经营者能够证明该集中对竞争产生的有利影响明显大于不利影响，或者符合社会公共利益的，国务院反垄断执法机构可以作出对经营者集中不予禁止的决定。对不予禁止的经营者集中，国务院反垄断执法机构可以决定附加减少集中对竞争产生不利影响的限制性条件。

国务院反垄断执法机构应当将禁止经营者集中的决定或者对经营者集中附加限制性条件的决定，及时向社会公布。

对外资并购境内企业或者以其他方式参与经营者集中，涉及国家安全的，除依照本法规定进行经营者集中审查外，还应当按照国家有关规定进行国家安全审查。

举一反三：根据《反垄断法》规定，关于经营者集中的说法，下列哪些选项是正确的？（　　）

A. 经营者集中就是指企业合并

B. 经营者集中实行事前申报制，但允许在实施集中后补充申报

C. 经营者集中被审查时，参与集中者的市场份额及其市场控制力是一个重要的考虑因素

D. 经营者集中如被确定为可能具有限制竞争的效果，将会被禁止

答案：CD

6. 滥用行政权力排除、限制竞争。

滥用行政权力排除、限制竞争是指行政机关和法律、法规授权的具有管理公共事务职能的组织滥用行政权力，排斥、扭曲或限制市场竞争的行为。这里，需要强调滥用两个字，因为并不是所有的行政性垄断都当然违法，比如说我国的铁路客运垄断就是合法的垄断，但是如果滥用了这种行政权力，从事不法垄断就会受到反垄断法的规制。

《反垄断法》第33条：行政机关和法律、法规授权的具有管理公共事务职能的组织不得滥用行政权力，实施下列行为，妨碍商品在地区之间的自由流通：

（1）对外地商品设定歧视性收费项目、实行歧视性收费标准，或者规定歧视性价格；

（2）对外地商品规定与本地同类商品不同的技术要求、检验标准，或者对外地商品采取重复检验、重复认证等歧视性技术措施，限制外地商品进入本地市场；

（3）采取专门针对外地商品的行政许可，限制外地商品进入本地市场；

（4）设置关卡或者采取其他手段，阻碍外地商品进入或者本地商品运出；

（5）妨碍商品在地区之间自由流通的其他行为。

**举一反三**：某市政府所属有关部门的下列哪一行为违反《反垄断法》的规定？

A. 市卫生局成立的儿童保健专家组受某生产厂家委托，对其婴儿保健产品提供质量认证标志并收取赞助费

B. 市工商局和市电视台联合举办消费者信得过产品评选活动，评选中违反公平程序而使当选的前八名全部为本市产品

C. 市交管局规定，全市货运车辆必须在指定的两种品牌中选择安装一款车辆运行记录器，否则不予年检；其指定品牌为本地的"波浪"牌和法国的 NJK 牌

D. 市政府决定对市酒厂减免地方税以提供财政支持

答案：C

## 三、反不正当竞争法律制度

### （一）反不正当竞争法概述

不正当竞争行为，是指经营者在市场竞争中，采取非法的或者有悖于公认的商业道德的手段和方式，与其他经营者相竞争的行为。不正当竞争行为的主体是从事市场交易活动的经营者。不是经营者，不构成此行为的主体（如国家机关工作人员利用其特殊的身份进行欺骗行为，不属于该法规范的对象）。

《反不正当竞争法》是为了鼓励和保护公平竞争，制止不正当竞争行为，保护

经营者和消费者的合法权益。在现实生活中，不正当竞争行为五花八门、形形色色、不胜枚举。法律上只能以概括列举的方式予以规定，我国的反不正当竞争法列举出六种不正当竞争行为，分别为采用欺骗性标志从事交易行为、商业贿赂行为、虚假宣传行为、侵犯商业秘密行为、不正当有奖销售行为、诋毁商誉行为。

（二）不正当竞争行为的表现形式

1. 采用欺骗性标志从事交易行为。

采用欺骗性标志从事交易的行为是指经营者采用伪冒或仿冒的标志或采用其它虚假的标志从事交易，引起公众的误解，诱使消费者误购，牟取非法利益的行为。我国《反不正当竞争法》第5条规定，经营者不得采用下列不正当手段从事市场交易，损害竞争对手。

（1）假冒他人的注册商标。

注册商标权是知识产权的重要权利之一。商标法对注册商标权的内容、行使方式、保护范围作了专门规定。在反不正当竞争法上具有重要意义的，是利用商标进行不正当竞争的行为，不以是否注册和是否在同类或类似商品上使用为限。如假冒他人的注册商标造成标识混淆和公众认知错误，侵犯了其他经营者的合法权益，扰乱了市场秩序，就构成了不正当竞争行为。

（2）假冒、仿冒知名商品其它标志的行为。

这是指擅自使用知名商品特有的名称、包装、装潢，或者使用与知名商品近似的名称、名装、装潢，造成和他人的知名商品相混淆，使购买者误认为是该知名商品。仿冒知名商品的名称、包装、装潢的构成要件是：第一，被仿冒的商品须为知名商品。凡是商品长久并广泛行销、使用，在其相关领域广为人知并有较好的信誉，树立独特、良好形象的，即为知名商品。第二，该外观标志须为知名商品所特有。这是指经营者为这些外观标志设计非同一般的具有创造性和显著特点的外部形象。第三，对知名商品特有的外观标志擅自作相同的使用或者相近似的使用，致使与他人知名商品发生混淆。

（3）擅自使用他人的企业名称或姓名。

企业名称或姓名也是显示经营者或服务活动的外在特征，体现了商业信誉和商品声誉。构成擅自使用他人企业名称或姓名的行为的基本要件是：第一，故意并未经名称或姓名权利人的许可，擅自使用之。第二，被仿冒的企业名称或姓名，一般都具有良好的信誉、声誉。第三，此类仿冒行为的目的是引人误认、误购。

（4）伪造、冒用各种质量标志和产地的行为。

该行为的具体表现是：伪造或冒用认证标志、名优标志、伪造产地，对商品质量作引人误解的虚假表示。经营者有过错，其主观心理上故意引起消费者的误解造成误购，是"对商品质量作引人误解的虚假表示"不正当竞争行为的最主要要件。

**举一反三**：根据《反不正当竞争法》的规定，下列哪一行为属于不正当竞争行为中的混淆行为？

A. 甲厂在其产品说明书中作夸大其词的不实说明

B. 乙厂的矿泉水使用"清凉"商标，而"清凉矿泉水厂"是本地一知名矿泉水厂的企业名称

C. 丙商场在有奖销售中把所有的奖券刮奖区都印上"未中奖"字样

D. 丁酒厂将其在当地评奖会上的获奖证书复印在所有的产品包装上

答案：B

2. 商业贿赂行为。

商业贿赂是指在经营活动中为争取交易机会和交易条件而进行的行贿受贿行为。我国商业贿赂的主要表现形式是回扣。

回扣是指在商品购销中，卖方从明确标价应支付价款外，账外暗中向买方退还钱财及其他报偿以争取交易机会和交易条件的行为。回扣具有以下特征：

（1）回扣行为发生在交易双方之间。

（2）回扣的形式是支付货币、有价证券或其他报偿手段。如回扣、免费度假、豪华旅游、色情服务、房屋装修等。

（3）回扣的目的是在于争取交易机会与交易条件。

回扣同折扣、佣金不同。经营者销售或者购买商品，可以以明示方式给对方折扣，可以给中间人佣金。经营者给对方折扣、给中间人佣金的，必须如实入账。接受折扣、佣金的经营者必须如实入账。可见回扣与折扣，佣金的一系列区别界限中，是否如实入账，是暗中支付还是明示支付是本质的区别。

3. 虚假宣传行为。

虚假宣传行为是指经营者利用广告或者其他的方式，对商品的质量、性能、用途、特点、价格、使用方法等作引人误解的虚假表示，诱发消费者产生误购的行为。引人误解的虚假宣传行为从本质上也属于欺骗性交易行为，它具有以下的特征：（1）通过大众传播媒介，制造舆论。引人误解的虚假宣传同虚假的商品标志行为有共同的本质，都属于欺骗性交易行为。所不同的是，引人误解的虚假宣传主要利用广告或其他宣传手段，规范这类行为的除《反不正当竞争法》外，还适用《广告法》。（2）对商品作引人误解的虚假表示。虚假表示，是指宣传的内容与客观事实不相符，或完全是捏造。引人误解，是指宣传的目的是影响消费者，对商品的真实情况产生错误的联想，可能导致消费者的误购。

4. 侵犯商业秘密行为。

商业秘密是指不为公众所知悉、能为权利人带来经济利益、具有实用性并经权

利人采取保密措施的技术信息和经营信息。商业秘密的特性是：第一，商业性，表现为它具有实用价值并能够为权利人带来经济利益；第二，秘密性，表现为它不为社会公众所知悉，并且权利人还采取了保密措施来维持这种秘密性。以上两个特征必须同时具备，缺一不可，缺少其中的一个特征都不能称为商业秘密。

《反不正当竞争法》第10条规定了以下几种侵犯商业秘密的行为：（1）以盗窃、利诱、胁迫或者其他不正当手段获取权利人的商业秘密；（2）披露、使用或者允许他人使用以上述手段获取的权利人的商业秘密；（3）根据法律和合同，有义务保守商业秘密的人（包括与权利人有业务关系的单位、个人，在权利人单位就职的职工）披露、使用或者允许他人使用其所掌握的商业秘密。第三人明知或应知前款所列违法行为，获取、使用或者披露他人的商业秘密，视为侵犯商业秘密。在实践中，第三人的行为可能与侵权人构成共同侵权。

5. 不正当有奖销售行为。

有奖销售是经营者的一种促销手段，是经营者以提供物品、金钱或其他条件作为奖励，刺激消费者购买商品或接受服务的行为。世界各国对有奖销售都有立法加以规范和严格限制，规定这些以奖励、让利为特征的促销手段的实施，不得有碍于公正而自由的竞争，其方法必须是正当的、诚实的，否则即构成不正当有奖销售行为。《反不正当竞争法》并未对有奖销售一并禁止。不正当有奖销售行为主要有：

（1）采用谎称有奖或故意让内定人员中奖的欺骗方式进行有奖销售。

（2）利用有奖销售的手段推销质次价高的商品。

（3）抽奖式的有奖销售，最高奖金额超过5000元。

6. 诋毁商誉行为。

诋毁商誉行为是指经营者通过捏造、散布虚假事实等不正当手段，损害竞争对手的商业信誉和商品声誉，削弱对手竞争能力的行为。

商业信誉是社会对经营者商业道德，商品品质、价格、服务等方面的积极评价。商品声誉是社会对特定商品品质、性能的赞誉。商品声誉给经营者带来商业信誉，商业信誉促进商品声誉，它们是一种互动的关系。它们为经营者带来巨大的经济效益以及市场竞争中的优势地位。诋毁商誉的构成要件包括：

（1）经营者的宣传，散布言行具有诋毁的故意。

（2）诋毁商誉行为的客体是同业竞争者的商业信誉和商品声誉。

（3）经营者采用了捏造、散布虚假事实的手段。

**举一反三**：甲公司为宣传其"股神"股票交易分析软件，高价聘请记者发表文章，称"股神"软件是"股民心中的神灵"，贬称过去的同类软件"让多少股民欲哭无泪"，并称乙公司的软件"简直是垃圾"。根据《反不正当竞争法》的规定，下列哪些选项是正确的？

A. 只有乙公司才能起诉甲公司的诋毁商誉行为
B. 甲公司的行为只有出于故意才能构成诋毁商誉行为
C. 只有证明记者拿了甲公司的钱财,才能认定其参与诋毁商誉行为
D. 只有证明甲公司捏造和散布了虚假事实,才能认定其构成不正当竞争

答案：BD

## 四、违反竞争法的法律救济

### (一) 竞争法执法机构

《反垄断法》规定,国务院设反垄断法委员会,负责组织、协调、指导反垄断工作;国务院规定的承担反垄断法执法责任的机构,负责反垄断执法工作。根据《国务院关于机构设置的通知》(2008年)的规定,商务部承担国务院反垄断委员会组织、协调、指导反垄断工作的具体工作;同时明确了国家发改委负责"依法查处价格违法行为和价格垄断行为";商务部负责"经营者集中的反垄断审查等工作";国家工商管理行政总局则"负责价格垄断、滥用市场支配地位、滥用行政权力排除限制竞争方面的反垄断执法工作(价格垄断行为除外)"。

《反不正当竞争法》规定:县级以上人民政府工商行政管理部门对不正当竞争行为进行监督检查。

### (二) 违反竞争法的法律责任

违反竞争法的法律责任是民事、行政和刑事并用。

1. 民事责任。

民事责任是法律责任的一种,是违反了民事法律规定的义务所应承担的法律责任。《反垄断法》第50条规定:经营者实施垄断行为,给他人造成损失的,依法承担民事责任。《反不正当竞争法》第20条规定:经营者违反本法规定,给被侵害的经营者造成损害的,应当承担损害赔偿责任,被侵害的经营者的损失难以计算的,赔偿额为侵权期间因侵权所获得的利润;并应当承担被侵害的经营者因调查该经营者侵害其合法权益的不正当竞争行为所支付的合理费用。被侵害的经营者的合法权益受到不正当竞争行为损害的,可以向人民法院提起诉讼。

2. 行政责任。

行政责任是行为人违反行政法律的规定所应承担的一种法律后果。行政责任以行政违法为前提,其后果则是行政制裁。追究行政法律责任的形式主要是行政处分和行政处罚。《反垄断法》第7章对多数违法的垄断行为规定了行政责任,并鉴于垄断协议行为查处的难度,特别规定了宽恕制度,即:经营者主动向反垄断执法机

构报告达成垄断协议的有关情况并提供重要证据的，反垄断执法机构可以酌情减轻或者免除对该经营者的处罚。《反不正当竞争法》第4章也对多数违法行为规定了行政责任，行政处罚形式主要有：没收违法所得、责令改正、消除影响、罚款、吊销营业执照。对国家机关工作人员违法的行政处分形式有警告、记过记大过、降级、降职、撤职、留用察看、开除等。

经营者达成并实施垄断协议的，由反垄断执法机构责令停止违法行为，没收违法所得，并处上一年度销售额1%以上10%以下的罚款；尚未实施所达成的垄断协议的，可以处50万元以下的罚款。

行业协会组织本行业的经营者达成垄断协议的，反垄断执法机构可以处50万元以下的罚款；情节严重的，社会团体登记管理机关可以依法撤销登记。

3. 刑事责任。

刑事责任是行为人违反刑事法律规定，依法应接受刑罚制裁的法律后果。是对违法行为进行的最为严厉的法律制裁，适用于对其他经营者、消费者和社会经济秩序损害严重、情节恶劣的限制竞争、不正当竞争行为。对于刑事责任，《反垄断法》、《反不正当竞争法》只作了原则规定，确定具体的刑事责任要适用我国刑法的相应规定。

## 第二节　消费者权益保护法律制度与实务

**学习目标**

通过学习本节，掌握消费者权益保护法律制度的相关理论知识；熟练掌握消费者的权利和经营者的义务；理解对消费者合法权益的保护和争议的解决以及法律责任的内容。

**案例导读**

张某在B科技开发有限公司购买了称获得专利的手提电脑一台，使用不到一个月就频繁死机，B公司为其修理两次，仍不能正常使用。张某提出退货退款，并要求B公司双倍返还货款。B公司出示了专利证书及合格产品认证，同意继续为张某修理电脑，但不同意退货以及双倍返还货款。请问B公司应承担什么样的法律责任？

**分析提示**

B公司应同意退货，但不用双倍返还货款。我国《消费者权益保护法》第45条第1款规定：对国家规定或者经营者与消费者约定包修、包换、包退的商品，经营者应当负责修理、更换或者退货。在保修期内两次修理仍不能正常使用的,经营者应当负责更换或者退货。张某购买的手提电脑属于国家规定的"三包"商品,在保修期内修理两次仍不能正常使用,B公司应当负责退货。同时,我国《消费者权益保护法》第49条规定:经营者提供商品或者服务有欺诈行为的,应当按照消费者的要求增加赔偿其受到的损失,增加赔偿的金额为消费者购买商品的价款或者接受服务费用的一倍。由此可见,双倍返还货款的前提是,经营者存在欺诈行为。B公司出售获专利的手提电脑,可以出示了专利证书及合格产品认证,不存在欺诈行为。所以,B公司不用双倍返还货款。

## 一、消费者法概述

### (一) 消费者运动

在商品经济的高度发展和生产经营出现垄断现象以来,消费者丧失了讨价还价的能力,势单力薄,也缺乏维权的专业知识和能力,往往难以靠自己的力量去寻找和追究损害其权益的行为人。于是消费者维权运动于19世纪中叶在资本主义最发达的英国开始萌芽,第二次世界大战后,随着参战各国的经济迅速发展,消费者运动在各资本主义国家又得到普遍发展,并经历一个从自发性群众运动到有组织的群众性运动,从靠政府的行政干预到以法律形式保护消费者利益,从经营者对保护消费者利益的漠视到积极参与的进程。

消费者运动在我国的兴起与发展的历史很短,从第一个消费者组织的建立至今也不到三十年的历史,然而发展速度很快。中国消费者协会成立至今,随着我国经济社会的发展,消费者协会地位和作用经历了巨大的变化,消费者保护也已经发展成为影响深远的社会运动。

### (二) 消费者的含义

"消费者"即法律规定的各项消费者权利的享有者,是消费者权益保护法调整的法律关系的主体。对于"消费者"这一概念的界定,直接决定了消费者权益保护法的调整范围和保护对象。

我国《消费者权益保护法》第2条规定:消费者为生活消费需要购买、使用商品或者接受服务,其权益受本法保护;本法未作规定的,受其他有关法律、法规保护。依照该法规定,消费者是为了满足个人生活消费而购买、使用商品或者接受服务的自然人。其具有以下几层含义:

1. 消费者是为了生活消费而不是生产的需要而购买、使用商品或者接受服务。社会再生产分为四个环节:生产、交换、分配、消费。消费是生产的目的,可分为生产消费和生活消费。消费者之所以能成为消费者权益保护法的保护对象就是因为他进行的是生活消费，这就区别于经营者营利性的交易行为。

2. 消费者是购买、使用商品或接受服务的人。消费者进行生活消费的理解不仅仅是局限为满足自己的需求。还包括为了家庭、赠送朋友的需要而购买商品或接受服务，或者代理他人而进行的消费行为。从使用者的角度而言，他可以不是直接的购买者或服务的接受者，可以是购买者的家庭成员、朋友甚至是在购买者的要求下使用商品或接受服务的人，以上都属于消费者的范畴。

3. 消费者是购买、使用商品或接受服务的个人。这里的个人应作自然人理解，区别于法人、一般组织或单位。消费者权益保护法用明确赋予消费者某些权利的行使给予消费者特殊的保护，就是基于在现代市场经济条件下，经营者与作为个体存在的消费者之间的关系已经发生了变化，双方的实力过于悬殊，实质上已经形成了不平等的支配与被支配的地位。对消费者权益的损害不仅造成消费者个人人身和财产的损失，而且还会造成社会大众的利益受损，市场经济秩序混乱。因此法律需要强化对消费者个人权益的保护以平衡双方的力量对比，对于实力并不处于弱势的单位、组织，给予特别的法律保护也就无据可依了。

（三）消费者权益保护法的概念及其适用范围

1. 消费者权益保护法的概念。

消费者权益保护法是调整在保护消费者权益过程中所产生的社会关系的法律规范的总称。消费者权益保护法调整的社会关系，可以概括为以下几种：

（1）经营者和消费者之间的关系；

（2）国家机关对经营者的管理监督关系；

（3）司法机关对侵害消费者利益的个人、法人的法律制裁；

（4）国家在保护消费者权益过程中与消费者的关系。

消费者权益保护法是现代市场经济条件下对作为弱者的消费者加以特殊保护的法，其有广义和狭义两种。广义的消费者权益保护法是对上述社会关系所有方面的调整，包括：《消费者权益保护法》、《产品质量法》、《反不正当竞争法》、《反垄断法》以及消费品安全和流通管理、食品卫生、计量和标准、商标、广告等法律、法规中关于消费者保护的规范。狭义的消费者权益保护法仅指《中华人民共和国消费者权益保护法》。即1993年10月31日颁布、1994年1月1日起施行的《消费者权益保护法》。该法的颁布实施，这是我国第一部专门保护消费者权益的法律。

2. 消费者权益保护法的适用范围。

《消费者权益保护法》从主体和行为的角度明确了该法的适用范围：消费者为生活消费需要购买、使用商品或者接受服务，其权益受本法保护；与之相对应的是：经营者为消费者提供其生产、销售的商品或者提供服务，应当遵守本法。

根据主体的特殊性，《消费者权益保护法》也把一部分特定的生产消费纳入调整范围，即农民购买、使用直接用于农业生产的生产资料。因此而产生的社会关系，也适用消费者权益保护法。

（四）消费者权益保护法的宗旨

1. 由于消费者处于弱者地位因此对消费者予以特别的保护。

随着社会生产力以及现代市场经济的发展，在消费者的消费过程中，消费者的利益总是处于弱者的劣势地位，如果按照传统的民商事法律理念，将消费者与经营者放在形式上完全同等的地位，对消费者来说是极为不公平的；而这种不公平试图依靠消费者个人的力量或者有组织的消费者团体也很难解决。消费者权益保护法就是在充分认识这一点的基础上，由国家依自己的权力进行适度的干预，对居于弱势地位的消费者提供特殊保护的法律。通过赋予处于弱势的消费者更多的权利和处于强势的经营者更多的强制性义务来平衡双方的力量，避免在现实的交易中出现种种实质不公平的情况。

2. 维护社会经济秩序。

损害消费者权益的行为严重扰乱了社会经济秩序，不利于公平竞争。通过立法，保护消费者权益，制止侵害消费者权益的行为，可以促使建立和维护公平竞争、平等自愿、诚实信用进行交易的良好的经济秩序。

3. 促进社会主义市场经济的健康发展。

消费者的消费，不仅仅是个人的事情，也不仅仅是消费领域的问题，它关系社会再生产的完成，整个社会经济的发展。对消费者合法权益进行保护，可促使经营者不断地提高技术水平，降低产品成本，开发新产品，提高服务的质量，从而有利于市场经济的健康发展。

现代市场经济是法治经济，完善的法律制度是市场正常、效率运行的保障。简单地把消费者权益保护法看做是对单个的消费者的权益保护是不正确的。国家之所以在传统民商事法律制度之外设立特别制度对消费者这一重要的市场主体予以特别保护，正是基于对社会公共利益，对正常的市场秩序的考虑，甚至是对整个社会再生产能力的维持，以保证国民经济协调有序发展。这正是经济法这一现代市场经济背景下产生和蓬勃发展的部门法的理念和目标。因此，无论从消费者与经营者形成的法律关系的特殊性，还是从消费者权益保护法的理念、调整方法、立法目标、价值判断来看，都可以得出相同的结论，那就是消费者权益保护法属于经济法。

## 二、消费者权利

消费者权利是人们在生活消费中应该享有的权利，是生存权的重要组成部分。

### （一）保障安全权

消费者在购买、使用商品和接受服务时享有人身、财产安全不受损害的权利，简称安全权。安全权包括两方面内容：一是人身安全权，二是财产安全权。人身安全权在这里是指生命健康权不受损害，即享有保持身体各器官及其机能的完整以及生命不受危害的权利。财产安全权，是指消费者购买、使用的商品或接受的服务本身的安全，并包括除购买、使用的商品或接受服务过程中其他财产的安全。

为了能使这一权利得到实现，消费者有权要求经营者提供的商品或服务符合保障人身、财产安全的要求。也就是说，有国家标准、行业标准的，消费者有权要求商品和服务符合该国家标准、行业标准。对于没有国家标准、行业标准的，必须符合社会普遍公认的安全、卫生要求。

### （二）知悉真情权

消费者享有知悉其购买、使用的商品或者接受的服务的真实情况的权利，简称知情权。消费者有权根据商品或服务的不同情况，要求经营者提供商品的价格、产地、生产者、用途、性能、规格、等级、主要成分、生产日期、有效期限、检验合格证明、使用方法说明书、售后服务，以及服务的内容、规格、费用等有关情况。如果经营者隐瞒了真实的情况或者提供虚假情况，则构成欺诈，作出的交易行为无效。

### （三）自主选择权

消费者享有自主选择商品或者接受服务的权利，简称自主选择权。消费者有权根据自己的消费愿望、兴趣、爱好和需要，自主地、充分地选择商品或者服务。主要内容有：

（1）有权自主选择提供商品或者服务的经营者；
（2）有权自主选择商品品种或服务方式；
（3）有权自主决定是否购买或接受服务；
（4）自主选择商品或服务时，有权进行比较、鉴别和挑选。

消费者的自主选择权是由市场竞争的准则决定的，保护消费者的自主选择权，就是促使经营者在市场上公平竞争，制止不正当竞争。

### （四）公平交易权

消费者享有公平交易的权利，简称公平交易权。消费者购买商品或接受服务，是一种市场交易行为，如果经营者违背自愿、平等、公平、诚实信用等原则进行交易，则侵犯了消费者的公平交易权。消费者的公平交易权主要表现在：一是有权获得公平交易条件。如有权获得质量保障、价格合理、计量正确等交易条件。二是有权拒绝经营者的强制交易行为，如强迫消费者购物或接受服务、强迫搭售等。在市场经济关系中，由于消费者处于弱者地位，所以有必要从法律上强调其公平交易权，从而给予特殊保护。

（五）损害求偿权

消费者享有依法获得赔偿的权利，简称依法求偿权。消费者在购买、使用商品或接受服务时，既可能人身权受到侵害，也可能财产权受到侵害。人身权受到的侵害，包括生命健康权，人格方面的姓名权、名誉权、荣誉权等受到侵害。财产损害，包括财产上的直接损失和间接损失。享有求偿权的主体，是指因购买、使用商品或者接受服务的受害者。受害者包括：（1）购买者，即购买商品为己所用的消费者；（2）商品的使用者，即不是直接购买商品为己所用的消费者；（3）接受服务者；（4）第三人，即在别人购买、使用商品或接受服务的过程中受到人身或财产损害的其他消费者。

（六）依法结社权

消费者享有依法成立维护自身合法权益的社会团体的权利，简称结社权。这是宪法上结社权在消费者法中的表现。消费者通过结社，改变其弱小分散的局面，可以加强其与经营者抗衡的力量，在消费者运动和消费者法的发展中起了关键性作用。在我国，目前消费者社会团体主要是中国消费者协会和地方各级消费者协会（或消费者委员会）。消费者依法成立的各级消费者协会，使消费者通过有组织的活动，在维护自身合法权益方面正发挥着越来越大的作用。

（七）获取知识权

消费者享有获得有关消费和消费者权益保护方面的知识的权利，简称获得有关知识权。这是从知悉真情权中引申出来的一种权利，消费者获得有关知识的权利，有利于提高消费者的自我保护能力，而且也是实现消费者其他权利的重要条件。特别是获得消费者权益保护方面的知识，可以使消费者合法权益受到侵害时，有效地寻求解决消费纠纷的途径，及时获得赔偿。

（八）维护尊严权

消费者在购买、使用商品和接受服务时，享有其人格尊严、民族风俗习惯得到尊重的权利，简称人格尊严和民族风俗习惯受尊重权。这也是我国《宪法》、《民法通则》规定的公民的权利。在市场交易过程中，消费者的人格尊严受到尊重，是消费者应享有的最起码的权利。民族风俗习惯受尊重的权利，关系到各民族平等,加强民族团结,处理好民族关系,促进国家安定的大问题。

### (九) 监督批评

消费者享有对商品和服务以及保护消费者权益工作进行监督的权利,简称监督权。消费者监督具体表现为:有权检举、控告侵害消费者权益的行为;有权检举、控告消费者权益的保护者的违法失职行为;有权对保护消费者权益的工作提出批评、建议。

**举一反三:** 某公司生产销售一款新车,该车在有些新设计上不够成熟,导致部分车辆在驾驶中出现故障,甚至因此造成交通事故。事后,该公司拒绝就故障原因作出说明,也拒绝对受害人提供赔偿。该公司的行为侵犯了消费者的哪些权利?

A. 安全保障权
B. 知悉真情权
C. 公平交易权
D. 获取赔偿权
答案:ABD

## 三、生产经营者的义务

经营者的义务是相对消费者的权利而言的,只有经营者履行了义务才能保障消费者权利的实现。《消费者权益保护法》规定了10种经营者的义务。

1. 履行法律规定或合同的约定义务。

经营者向消费者提供商品或者服务,应当按照《产品质量法》和其他有关法律、法规的规定履行义务;经营者和消费者有约定的,应当按照约定履行义务,但双方的约定不得违背法律、法规的规定。经营者与消费者的约定,可以是口头形式,也可以是书面形式,一旦约定生效,经营者应当履行承诺。约定内容应是法律、法规许可的事项。如果约定内容违法,比如约定提供毒品,则不受法律保护。

2. 接受监督的义务。

经营者履行这一义务是与消费者实现监督权相对的。它要求经营者认真听取消费者对其提供的商品或者服务在质量、价格、品种、数量、服务态度、售后服务等方面的意见和建议。经营者不仅要接受消费者的监督,而且应当接受社会监督。

3. 保障人身、财产安全的义务。

这是与消费者保障安全权相对应的经营者义务。经营者应当保证其提供的商品或者服务符合保障人身、财产安全的要求。对可能危及人身、财产安全的商品和服务,应当向消费者作出真实的说明和明确的警示,并说明和标明正确使用商品或者接受服务的方法以及防止危害发生的方法。经营者发现其提供的商品或者服务存在严重缺陷，即使正确使用商品或接受服务仍然可能对人身、财产安全造成危害的，应当立即向有关部门报告和告知消费者，并采取防止危害发生的措施。

4. 提供真实信息的义务。

消费者享有知悉真情权，经营者应当向消费者提供有关商品或者服务的真实信息，不得做引人误解的虚假宣传。经营者对消费者就其提供的商品或者服务的质量和使用方法提出的询问，应当作出真实、明确的答复。商店提供商品应当明码标价，交易价格不得超过标识的价格。

5. 标明真实名称和标记的义务。

经营者应当标明其真实名称和标记并要求租赁他人柜台或者场地的经营者，应当标明其真实名称和标记。这样有利于消费者索赔，同时，《反不正当竞争法》、《产品质量法》也有相应规定。

6. 出具购货凭证和服务单据的义务。

经营者提供商品或者服务，应当按照国家有关规定或者商业惯例向消费者出具购货凭证或者服务单据。消费者索要购货凭证或者服务单据的，经营者必须出具。购货凭证或者服务单据是经营者向消费者提供商品或服务的书面凭证，是他们之间存在合同关系的证据，是消费者向经营者索赔的证据。因此，经营者向消费者出具相应的凭证和单据，既能起到对经营者监督的作用，又有利于消费者权利的保护。

7. 保证商品或服务质量的义务。

经营者应当保证在正常使用商品或者接受服务的情况下其提供的商品和服务应当具有的质量、性能、用途和有效期限；但消费者在购买该商品或者接受该服务前已经知道其存在瑕疵的除外。经营者以广告、产品说明、实物样品或者其他方式表明商品或者服务的质量状况的，应当保证其提供的商品或者服务的实际质量与表明的质量状况相符。

8. 依法承担责任的义务。

法律责任是对义务的落实和保障，经营者违反法定或约定的义务，就应该承担相应的责任。经营者应当按照国家规定或者与消费者的约定对商品承担包修、包换、包退，简称"三包"责任或者其他责任。经营者对以上义务的履行不得故意拖延或无理拒绝。

9. 不得以格式条款减免自身责任的义务。

为了保障消费者的公平交易权，经营者不得作出对消费者不公平、不合理的规定。不得作出减轻、免除其损害消费者合法权益应当承担的民事责任。格式合同、通知、声明、店堂告示等含有上述所列内容的，其内容无效。这样的规定，可防止经营者利用自己的优势地位损害消费者的利益。

10. 尊重消费者人格的义务。

对应于消费者人格尊严受尊重权,经营者不得对消费者进行侮辱、诽谤;不得搜查消费者的身体及其携带的物品;不得侵犯消费者的人身自由。否则即构成侵权,情节严重。触犯刑法的,要承担刑事责任。

举一反三:经营者的下列哪些行为违反了《消费者权益保护法》的规定?
A. 商家在商场内多处设置监控录像设备,其中包括服装销售区的试衣间
B. 商场的出租柜台更换了承租商户,新商户进场后,未更换原商户设置的名称标牌
C. 顾客以所购商品的价格高于同城其他商店的同类商品的售价为由要求退货,商家予以拒绝
D. 餐馆规定,顾客用餐结账时,餐费低于5元的不开发票
答案:ABD

## 四、消费者权益的保护

### (一) 消费者权益的国家保护

在消费者权益的保护方面,不仅经营者负有直接的义务,而且国家、社会也都负有相应的义务。只有各类主体都有效地承担起相应的保护消费者权益的义务,消费者的各项权利才能得到有效的保障。为此,我国《消费者权益保护法》对于国家和社会在保护消费者权益方面的义务也都作出了规定。

在消费者政策和消费者立法方面,国家应当保护消费者的合法权益不受侵害,并应采取具体措施,保障消费者依法行使权利,维护其合法利益。依据我国《消费者权益保护法》第4章的规定,国家对消费者合法权益的保护主要体现在以下几个方面:

1. 在立法方面的保护。

国家在制定有关消费者权益的法律、法规时,应当听取消费者的意见和要求。此外,立法机关在把消费者政策上升为法律时,也应当听取消费者的意见和要求。

2. 在行政管理方面的保护。

各级人们政府应当加强领导、组织、协调督促有关行政部门做好保护消费者合法权益的工作。各级人民政府应当加强监督,预防危害消费者人身、财产安全行为的发生,及时制止危害消费者人身、财产安全的行为。这实际上是对消费者的保障安全权的重点确认和保护。

根据该法规定,各级人民政府工商行政管理部门和其他行政部门,应当依照法律、法规的规定,在各自的职责范围内,采取措施,保护消费者的合法权益。其他

行政部门主要有技术监督部门、卫生监督部门、物价管理监督部门，进出口商品检验部门等。此外，有关行政部门应当听取消费者及其他社会团体对经营者交易行为、商品和服务质量的意见，及时调查处理。

3. 在惩处违法犯罪行为方面的保护。

对违法犯罪行为有惩处权力的有关国家机关，应当依照法律、法规的规定，惩处经营者在提供商品和服务中侵害消费者合法权益的违法犯罪行为，以切实保护消费者的合法权益。

为了及时有效地惩处侵害消费者合法权益的违法犯罪行为，人民法院应当采取措施，方便消费者提起诉讼。对于符合我国《民事诉讼法》起诉条件的消费者权益争议，人民法院必须受理，并应及时审理，以便消费者权益争议尽快得到解决。

### （二）消费者权益的社会保护

保护消费者权益，不仅是国家的责任，也是企事业单位、社会团体以及消费者自身的责任。对此，我国《消费者权益保护法》第6条规定："保护消费者的合法权益是全社会的共同责任，国家鼓励、支持一切组织和个人对损害消费者合法权益的行为进行社会监督。"社会保护是国家保护的必要补充。只有建立起全社会共同保护消费者权益的保护机制，才能使消费者的合法权益得到最充分、最有效的保护。

1. 大众传播媒介的保护。

我国《消费者权益保护法》第6条规定，大众传播媒介应当做好维护消费者合法权益的宣传，对损害消费者合法权益的行为进行舆论监督。大众传播媒介的宣传，可能针对关于商品或服务的知识，也可能针对消费者权益保护的知识，并应对侵害消费者合法权益的行为进行报道，实行监督。

2. 消费者组织。

我国《消费者权益保护法》第31条规定："消费者协会和其他消费者组织是指依法成立的，对商品和服务进行社会监督，保护消费者合法权益的社会团体。"消费者组织是保护消费者合法权益体系中的一个重要组成部分，其主要特征就是以保护消费者利益为宗旨的社会团体。

消费者组织是消费者运动的产物。我国从1983年开始，消费者组织发展迅速，不仅于1984年建立了全国性的消费者组织——中国消费者协会，而且全国各地都普遍建立了各级消费者协会。《消费者权益保护法》规定：各级人民政府对消费者协会履行职能应当予以支持；消费者组织不得从事商品经营和营利性服务，不得以牟利为目的向社会推荐商品和服务。

我国的消费者组织分两种，一种是消费者协会，是指中国消费者协会和各地设立的消费者协会（有的成为消费者委员会或消费者监督联合会等）。一种是其他消费者组织,是指除消费者协会系统之外,由消费者依法成立的旨在维护自身合法权益的社会团体。

根据消费者权益保护法的规定,消费者组织的任务有两项:

(1) 对商品和服务进行社会监督。监督的形式可以是多样的,如提供商品和服务的质量信息,对商品和服务进行监督、检查,对不合格的商品和服务予以揭露、批评等。

(2) 保护消费者的合法权益。这是对商品和服务进行社会监督的直接目的和必然结果,是消费者组织的一切活动的出发点和归宿。同时,这一任务又是消费者组织的特征之一,是消费者组织区别于其他社会团体的重要标志。

根据《消费者权益保护法》第32条的规定,消费者协会履行下列职能:

(1) 向消费者提供消费信息和咨询服务。

此项职能要求其必须把向消费者提供信息作为日常工作的重要内容,通过各种形式经常性地向广大消费者提供信息,消费者协会提供的信息主要包括两个方面的内容:一是有关消费信息,二是有关消费者保护方面的信息。

消费者协会提供信息及咨询服务,不得以牟利为目的;并且,其向消费者提供的信息应当保证真实、准确和全面,不得传播虚假的信息。

(2) 参与有关行政部门对商品和服务的监督、检查。

参与的形式,可以是消费者协会主动要求参加,也可以是有关机关吸收其参加。

(3) 就有关消费者合法权益问题,向有关行政部门反映、查询,提出建议。

这里所说的行政部门,是指具有保护消费者合法权益职能及责任的行政部门,既包括执法监督部门,也包括行业主管部门。消费者合法权益问题,是指在消费领域中与消费者合法权益有关的所有问题。消费者协会反映有关问题,应真实、客观。

(4) 受理消费者投诉,并对投诉事项进行调查、调解。

消费者投诉,是指消费者在购买、使用商品或接受服务时,认为自己的合法权益受到侵害,而向消费者协会反映情况,要求其进行处理的行为。

(5) 投诉事项涉及商品和服务质量问题的,提请鉴定部门鉴定,鉴定部门应当告知鉴定结论。

消费者协会通过行使这一职能,有助于分清是非、明确责任,从而使消费者权益争议得到公正、合理的解决。并且,鉴定部门在消费者协会向其提出鉴定申请时,有义务进行鉴定并告知其鉴定结论。

(6) 支持受损害的消费者提起诉讼。

消费者是一个弱势群体,在遭受损害时,往往因知识、能力等的不足而无从获得救济。支持受损害的消费者寻求司法保护,实现社会公正,是一种社会责任。

消费者协会作为消费者自己的组织，维护消费者的合法权益是其基本宗旨，因此支持受损害的消费者提起诉讼，就成为其当然职责。但是，应当指出的是，消费者协会的支持是其法定义务，不能以此牟利；消费者只是协助受损害的消费者提起诉讼，而不是直接以自己的名义向人民法院起诉。

（7）通过大众传播媒介对损害消费者合法权益的行为予以揭露批评。

消费者协会通过大众传播媒介揭露批评损害消费者合法权益的行为有速度快、社会影响大等特点。但也应实事求是，在可靠的事实、充分的证据的基础上进行。

### 五、违反消费者法的责任和救济

#### （一）争议解决的途径

根据我国《消费者权益保护法》的规定，消费者和经营者发生消费者权益争议的，可以通过下列途径解决：（1）与经营者协商和解。（2）请求消费者协会调解。（3）向有关行政部门申诉。（4）根据与经营者达成的仲裁协议提请仲裁机构仲裁。（5）向人民法院提起诉讼。

#### （二）法律责任

《消费者权益保护法》第7章对违法责任作了规定，其中包括民事责任、行政责任和刑事责任的一般性规定，更为重要的对消费者保护的特殊规定充分体现了《消费者权益保护法》的立法宗旨。

1. 民事责任。

（1）对消费者人身方面造成损害所承担的责任。

经营者提供商品或者服务，造成消费者或者其他受害人人身伤害的，应当支付医疗费、治疗期间的护理费、因误工减少的收入等费用，造成残疾的，还应当支付残疾者生活自助器具费、生活补助费、残疾赔偿金以及由其扶养的人所必需的生活费等费用；构成犯罪的，依法追究刑事责任。

经营者提供商品或者服务，造成消费者或者其他受害人死亡的，应当支付丧葬费、死亡赔偿金以及由死者生前扶养的人所必需的生活费等费用；

经营者违反本法第25条规定，侵害消费者的人格尊严或者侵犯消费者人身自由的，应当停止侵害、恢复名誉、消除影响、赔礼道歉，并赔偿损失。

（2）对消费者财产方面造成损害所承担的责任。

对国家规定或者经营者与消费者约定包修、包换、包退的商品，经营者应当负责修理、更换或者退货；在保修期内两次修理仍不能正常使用的，经营者应当负责更换或者退货；对包修、包换、包退的大件商品，消费者要求经营者修理、更换、退货，经营者应当承担运输等合理费用。

经营者以邮购方式提供商品的，应当按照约定提供。未按照约定提供的，应当按照消费者的要求履行约定或者退回货款；并应当承担消费者必须支付的合理费用。

经营者以预收款方式提供商品或者服务的，应当按照约定提供。未按照约定提供的，应当按照消费者的要求履行约定或者退回预付款；并应当承担预付款的利息、消费者必须支付的合理费用。

依法经有关行政部门认定为不合格的商品，消费者要求退货的，经营者应当负责退货。

（3）惩罚性民事赔偿责任。

《消费者权益保护法》第49条规定：经营者提供商品或者服务有欺诈行为的，应当按照消费者的要求增加赔偿其受到的损失，增加赔偿的金额为消费者购买商品的价款或者接受服务的费用的一倍。这是我国在法律上首次认可惩罚性赔偿，体现了对处于弱者地位的消费者的权益的特殊保障，区别于一般民事责任的补偿性原则，旨在更充分地保护消费者利益：一方面，通过加重经营者的责任可以督促其诚实经营；另一方面，可以鼓励消费者积极维权，追究不诚实、不法经营者的责任，"知假买假"就是这条规定的产物。

适用惩罚性赔偿的前提条件是经营者提供商品或者服务时有欺诈行为，国家工商行政管理局1996年发布的《欺诈消费者行为处罚办法》将"欺诈消费者行为"定义为"指经营者在提供商品或者服务中，采取虚假或者其他不正当手段欺骗、误导消费者，使消费者的合法权益受到损害的行为"。办法还规定了欺诈行为的种类和应当承担责任的行为的种类，应当说这对于《消费者权益保护法》第49条"双倍返还"的准确适用有重要意义。

**举一反三**：在经营者有下列哪一种行为的情况下，消费者可对经营者请求"退一赔一"？

A. 进口的眼镜及说明书没有标注生产厂名和厂址
B. 出售国家明令淘汰的农药
C. 速食品及包装上没有标注生产日期和保质期
D. 中国大陆制造的皮鞋标明为意大利原产进口

答案：D

2. 行政责任。

经营者有下列情形之一，《中华人民共和国产品质量法》和其他有关法律、法规对处罚机关和处罚方式有规定的，依照法律、法规的规定执行；法律、法规未作规定的，由工商行政管理部门责令改正，可以根据情节单处或者并处警告、没收违法所得、处以违法所得一倍以上五倍以下的罚款,没有违法所得的处以一万元以下的罚款;情节严重的,责令停业整顿、吊销营业执照:生产、销售的商品不符合保障人身、财产安全要求的;

在商品中掺杂、掺假,以假充真,以次充好,或者以不合格商品冒充合格商品的;生产国家明令淘汰的商品或者销售失效、变质的商品的;伪造商品的产地,伪造或者冒用他人的厂名、厂址,伪造或者冒用认证标志、名优标志等质量标志的;销售的商品应当检验、检疫而未检验、检疫或者伪造检验、检疫结果的;对商品或者服务作引人误解的虚假宣传的;对消费者提出的修理、重作、更换、退货、补足商品数量、退还货款和服务费用或者赔偿损失的要求,故意拖延或者无理拒绝的;侵害消费者人格尊严或者侵犯消费者人身自由的;法律、法规规定的对损害消费者权益应当予以处罚的其他情形。

3. 刑事责任。

我国《消费者权益保护法》规定,经营者提供商品或者服务,造成消费者或其他受害人人身伤害,构成犯罪的,依法追究刑事责任。经营者以暴力、威胁等方法阻碍有关行政部门工作人员依法执行职务的,依法追究刑事责任。

## 第三节 产品质量法律制度与实务

### 学习目标

通过本节学习,掌握产品质量法的适用范围、产品的适用范围;理解产品质量法的立法宗旨;熟练掌握产品质量管理制度和产品质量责任制度的内容;学会运用本节知识和法律规定分析实际案例。

### 案例导读

A企业将已经检验合格但未投入市场的洗衣机存放在仓库中,仓库保管员李某因家中的洗衣机坏了无法使用,便私自到仓库中搬了一台回家使用,其妻在使用时因洗衣机漏电致死。李某起诉企业能否胜诉,为什么?

### 分析提示

李某起诉企业不会胜诉。我国《产品质量法》第41条规定,因产品存在缺陷造成人身、缺陷产品以外的其他财产损害的,生产者应当承担赔偿责任。生产者能够证明有下列情形之一的,不承担赔偿责任:(1)未将产品投入流通的;(2)产品投入流通时,引起损害的缺陷尚不存在的;(3)将产品投入流通时的科学技术水平尚不能发现缺陷的存在的。第44条规定:因产品存在缺陷造成受害人死亡的,并应当支付丧葬费、死亡赔偿金以及由死者生前扶养的人所必需的生活费等费用。本案中，A企业虽然是洗衣机的生产者，但出现缺陷的产品尚未投入流通，A企业可以由此不承担赔偿责任。故李某起诉企业不会胜诉。

## 一、产品质量法概述

### （一）产品质量法的概念

产品质量法是调整产品质量监督管理关系和产品质量责任关系的法律规范的总称。在我国，产品质量关系包括两大部分：一是产品质量责任关系，即生产者、销售者与消费者之间进行商品交易所发生的产品质量关系；二是产品质量管理关系，即产品质量监督管理机关执行管理职能时所发生的产品质量关系。因此我国产品质量法主要由产品质量管理和产品质量责任两大部分构成。

广义的产品质量法是一个总称，包括产品质量基本法、各种单行法规和其他法律、法规中关于产品质量责任和产品质量管理的法律规定。基本法即《中华人民共和国质量法》；其他法律包括：《工业产品生产许可证管理办法》、《工业产品质量责任条例》、《商品质量监督管理办法》、《计量法》、《标准化法》、《商标法》、《药品管理法》、《进出口商品检验法》、《反不正当竞争法》、《消费者权益保护法》等法律、法规中关于产品质量的规定也是广义产品质量法研究范围。

狭义的产品质量法，是指1993年2月22日第七届全国人民代表大会常务委员会第三十次会议通过了《中华人民共和国产品质量法》，该法将产品质量责任与产品质量管理二者统一规定，并于2000年7月8日第九届全国人民代表大会常务委员会第十六次会议《关于修改〈中华人民共和国产品质量法〉的决定》进行第一次修正。

### （二）产品质量法的适用范围

我国《产品质量法》第2条规定了产品质量法的适用范围：

（1）适用的空间范围，该法适用于在中华人民共和国境内从事产品生产、销售活动，包括销售进口商品。

（2）适用的主体范围，该法适用于中国境内从事产品生产、销售活动的公民、企业、事业单位、国家机关、社会组织以及个体工商业经营者。即生产者、销售者、消费者以及监督管理机构。

### （三）适用的产品范围

产品质量法所适用的产品限于经过加工、制作，用于销售的产品。排除以下产品的适用。

（1）种植业、畜牧业、渔业等所生产的初级农产品、狩猎物，如农、林、牧、渔等产品。

（2）未经加工天然形成的产品，如原矿、原煤、石油、天然气等。

（3）建筑工程形成的房屋、桥梁、工程等不动产不属于产品的范围；但是建筑工程使用的建筑材料、建筑构配件和设备，属于产品范围，适用《产品质量法》。

此外，符合上述要求的在中国境内的进口产品也适用该法。

### （四）产品质量法的立法宗旨

1. 加强对产品质量的监督管理。

通过各种强行的产品质量标准，如国家标准、行业标准等，来约束生产和销售者，促使生产者、销售者保证产品质量；明确国家产品监督管理机关的职责范围，实施各种具体的产品质量监督管理制度，促进产品质量监督的独立性和有效性。

2. 提高产品质量水平。

产品质量责任法和产品质量管理法的直接目的都是为了提高产品质量水平，提高产品质量水平也是保护消费者合法权益、维护社会经济秩序的基础。

3. 明确产品质量责任。

通过规定生产者、销售者一系列强制性作为和不作为义务，并明确违反该义务的责任承担，有利于追究责任者的责任，修复被损害的权益，维护正常的经济秩序。

4. 保护消费者合法权益。

消费者权益的重要内容之一就是质量保障，这一权益的实现有赖于产品质量法的促进。可以说，《产品质量法》和《消费者权益保护法》分别从生产者、销售者与消费者的两个角度保护消费者合法权益。各有分工、相互合作，共同构成市场管理法的重要组成部分。

5. 维护社会经济秩序。

《产品质量法》的最终目的是遏制假冒伪劣产品的生产和流通，和竞争法、《消费者权益保护法》一起，从不同的角度维护正常的社会经济秩序，创建一个稳定、有序、健康的市场环境。

## 二、产品质量管理制度

### （一）产品质量监督管理主体

我国产品质量监督管理实行统一管理和分工管理、层次管理与地域管理相结合

的原则。依照《产品质量法》的规定,我国产品质量监督管理主体包括以下层次有别、任务不同的机构:

(1) 国务院产品质量监督部门(指国家质量监督检疫检验总局)主管全国产品质量监督工作;

(2) 国务院有关部门(指国务院行业主管部门)在各自的职责范围内负责本行业产品质量方面的行业监督和生产经营管理工作;

(3) 县级以上地方产品质量监督部门(指县级以上地方政府设置的质量技术监督与检验检疫机构)主管本行政区域内的产品质量监督工作;

(4) 县级以上地方人民政府有关部门(指县级以上地方政府设置的行业主管部门)在各自的职责范围内负责产品质量监督工作;

(5) 法律对产品质量的监督部门另有规定的,依照有关法律的规定执行。

(二) 产品质量管理制度的内容

1. 企业质量体系认证制度。

企业质量体系认证制度是指国务院产品质量监督管理部门或者由它授权的部门认可的认证机构,依据国际通用的"质量管理和质量保证"系列标准,对企业的质量体系和质量保证能力进行审核,经认证合格,颁发企业质量体系认证证书,以证明企业的质量体系和质量保证能力符合相应要求的一种制度。所谓国际通用的"质量管理和质量保证"系列标准,指的是国际标准化组织(ISO)于1987年3月正式发布的ISO9000系列国际标准。

企业质量体系认证制度是企业根据自愿的原则向国家认可的认证机构申请企业质量体系认证,经认证合格的,有认证机构颁发企业质量体系认证证书。

2. 产品质量认证制度。

产品质量认证制度是指依据具有国际水平的产品标准和技术要求,经过认证机构确认并通过颁发认证证书和产品质量认证标志的形式,证明产品符合相应标准和技术要求的制度。产品质量认证的对象是产品。产品质量认证制度的具体实施,按照国务院2003年发布的《认证认可条例》以及国家质检总局发布的《认证证书和认证标志管理办法》、《强制性产品认证管理规定》等规章进行。

根据自愿原则,企业可以向国务院产品质量监督部门认可的或者国务院产品质量监督部门授权的部门认可的认证机构申请产品质量认证。经认证合格的,由认证机构颁发产品质量认证证书,准许企业在产品或者其包装上使用产品质量认证标志,如:良好农业规范认证、有机产品认证等。

为了保护国家安全,防止欺诈行为,保护人类健康或者安全,保护环境,国家规定的相关产品必须经过认证(即强制性产品认证),并标注认证标志后,方可出厂、销售、出口或者在其他经营活动中使用。2001年12月,国家质检总局发布了

《强制性产品认证管理规定》，以强制性产品认证制度替代原来的进口商品安全质量许可制度和电工产品安全认证制度。中国强制性产品认证简称 CCC 认证或 3C 认证。

3. 生产许可证制度。

生产许可证是指国家对于具备生产条件并对其产品检验合格的工业企业，发给其许可生产该项产品的凭证。国家规定对重要的工业产品特别是对可能危及人体健康、人身、财产安全和公共利益的工业产品实行生产许可证制度，是为了保证产品质量，维护国家、用户和消费者利益的强制性措施。

4. 产品质量标准化制度。

产品质量的标准化管理是指产品质量标准及与产品质量有关的其他标准的制定、实施活动的总称。建立和推行产品生产和销售全过程的标准化制度，是保证产品质量的最重要前提。产品标准一经公布实施，就是技术法规，具有强制性，任何生产者、销售者都必须执行，擅自变更、降低产品标准，将会承担相应的法律责任。

按照《标准化法》和其他法律、法规的规定，我国标准体系由国家标准、行业标准、地方标准和企业标准等构成。生产者生产的产品，质量应符合一定国家标准、行业标准；没有国家标准、行业标准的按照地方标准或企业标准；未制定标准的，产品的使用性能应当符合公众普遍认为应当具备的使用性能、必须符合保障人体健康、人身、财产安全的要求。当事人在合同中对产品质量有明确约定的，从其约定，但约定中产品的质量不得低于相关标准。

### （三）产品质量的监督检查

1. 国家监督。

国家对产品质量的监督检查，是指县以上人民政府技术监督行政部门以及法律规定的其他部门，依据国家法律、法规的规定，遵循各级人民政府赋予的职权，代表政府履行职责、执行公务、对生产、流通领域和产品质量实施监督的一种具体行政行为。监督检查方式如下：

（1）抽查。

国家对产品质量实行以抽查为主要方式的监督检查。2001 年 12 月，国家质检总局发布《产品质量国家监督抽查管理办法》，与产品质量法一起，构成产品质量监督抽查的主要法律依据。

国家对可能危害人体健康和人身、财产安全的产品，影响国计民生的重要工业产品以及消费者、有关组织反映有质量问题的产品进行抽查。抽样的样品应当在市场上或企业成品仓库内的待销产品中随机抽样。监督抽查工作有国务院产品质量监督部门规划和组织，县级以上地方产品质量监督部门在本行政区域内也可以组织监督抽查。为了维护监督抽查的有效性和统一性，法律规定：国家监督抽查的产品，地方不得另行重复抽查；上级监督抽查的产品，下级不得另行重复抽查。

对依法进行的产品质量监督检查，生产者、销售者不得拒绝。依照法律规定进行监督抽查的产品不合格的，有实施监督抽查的产品质量监督部门责令其生产者、销售者限期改正。逾期不改正的，由省级以上人民政府产品质量监督部门予以公告；公告后经复查仍不合格的，责令停业，限期整改；整改期满后经复查产品质量仍不合格的，吊销营业执照。

国务院和省、自治区、直辖市人民政府的产品质量监督部门应当定期发布其监督抽查的产品的质量状况公告。

（2）检验。

检验是监督抽查的需要，由产品质量检验机构进行，检验抽查样品的数量不得超过检验的合理需要，并不得向检验人收取检验费用。生产者、销售者对抽查检验的结果有异议的，可以自收到检验结果之日起15日内向实施监督抽查的产品质量部门或者上级产品质量监督部门申请复检，由受理复检的产品质量监督部门作出复检结论。

检验机构必须具备相应的检测条件和能力，经省级以上人民政府产品质量监督部门或者其授权的部门考核合格后，方可承担产品质量检查工作；检验机构必须依法设立，不得与行政机关和其他国家机关存在隶属关系或者其他利益关系；检验机构必须依法按照有关标准，客观、公正地出具检验结果；检验机构不得向社会推荐生产者的产品；不得以对产品进行监制、监销等方式参与产品经营活动。

2. 社会监督。

提高产品质量，需要全社会的参与，建立全社会对产品质量的监督管理系统。主要体现为消费者和消费者协会。

（1）消费者对产品质量进行监督。

消费者有权就产品质量问题，向产品的生产者、销售者查询；向产品质量监督部门、工商行政管理部门及有关部门申诉，接受申诉的部门应当负责处理。

（2）保护消费者权益的社会组织对产品质量进行监督。

消费者协会可以受理消费者的投诉，并对投诉进行调查、调解；可以就消费者反映的产品质量问题，建议有关部门负责处理；支持消费者对因产品质量造成的损害向人民法院起诉。

此外，也应加强大众传媒等社会组织所进行的监督。

### 三、产品质量责任制度

**（一）产品质量责任的概述**

1. 产品质量责任的概念。

按照国家技术监督局1993年发布的：《（中华人民共和国产品质量法）条文释

义》的规定，产品质量责任是指产品的生产者、销售者违反《产品质量法》的规定，不履行法律规定的义务，应当依法承担的法律后果。

在我国，产品质量责任和产品质量是两个概念。承担产品质量责任包括承担相应的行政责任、民事责任和刑事责任，其中，承担民事责任包括承担产品的合同责任（瑕疵担保责任）和产品侵权损害赔偿责任。产品责任是一个民法概念，指因产品存在缺陷给他人人身、财产造成损害的侵权责任。《产品质量法》中未使用"产品责任"概念，而是采用"赔偿责任"一词。该法也未将"产品质量责任"限定在违反法律规定应当承担的后果，而将其扩大到"义务"，强调产品生产者和销售者在生产、流通过程中应该履行的义务，反映了政府在质量管理中"防患于未然"的理念。

2. 产品质量责任的分类。

产品质量责任因产生依据不同分为：产品瑕疵担保责任和产品侵权损害赔偿责任。

（1）产品瑕疵担保责任。瑕疵原为合同法上的概念，其具体含义，我国产品质量法中未作说明，可与缺陷相对应来理解，多指一般性的质量问题。瑕疵责任属于一种担保责任。生产者、销售者应当保证产品的质量符合要求，这种保证义务即为担保，包括明示担保和默示担保两种。产品存在瑕疵，意味着生产者或销售者违反了担保义务。因此，产品瑕疵责任实质上是一种合同责任，或者说违约责任。

（2）产品侵权损害赔偿责任，又称为产品缺陷责任，也可以直接称为产品责任。关于缺陷，《产品质量法》第46条规定："本法所称缺陷，是指产品存在危及人身、他人财产安全的不合理的危险；产品有保障人体健康和人身、财产安全的国家标准、行业标准的，是指不符合该标准。"产品缺陷责任因其特殊性，在其发展过程中逐渐脱离合同责任的属性，成为一种侵权责任。尤其是各国适用严格责任制度以后，产品缺陷责任又突破了一般侵权责任的理论。严格责任的特点在于，不问主观上有无过错，而只看结果，只要有损害结果的发生，就要负赔偿责任。根据我国产品质量法的规定，生产者的产品缺陷责任实行严格责任原则，因而是一种特殊侵权责任；销售者的产品缺陷责任实行过错原则或过错推定原则，因而是一种一般侵权责任。

两类产品质量责任主要区别在于产品是否存在着危及人身、财产安全的不合理的危险，缺陷以产品存在危险性为前提条件，瑕疵则因产品质量不合法定或约定标准而产生。此外，瑕疵产品因不一定具有对人身财产安全的危险，因而可能不存在缺陷；而缺陷产品也可能无瑕疵，属于合格产品。产品质量责任的判断，首先必须分清是产品瑕疵责任还是产品缺陷责任，由此才能确定向谁、如何提出赔偿请求，更好的维护消费者合法权益。

### (二)生产者、销售者的产品质量义务

1. 生产者的产品质量义务。

生产者应当对其生产的产品负责,并使其生产的产品质量符合下列要求:(1)不存在危及人身、财产安全的不合理的危险,有保障人体健康和人身、财产安全的国家标准、行业标准的,应当符合该标准;(2)具备产品应当具备的使用性能,但是,对产品存在使用性能的瑕疵作出说明的除外;(3)符合在产品或者其包装上注明采用的产品标准,符合以产品说明、实物样品等方式表明的质量状况。这是对质量的安全性和可适用性的要求,其中,第一、二项属于默示担保,第三项属于明示担保。

根据不同产品的特征和使用要求,产品标识是可以标注在产品上,也可以标注在产品包装上。产品或其包装上的标识必须真实,并应当符合下列要求:(1)有产品质量检验合格证明。(2)有中文标明的产品名称、生产厂家的厂名和厂址。(3)根据产品的特点和使用要求,需要标明产品规格、等级、所含主要成分的名称和含量的,用中文相应予以标明;需要事先让消费者知晓的,应当在外包装上标明,或者预先向消费者提供有关资料。(4)限期使用的产品,应当在显著位置清晰地标明生产日期和安全使用期或者失效日期。(5)使用不当,容易造成产品本身损坏或者可能危及人身、财产安全的产品,应有警示标志或者中文警示说明。裸装的食品和其他根据产品的特点难以附加标识的裸装产品,可以不附加产品标识。易碎、易燃、易爆、有毒、有腐蚀性、有放射性等危险物品以及储运中不能倒置和其他有特殊要求的产品,其包装质量必须符合相应要求,依照国家有关规定作出警示标志或者中文警示说明,标明储运注意事项。

生产者不得生产国家明令淘汰的产品;不得伪造产地;不得伪造或者冒用他人的厂名、厂址;不得伪造或者冒用认证标志等质量标志;生产者生产产品,不得掺杂、掺假,不得以假充真、以次充好,不得以不合格产品冒充合格产品;不得将不合格的产品投入市场。

2. 销售者的产品质量义务。

《产品质量法》对销售者的产品质量义务,作了如下规定:(1)建立并认真执行进货检查验收制度,验明产品合格证明和其他标识。(2)根据产品特点采取必要的措施如:防雨、防晒、防霉变、控制温度等,保持销售产品的质量。(3)销售者销售的产品标识,应当符合《产品质量法》关于产品或者其包装上的标识的各项规定。(4)不得销售国家明令淘汰并停止销售的产品和失效、变质的产品。(5)销售者不得伪造产地,不得伪造或者冒用他人的厂名、厂址。(6)销售者不得伪造或者冒用认证标志等质量标志。(7)销售者销售产品,不得掺杂、掺假;不得以假充真、以次充好;不得以不合格产品冒充合格产品。

**举一反三**：下列哪些产品的包装不符合《产品质量法》的要求？
A. 某商场销售的"三星"彩电只有韩文和英文的说明书
B. 某厂生产的火腿肠没有标明厂址
C. 某厂生产的香烟上没有标明"吸烟有害身体健康"
D. 某厂生产的瓶装葡萄酒没有标明酒精度
答案：ABCD

### （三）产品质量责任的内容

1. 民事责任。

第一，产品瑕疵担保责任。

售出的产品有下列情形之一的，销售者应当负责"三包"加赔偿责任，即：修理、更换、退货；给购买产品的消费者造成损失的，销售者应当赔偿损失：（1）不具备产品应当具备的使用性能而事先未作说明的；（2）不符合在产品或者其包装上注明采用的产品标准的；（3）不符合以产品说明、实物样品等方式表明的质量状况的。第一项属于默示担保，第二、三项属于明示担保。根据我国产品质量法的规定，只要存在上述情形，不问销售者是否存在过错，也不问是否造成损害后果，都应承担责任。

销售者依照上述规定负责修理、更换、退货、赔偿损失后，属于生产者的责任或者其他销售者的责任的，销售者有权向生产者、供货者追偿。销售者未按照上述规定给予修理、更换、退货或者赔偿损失的，产品质量监督部门或者工商行政管理部门有权责令改正。

生产者之间、销售者之间、生产者与销售者之间订立的买卖合同、承揽合同有不同约定的，从其约定。

第二，产品侵权损害赔偿责任。

（1）生产者、销售者承担产品责任的情况。因产品存在缺陷造成人身、缺陷产品以外的其他财产损害的，生产者应当承担赔偿责任。但生产者能够证明有下列情形之一的，不承担赔偿责任：未将产品投入流通的；产品投入流通时，引起损害的缺陷尚不存在的；将产品投入流通时的科学技术水平尚不能发现缺陷的存在的。

由于销售者的过错使产品存在缺陷，造成人身、他人财产损害的，销售者应当承担赔偿责任；销售明知是失效、变质的产品致使他人人身伤害或财产损害等，销售者应当承担赔偿责任；销售者不能指明缺陷产品的生产者，也不能指明缺陷产品的供货者的，销售者应当承担赔偿责任。

**举一反三**：甲公司为了增加职工福利，从乙商场购买了一批丙公司加工生产的"红心咸鸭蛋"。甲公司的职工及家属食用后，几十人出现了胃痛、呕吐等症状。经检验查明，该批"红心咸鸭蛋"系在鸭子饲养时使用了工业用苏丹红4号原料，含有毒有害成分。关于甲公司索赔，下列哪一选项是错误的？

A. 甲公司可以向乙商场索赔

B. 甲公司职工可以向乙商场和丙公司索赔

C. 乙商场在进货时尽到了检查验收义务，可以免除赔偿责任

D. 对丙公司应按无过错责任原则确定其应当承担的赔偿责任

答案：C

（2）赔偿程序。对于消费者来说：因产品存在缺陷造成人身、他人财产损害的，受害人可以向产品的生产者要求赔偿，也可以向产品的销售者要求赔偿。对于生产者、销售者之间来说：属于产品的生产者的责任，产品的销售者赔偿的，产品的销售者有权向产品的生产者追偿。属于产品的销售者的责任，产品的生产者赔偿的，产品的生产者有权向产品的销售者追偿。

**举一反三**：某美容店向王某推荐一种"雅兰牌"护肤产品。王某对该品牌产品如此便宜表示疑惑，店家解释为店庆优惠。王某买回使用后，面部出现红肿、瘙痒，苦不堪言。质检部门认定系假冒劣质产品。王某遂向美容店索赔。对此，下列哪一选项是正确的？

A. 美容店不知道该产品为假名牌，不应承担责任

B. 美容店不是假名牌的生产者，不应承担责任

C. 王某对该产品有怀疑仍接受了服务，应承担部分责任

D. 美容店违反了保证商品和服务安全的义务，应当承担全部责任

答案：D

（3）责任方式。因产品存在缺陷造成受害人人身伤害的，侵害人应当赔偿医疗费、治疗期间的护理费、因误工减少的收入等费用；造成残疾的，还应当支付残疾者生活自助器具费、生活补助费、残疾赔偿金以及由其扶养的人所必需的生活费等费用；造成受害人死亡的，并应当支付丧葬费、死亡赔偿金以及由死者生前扶养的人所必需的生活费等费用。因产品存在缺陷造成受害人财产损失的，侵害人应当恢复原状或者折价赔偿。受害人因此遭受其他重大损失的，侵害人应当赔偿损失。

"其他重大损失"是指其他经济等方面的损失，包括可以获得的利益的损失。

2. 行政责任。

产品生产者、销售者、产品质量监督管理部门以及其他机构和个人违反《产

品质量法》，从事不法行为的，有关行政机关依法予以行政处罚，包括没收违法产品、没收违法所得、罚款、吊销营业执照、取消检验（或认证）资格等。

刑事责任。根据《产品质量法》和《中华人民共和国刑法》中关于生产、销售伪劣商品犯罪的规定，如果生产者、销售者的行为触犯刑律的，应当承担刑事责任。

◎ **法理链接：**

**"知假买假"：** 知假买假是指消费者在明明知道即将购买和使用的商品是假货的情况下，仍然购买、使用商品和接受服务的行为。其中的"假"是假货之意，是假冒伪劣商品的俗称。假冒伪劣商品是指商品的质量没有达到国家质量管理法规所规定的标准的商品。

学界对"知假买假"有不同观点，一种观点认为，对于"知假买假"人应当适用第49条的规定，给予他们以双倍于商品价格的赔偿；另一种观点认为，这样的人购买商品不是为了自己的生活消费，而是为了获得双倍赔偿。因此他们不是真正意义上的"消费者"，不能成为《消费者权益保护法》所要保护的对象，而且他们是"知假买假"，也不符合民法上因受"欺诈"而错误进行意思表示的要求，因此只能适用《合同法》来保护自己。

**产品召回制度：** 产品召回制度是指产品进入流通领域后，如果发现存在可能危害消费者健康、安全的缺陷，产品的制造者或经销者应当及时采取有效措施，在政府监督下收回流通中的缺陷产品，以避免危害发生的制度。此制度发端于美国，现已成为发达国家管理产品质量的一种特殊方式。我国《消费者权益保护法》第18条第2款要求经营者发现其提供的商品或者服务存在严重缺陷，即使正确使用商品或者接受服务仍然可能对人身、财产安全造成危害的，应当立即向有关行政主管部门报告和告知消费者，并采取防止危害发生的措施，对产品召回作了原则性规定；2004年，国家质检总局、国家发改委、商务部和海关总署发布了《缺陷汽车产品召回管理规定》，初步建立了汽车召回制度。此后，国家质检总局于2007年发布《食品召回管理规定》、《儿童玩具召回管理规定》，国家食品药品监督管理局于同年发布《药品召回管理办法》。产品召回分为主动召回和责令召回两种情况，召回方式包括换货、退货、修理、补充或者修正消费说明等。

◎ **技能训练：**

1. 2005年1月甲厂在国家商标局注册了圆形商标"喜凰"牌，用于白酒产品，由于口感颇佳，销路一直很好。2008年3月，乙厂注册了圆形图案"天福山"，其中有"喜凤"字样，整个商标图形图案和文字除"天福山"和"凤"字外，所有的文字、图案都与"喜凰"商标一样，并且都用隶书书写，字型相仿。从2008年

3月到2011年5月，乙厂用"天福山"的商标共生产白酒470万瓶，销售了340多万瓶。销售额达244万多元。正因为甲、乙厂的商标相似，又加之乙厂采用了与甲厂白酒相似的装潢，致使广大消费者误认为"喜凰"就是"喜凤"，也即"喜凰"，造成了消费者误购。同时也因此造成了甲厂产品滞销，给甲厂造成了巨大的经济损失。因此，2011年12月，甲厂状告了乙厂。

乙厂的行为属于何种行为？说明理由。

2. 张女士在某百货购买一件纯羊毛大衣，售价1280元。商店标明"换季商品，概不退换"，穿了三天后衣服起满毛球，于是到市质量监督局检验：鉴定结果证明羊毛大衣所用原料为100%腈纶，张女士到购买衣服的百货店要求退货并赔偿因此而造成的损失，商店营业员回答：当时标明"换季商品，概不退换"，再说店内该柜是出租给个体户的，现在他已破产，租借柜台的费用尚未付清，人也找不到，你只好自认倒霉。

◎请问：

（1）商店（经营者）违反了我国消费权益保护法的哪些内容？

（2）商店对张女士应负哪些责任？

3. 某企业为电视机厂，王某购买了一台该企业生产的电视机送给自己的朋友李某，李某在使用过程中该电视机爆炸，造成李某右眼失明。李某提起诉讼，要求某企业承担损害赔偿责任。在起诉中某企业认为，企业在制造产品中已尽了足够的注意，主观上无过错，不应承担责任；同时李某并没有购买电视机，不能对该企业主张权利。

某企业和李某各自的主张能否成立？理由是什么？

学习情境七 | # 环境保护法律制度与实务

## 学习目标

通过本章学习，掌握环境保护法概念、立法沿革、任务和基本原则，了解环境保护法的基本制度。

## 案例导读

2005年以来，王某等18户渔民经当地政府批准，集资数百万元，在某县滦河出海口沿海滩涂合伙开办经营了一个大型贝类养殖场。2008年10月上旬，来自某市造纸、化工等企业的工业污水沿滦河河道顺水流入大海，污染了王某等经营的贝类养殖场的海水水域，造成大面积海洋生态破坏，致使即将成熟上市的滩涂贝类、鱼类成批死亡，直接经济损失惨重。

经渔政部门监测，贝类死亡的直接原因是养殖海域内存在的大量有机物和悬浮物所致。经环保部门沿滦河对上游排污企业的排查，发现有三家排污企业排放的有机物和悬浮物数量相当、排污口地理位置相近。其中，A造纸厂排放的有机物和悬浮物严重超标；B造纸厂排放污水虽然达标，但主要污染物仍为有机物和悬浮物；C化工厂也将大量未达标的工业污水直接排入滦河，虽其污染物中不含悬浮物，但有机物的排放也严重超标。

2008年12月，渔政部门对这次污染事件造成的经济损失进行了评估，污水造成贝类养殖场的损失为860万元。同时，污染事件对养殖区域及附近海域的海洋生态造成了重大损失，经有关部门评估，损失约为3600万元。

为此，王某等18户渔民欲联合向法院提起损害赔偿诉讼。

169

◎问：1. 本案中A、B、C三家企业是否都能成为被告？为什么？
　　　2. 王某等18户渔民是否有权对污染事件引起的海洋生态破坏损失提出赔偿请求？

阅读链接

## 世界著名八大公害事件

1. 比利时马斯河谷烟雾事件

1930年12月1—5日，比利时马斯河谷工业区内13个工厂排放的大量烟雾弥漫在河谷上空无法扩散，使河谷工业区有上千人发生胸疼、咳嗽、流泪、咽痛、呼吸困难等，一周内有60多人死亡，许多家畜也纷纷死去，这是20世纪最早记录下的大气污染事件。

2. 美国多诺拉烟雾事件

1948年10月26—31日，美国宾夕法尼亚州多诺拉镇持续雾天，而这里却是硫酸厂、钢铁厂、炼锌厂的集中地，工厂排放的烟雾被封锁在山谷中，使6000人突然发生眼痛、咽喉痛、流鼻涕、头痛、胸闷等不适，其中20人很快死亡。这次烟雾事件主要由二氧化硫等有毒有害物质和金属微粒附着在悬浮颗粒物上，人们在短时间内大量吸入了这些有害气体，以致酿成大灾。

3. 伦敦烟雾事件

1952年12月5—8日，伦敦城市上空高压，大雾笼罩，连日无风。而当时正值冬季大量燃煤取暖期，煤烟粉尘和湿气积聚在大气中，使许多城市居民都感到呼吸困难、眼睛刺痛，仅四天时间内死亡了4000多人，在之后的两个月时间内，又有8000人陆续死亡。这是20世纪世界上最大的由燃煤引发的城市烟雾事件。

4. 美国洛杉矶光化学烟雾事件

从20世纪40年代起，已拥有大量汽车的美国洛杉矶城上空开始出现由光化学烟雾造成的黄色烟幕。它刺激人的眼睛、灼伤喉咙和肺部、引起胸闷等，还使植物大面积受害，松林枯死，柑橘减产。1955年，洛杉矶因光化学烟雾引起的呼吸系统衰竭死亡的人数达到400多人，这是最早出现的由汽车尾气造成的大气污染事件。

5. 日本水俣病事件

从1949年起，位于日本熊本县水俣镇的日本氮肥公司开始制造氯乙烯和醋酸乙烯。由于制造过程要使用含汞（Hg）的催化剂，大量的汞便随着工厂未经处理的废水被排放到了水俣湾。1954年，水俣湾开始出现一种病因不明的怪病，叫"水俣病"，患病的是猫和人，症状是步态不稳、抽搐、手足变形、神经失常、身体弯弓高叫,直至死亡。经过近十年的分析,科学家才确认:工厂排放的废水中的汞是"水俣病"的起因。汞被水生生物食用后在体内被转化成甲基汞($CH_3HCl$),这种物质通过鱼虾进入人体和动物体内后,会侵害脑部和身体的其他部位,引起脑萎缩、小脑平衡系统被破坏等多种危害,毒性极大。在日本,食用了水俣湾中被甲基汞污染的鱼虾的人数达数十万。

6. 日本富山骨痛病事件

19世纪80年代,日本富山县平原神通川上游的神冈矿山实现现代化经营,成为从事铅、锌矿的开采、精炼及硫酸生产的大型矿山企业。然而在采矿过程及堆积的矿渣中产生的含有镉等重金属的废水却直接长期流入周围的环境中,在当地的水田土壤、河流底泥中产生了镉等重金属的沉淀堆积。镉通过稻米进入人体,首先引起肾脏障碍,逐渐导致软骨症,在妇女妊娠、哺乳、内分泌不协调、营养性钙不足等诱发原因存在的情况下,使妇女得上一种浑身剧烈疼痛的病,叫痛痛病,也叫骨痛病,重者全身多处骨折,在痛苦中死亡。从1931年到1968年,神通川平原地区被确诊患此病的人数为258人,其中死亡128人,至1977年12月又死亡79人。

7. 日本四日市哮喘病事件

1955年日本第一座石油化工联合企业在四日市上马,1958年在四日市海湾打的鱼开始出现有难闻的石油气味,使当地海产品的捕捞开始下降。1959年由昭石石油公司投资186亿日元的四日市炼油厂开始投产,四日市很快发展成为"石油联合企业城"。然而,石油冶炼产生的废气使当地天空终年烟雾弥漫,烟雾厚达500米,其中漂浮着多种有毒有害气体和金属粉尘,很多人出现头疼、咽喉疼、眼睛疼、呕吐等不适。从1960年起,当地患哮喘病的人数激增,一些哮喘病患者甚至因不堪忍受疾病的折磨而自杀。到1979年10月底,当地确认患有大气污染性疾病的患者人数达775491人,典型的呼吸系统疾病有:支气管炎、哮喘、肺气肿、肺癌。

8. 日本米糠油事件

1968年日本九州爱知县一个食用油厂在生产米糠油时,因管理不善,操作失误,致使米糠油中混入了在脱臭工艺中使用的热载体多氯联苯,造成食物油污染。由于当时把被污染了的米糠油中的黑油用去做鸡饲料,造成了九州、四国等地区的几十万只鸡中毒死亡的事件。随后九州大学附属医院陆续发现了因食用被多氯联苯污染的食物而得病的人。病人初期症状是皮疹、指甲发黑、皮肤色素沉着、眼结膜充血,后期症状转为肝功能下降、全身肌肉疼痛等,重者会发生急性肝坏死、肝昏迷,以至死亡。1978年,确诊患者人数累计达1684人。

# 第一节 环境保护法概述

## 一、环境保护法的概念及沿革

### (一) 环境保护法的概念

环境保护法是调整环境保护中各社会关系的法律规范的总称,是指国家、政府部门根据发展经济、保护人民身体健康与财产安全、保护和改善环境需要而制定的一系列法律、法规、规章等。环境保护法迅速成为一门新兴的独立法律分支,是和近几十年来世界很多国家和地区环境严重恶化,以致需要国家和政府干预的状况相联系的。

### (二) 环境法随着环境问题的发展而发展

环境,是指影响人类生存和发展的各种天然的和经过人工改造的自然因素的总体。天然的环境包括大气、水、海洋、土地、矿藏、森林、草原、湿地、野生动物等。人工改造形成的环境包括人文遗迹、自然保护区、风景名胜区、城市和乡村等,因此环境是一个十分复杂而又庞大的体系。人类与环境的关系十分密切,环境是以人类为主体,与人类密切相关的外部世界,是人类生存、繁衍所必需的、相适应的环境。

所谓环境问题,是指人类与周围环境之间的矛盾,具体是指由人类社会的行为引起生态平衡破坏,直接或间接影响人类的生存和发展的一切客观存在的问题。人类生活在环境之中,其生产和生活不可避免地对环境产生影响。有些影响是积极的,对环境起着改善和美化的作用;有些则是消极的,对环境起着退化和破坏的作用。近代特别是20世纪以来,由于人类活动的日益频繁,社会经济的高度发展,环境污染等问题越来越严重,使人类的生存和发展受到更大的威胁。

环境问题主要有以下两类:

1. 环境污染。

环境污染是指人类直接或间接地向环境排放超过其自净能力的物质或能量,从而使环境的质量降低,对人类的生存与发展、生态系统和财产造成不利影响的现象。其中引起环境污染的物质或能量称为环境污染物。这些污染物可以是人类活动的结果,也可以是自然活动的结果,或是两类活动共同作用的结果。在通常情况下,环境污染主要是指人类活动导致环境质量下降。环境污染按照环境要素可分为大气污染、水污染、土壤污染、放射物污染等。按照人类活动可分为工业环境污染、城市环境污染、农业环境污染等。总之,环境污染与人类的生产及生活活动密切相关。

环境污染会给生态系统造成直接的破坏和影响，比如：土地沙漠化、森林破坏，也会给人类社会造成间接的危害。环境污染的最直接、最容易被人所感受的后果是使人类环境的质量下降，影响人类的生活质量、身体健康和生产活动。例如城市的空气污染造成空气污浊，人们的发病率上升等；水污染使水环境质量恶化，饮用水源的质量普遍下降，威胁人的身体健康等。严重的污染事件不仅带来健康问题，也造成社会问题。随着污染的加剧和人们环境意识的提高，由于污染引起的人群纠纷和冲突逐年增加。

2. 环境破坏。

环境破坏是指人类不合理地开发、利用自然资源和兴建工程项目而引起的生态环境的退化及由此而衍生的有关环境效应，环境破坏主要是由于人类活动违背了自然规律，急功近利，盲目开发自然环境引起的。如过度砍伐森林引起森林覆盖率降低，大肆捕杀野生动物导致许多珍稀物种濒临灭绝、盲目占地造成耕地面积减少等。

资料：威胁人类生存的十大环境问题：全球气候变暖、臭氧层的耗损与破坏、生物多样性减少、酸雨蔓延、森林锐减、土地荒漠化、大气污染、水污染、海洋污染、危险性废物越境转移。其中，全球气候变暖排在第一位。由于人口的增加和人类生产活动的规模越来越大，向大气释放的二氧化碳、甲烷等温室气体不断增加，导致大气的组成发生变化，气候有逐渐变暖的趋势。由于全球气候变暖，将会对全球产生各种不同的影响，较高的温度可使极地冰川融化，海平面每10年将升高6厘米，因而将使一些海岸地区被淹没。全球变暖也可能影响到降雨和大气环流的变化，使气候反常，易造成旱涝灾害，这些都可能导致生态系统发生变化和破坏，全球气候变化将对人类生活产生一系列重大影响。

(三) 世界各国的环境立法

1. 古代环境与资源保护法时期。18世纪工业革命以前的古代时期，世界各国出现一些环境方面的法律，但是内容极为零散，相互之间没有有机的联系主要是一些关于自然保护的法律法规，没有与保护生态平衡相联系，主要是为了经济与生活服务。虽然有一些防止污染的规定，大多是从卫生和生活舒适角度出发，没有与整体环境质量的恶化相联系。

2. 大约在工业革命以后到第二次世界大战结束，随着科学技术的发展，人类对环境的开发逐步深入，环境问题开始展现。因此，各国制定了各种单行的环境与资源保护法规，但是主要以自然资源立法为主，污染防治法较少，环境资源立法缺乏系统性，是环境与资源保护法缓慢发展的阶段。

3. 从第二次世界大战结束至今，是现代环境与资源保护法时期。人类对自然环境的掌控能力越来越强，为了满足经济的发展，各国掀起了开发利用自然环境的热潮。但是，由于政府不重视管理，企业为了追逐经济利益，盲目地开发利用自然资源，引起了各种严重的环境问题，使人类的生产生活面临越来越严重的威胁。最终迫使各国开始重视对环境的保护，环境立法开始增多，各种环境保护制度和措施纷纷出台。现代环境与资源保护法的发展可分为两个阶段：

（1）"斯德哥尔摩时期"的环境与资源保护法。

这个阶段以 1972 年斯德哥尔摩联合国人类环境会议为标志，故称为"斯德哥尔摩时期"的环境与资源保护法。这一时期环境与资源保护法的特点有：

第一，环境的污染防治与自然资源的立法保护并重。

第二，环境与资源保护法从传统的法律体系中脱颖而出，成为独立的法律部门。

第三，环境与资源保护法的子系统初步形成。

第四，环境资源立法呈现综合化趋势。

第六，开始重视设立统一的负责环境资源监督管理的政府机构。

第七，环境标准和环境规划逐步成为环境法体系的重要组成部分。

（2）"可持续发展时期"的环境与资源保护法。

这个阶段的时代特征和历史背景是"可持续发展"或"和平与发展"，故这个时期的环境与资源保护法被称为"可持续发展时期"的环境与资源保护法或"和平与发展"时期的环境与资源保护法。这一时期主要的环境立法很多，例如 1992 年 6 月，联合国环境与发展会议在巴西里约热内卢召开，通过和签署了《里约环境与发展宣言》、《21 世纪议程》、《气候变化框架公约》、《生物多样性公约》和《关于森林问题的原则声明》等五个体现可持续发展新思想、贯彻可持续发展战略的文件。这次大会标志着全球中心议题从"斯德哥尔摩时期"的环境保护向"可持续发展时期"的环境保护的重大转变。这一时期环境与资源保护法的特点有：

第一，可持续发展成为环境与资源保护法的指导思想和原则。

第二，环境与资源保护法涉及更加广泛的环境资源问题和经济、社会可持续发展等跨领域的问题，环境资源立法的综合化、一体化进一步加强。

第三，环境与资源保护法采用越来越多的科学技术手段和科学技术规范。

第四，环境与资源保护法的实施能力和执法效率大幅度提高。

第五，各国环境与资源保护法之间以及国内环境法与国际环境法之间的协调性日益增强。

### (四) 新中国成立以来环境与资源保护法的发展概况

1. 中华人民共和国成立初期的环境与资源保护法。

新中国成立至20世纪60年代末,是我国环境与资源保护法缓慢发展的阶段。

这个阶段的环境与资源保护法具有以下特点:

第一,在立法形式和内容上受前苏联的影响较大;

第二,以自然资源法或自然保护立法为主;

第三,环境与资源保护法律法规效力等级和立法级别较低;

第四,环境与资源保护法律法规可操作性和可执行性较差。

2. 创业时期的环境与资源保护法。

20世纪60年代至70年代,我国环境问题日益严重,环境保护运动迅速发展。1973年8月召开了第一次全国环保会议。这次会议制定了《关于保护和改善环境的若干规定》,对我国环境与资源保护法的发展具有重要的历史意义。

本时期的环境与资源保护法具有以下特点:

第一,确定了比较全面的环境资源保护目标;

第二,环境与资源保护法效力等级和立法级别还较低;

第三,以防治污染立法为主,自然保护和资源保护方面的法律较少。

3. 改革开放以后的环境与资源保护法。

党的十一届三中全会以后,我国进入改革开放时期,我国的现代环境与资源保护法进入迅速、全面发展的阶段。

1978年,我国修改了《宪法》,首次将环境资源保护确定为国家的一项基本职责,并将自然保护和污染防治确定为环境资源保护和环境与资源保护法的两大领域,从而奠定了我国环境与资源保护法体系的基本构架和主要内容。

1989年12月七届全国人大第十一次会议通过了《中华人民共和国环境保护法》,标志着我国第一次环境立法高潮达到顶点。

1993年3月,全国人大成立了环境与资源保护委员会(简称环资委),标志着我国进入第二次环境资源立法高潮。

这一时期的环境与资源保护法具有以下几个主要特点:

第一,可持续发展战略已成为环境与资源保护法的指导思想。

第二,环境立法的综合化进一步加强。

第三,环境民主和公众参与正在成为我国环境与资源保护法的基本原则和制度。

第四,环境与资源保护法越来越多地采用经济手段和市场机制。

第五,环境与资源保护法采用越来越多的科技手段和技术规范。

第六,我国环境与资源保护法与国外、国际环境与资源保护法以及地方环境与资源保护法规的协调性日益增强。

4. 我国环境与自然资源保护法的立法趋势。

虽然我国于1989年和1993年有过两次环境立法高潮，但我国面临的环境问题还比较突出。如森林质量不高，水生态环境仍在恶化，农村和农业面源污染严重，食品安全问题日益突出，有害外来物种入侵，生物多样性锐减，遗传资源丧失，生物资源破坏形式不容乐观，生态功能继续衰退，生态安全受到威胁。

我们应当从以下几个方面加强我国在环境与自然资源保护立法：

（1）推进循环经济的立法。循环经济，本质上是一种生态经济，它要求运用生态学规律而不是机械论规律来指导人类社会的经济活动。

传统经济是一种由"资源—产品—污染排放"单向流动的线性经济，其特征是高开采、低利用、高排放。

循环经济倡导的是一种与环境和谐的经济发展模式。它要求把经济活动组织成一个"资源—产品—再生资源"的反馈式流程，其特征是低开采、高利用、低排放。

（2）严格控制污染物排放总量的立法。

（3）制定加强未成年人生态环境素质教育的立法。

（4）协调推进区域环境保护立法。

（5）进一步加强国际环境保护方面的合作。

## 二、环境保护法的任务、目的与作用

1. 环境保护法的任务。

（1）保护和改善生活环境与生态环境、合理利用自然资源。

（2）防治环境污染与其他公害。防治环境污染是指防治废气、废渣、粉尘、垃圾、滥伐森林、破坏草原、破坏植物、乱采乱挖矿产资源、滥捕滥猎鱼类和动物等。

2. 环境保护法的目的。

保障人体健康，促进社会主义现代化建设的发展。

3. 环境保护法的作用。

环境保护法是保护人民健康，促进经济发展的法律武器；是推动我国环境法制建设的动力；是提高广大干部，群众环境意识和环保法制观念的好教材；是维护我国环境权益的有效工具；是促进环境保护的国际交流与合作，开展国际环境保护活动的有效手段。

## 三、环境保护法的基本原则

环境保护法的基本原则，是环境保护方针、政策在法律上的体现，是调整环境保护方面社会关系的指导规范，也是环境保护立法、司法、执法、守法必须遵循的准则。

1. 经济建设与环境保护协调发展的原则。

根据经济规律和生态规律的要求，环境保护法必须认真贯彻"经济建设、城市建设、环境建设同步规划、同步实施、同步发展的三同步方针"和"经济效益、环境效益、社会效益的三统一方针"。

2. 预防为主，防治结合的原则。

预防为主的原则，就是"防患于未然"的原则。环境保护中预防污染不仅可以尽可能地提高原材料、能源的利用率，而且可以大大地减少污染物的产生量和排放量，减少二次污染的风险，减少末端治理负荷，节省环保投资和运行费用。"预防"是环境保护第一位的工作。然而，根据目前的技术、经济条件，工业企业做到"零排放"也是很困难的，所以还必须与治理结合。

3. 环境责任的原则。

通常也称为"谁污染，谁治理"、"谁开发，谁保护"原则，其基本思想是明确治理污染、保护环境的经济责任。

环境保护是一项涉及政治、经济、技术、社会各个方面的复杂又艰巨的任务，是我国的基本国策，关系到国家和人民的长远利益，解决这种带头全局、综合性很强的问题，是政府的重要职责之一，政府对环境质量负责。

### 四、我国环境保护法的体系构成

1. 宪法中环境保护的规定。

宪法是国家的根本大法，处于国家的法律体系的最高位置。我国把保护人类环境和维护生态平衡规定为国家的基本职责，把保护环境的基本政策和原则规定在宪法里，把环境法制提高到宪法原则的高度。宪法关于环境保护的原则规定，是环境立法和环境执法的依据。例如，我国《宪法》第26条规定："国家保护和改善生活环境和生态环境，防治污染和其他公害。国家鼓励植树造林，保护林木。"第9条第2款规定："国家保障自然资源的合理利用，保护珍贵的动物和植物，禁止任何组织和个人必须合理地利用土地。"

2. 环境保护基本法。

环境保护基本法是环境法体系的主干，是环境保护领域的基本法律，在环境保护法体系中处于中心地位。我国1979年试行并于1989年由全国人大常务委员会批准颁布修订后重新颁布的《中华人民共和国环境保护法》，该法对环境保护的目的、任务、方针政策、基本原则、基本制度、组织机构、法律责任等作了主要规定。

3. 环境保护单行法。

环境保护单行法是以宪法和环境保护基本法为依据，针对特定的环境保护对象或污染防治对象而制定的单行法律、法规、规章等，它们是由全国人大常务委员会批准颁布的。主要分为两类，一类是生态保护区立法。如《森林法》、《草原法》等。另一类是污染防治法。如《大气污染防治法》、《水污染防治法》、《环境噪声污染防治法》等。

4. 环境保护法规。

由国务院组织制定并批准公布的，为实施环境保护法律或规范环境监督管理制度及程度而颁布的"条例"、"实施细则"，如《风景名胜区管理条例》、《大气污染防治法实施细则》等。

5. 环境保护部门规章。

以有关的环境法律和行政法规为依据，由环境保护行政主管或有关部门发布的环境保护规范性文件。如国家环保局颁布的《排放污染物申报登记规定》等。

6. 地方性法规和地方政府规章。

是指有立法权的地方权力机关——人民代表大会及其常委会和地方政府制定的环境保护规范性文件，是对国家环境保护法律、法规的补充和完善，它以解决本地区某一特定的环境问题为目标，具有较强的针对性和可操作性。如：2000年12月7日发布施行《湖北省无公害农产品管理办法》。

7. 环境标准。

环境标准是国家为了维护环境质量，控制污染，从而保护人体健康，社会财富和生态平衡而制定的各种技术指标和规范的总称。环境标准时通过一些定量化的数据、指标、技术规范来表示行为规则的界限以调整环境关系。环境标准是我国环境法规体系中的一个重要组成部分，也是环境法制管理的基础和重要依据。环境标准包括主要环境质量标准、污染物排放标准、基础标准、方法标准等，其中环境质量标准和污染物排放标准又有国家标准和地方标准。

8. 国际环境保护公约。

是中国政府为保护全球环境而签订的国际条约和议定书，是中国承担全球环保义务的承诺，根据《环境保护法》规定，国内环保法律与国际条约有不同规定时，应优先采用国际条约的规定（除我国保留条件的条款外）。如《保护臭氧层维也纳公约》、《生物多样性公约》等。

## 五、环境保护法的特点

1. 科学性。

环保是以科学的生态规律与经济规律为依据的，它的体系原则、法律规律、管理制度都是从环境科学的研究成果和技术规范总结出来。

2. 综合性。

环保法所调整的社会关系相当复杂，涉及面广、综合性强。既有基本法，又有单行法；既有实体法，又有程序法；而且涉及行政法、经济法、劳动法、民法、刑法等有关内容。

3. 区域性。

我国是一个大国，区域差别很大，因此我国的环保法具有区域性特点。各省市可根据本地区制定相应的地方法规和地方标准，体现地区间的差异。

4. 公益性。

环境保护在很多情况下超越了国界和制度的局限，环境保护法更多地反映全社会公众的要求，为社会的公共利益服务。

5. 世界共同性。

环境问题是世界各国都面临的重要课题，世界上没有哪一个国家能说自己没有环境污染和破坏的问题，因此，世界各国应当联合起来，共同商讨解决环境问题的对策和具体解决办法。

## 第二节　环境保护法的主要法律制度

### 一、环境标准制度

环境标准制度是指国家根据人体健康、生态平衡和社会经济发展对环境结构、状态的要求，在综合考虑本国自然环境特征、科学技术水平和经济条件的基础上，对环境要素间的配比、布局和各环境要素的组成以及进行环境保护工作的某些技术要求加以限定的规范和实施机制的总和。环境标准制度的主要环节是环境标准的制定和环境标准的实施。

1. 环境标准的制定。

《环境保护法》第10条规定了标准制定的机关，《环境标准管理办法》第3条和第4条规定的是标准的种类：国家环境标准、地方环境标准和国家环境保护总局标准。国家环境标准包括国家环境质量标准、国家污染物排放标准（或控制标准）、国家环境监测方法标准、国家环境标准样品标准和国家环境基础标准；地方环境标准包括地方环境质量标准和地方污染物排放标准（或控制标准）。《环境标准管理办法》第5条还从环境标准的效力层次角度把环境标准分为强制性环境标准和推荐性环境标准。

2. 环境标准的实施。

即各类环境标准的具体执行与落实。包括国家环境质量标准的实施、国家污染物排放标准（或控制标准）的实施、国家环境监测方法标准的实施、国家环境标准样品标准的实施和国家环境基础标准的实施5种情况。

3. 环境标准的解释。

国家环境标准和国家环境保护总局标准由国家环境保护总局负责解释；国家环境保护总局可委托有关技术单位解释。

## 二、环境质量监测制度

环境监测是指依法从事环境监测的机构及其工作人员，按照有关法律法规规定的程序和方法，运用物理、化学或生物等方法，对环境中各项要素及其指标或变化进行经常性的监测或长期跟踪测定的科学活动。

环境质量监测制度主要包括环境质量监测网络的建立、即时数据监测和环境状况公报的发布。在理论中，环境质量监测的对象大体上可以分为污染源和环境质量状况两个方面：污染源方面主要包括工业、农业、交通污染源和城市废弃物；环境质量状况方面主要包括大气、水体、土壤等环境因素的质量状况。

环境监测制度的建立可以为制定环境污染防治法律法规、环境标准、环境规划、环境污染综合防治对策提供科学依据，并且能够评价环境质量、预测环境质量变化发展趋势，客观监视分析环境管理的实施效果。

## 三、环境影响评价制度

我国《环境影响评价法》规定，环境影响评价是指"对规划和建设项目实施后可能造成的环境影响进行分析、预测和评估，提出预防或者减轻不良环境影响的对策和措施，进行跟踪监测的方法与制度"。并指出在中华人民共和国领域和中华人民共和国管辖的其他海域内的规划与建设，对环境有影响的，都应当依法进行环境影响评价。

环境影响评价制度是人类开始关注自身活动对环境带来的影响及其对人类自身带来的危害，反思如何正确处理人类社会发展与环境的关系而建立起来的。

环境影响评价不是一般的预测评价，它要求可能对环境有影响的建设开发者，必须事先通过调查、预测和评价，对项目的选址、对周围环境产生的影响以及应采取的防范措施等提出建设项目环境影响报告书，经过审查批准后，才能进行开发和建设。在我国的环境保护法和各种污染防治的单行法律中，它是一项决定建设项目能否进行的具有强制性的法律制度。

根据我国环境保护法律和有关行政法规的规定，建设项目对环境可能造成重大影响的，应当编制环境影响报告书，对建设项目产生的污染和对环境的影响进行全面、详细的评价。具体建设项目大体上包括：一切对自然环境产生影响或排放污染物对周围环境产生影响的大中型工业建设项目；一切对自然环境和生态平衡产生影响的大中型水利枢纽、矿山、港口、铁路、公路建设项目；大面积开垦荒地和采伐森林的基本建设项目；对珍稀野生动植物资源的生存和发展产生严重影响，甚至造成灭绝的大中型建设项目；对各种生态类型的自然保护区和有重要科学价值的特殊地质、地貌地区产生严重影响的建设项目等。

建设项目对环境可能造成轻度影响的，应当编制环境影响报告表，对建设项目产生的污染和对环境的影响进行分析或者专项评价；建设项目对环境影响很小的，需要填报环境影响登记表。

环境影响评价的审批程序大体上是：首先由建设单位或主管部门通过签订合同委托具有相应资格证书的评价单位进行调查和评价工作；评价单位通过调查和评价制作环境影响报告书（表），评价工作要在项目的可行性研究阶段完成，建设单位在建设项目可行性研究阶段报批，但铁路、交通等建设项目经有审批权的环境保护行政主管部门同意，可以在初步设计完成前报批；建设项目的主管部门负责对建设项目的环境影响报告书（表）进行预审；建设项目环境影响报告书由有审批权的环境保护行政主管部门审查批准。

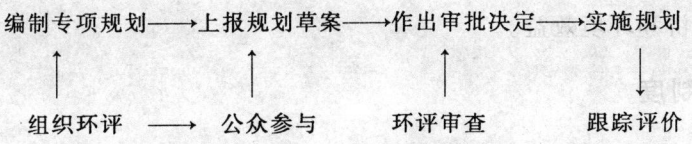

**广州扩建水产市场　邀请公众参与环评**

广州黄沙水产交易市场是华南地区最大的水产品综合交易市场。由于业务的不断扩展，黄沙市场要进行扩建，由原来的2.5万平方米增加至5.2万平方米。新建的黄沙市场将成为国内最大的水产品交易市场。

水产品会散发令人不适的气味，市场每天要排除大量污水，进出市场的机动车加重周边的噪声负荷。群众对扩建市场会有什么反映？国家环保总局在对该项目进行环境影响评价的过程中召开公众座谈会，邀请当地18位公众代表参与评估，看看他们对黄沙市场的环境质量有什么要求。据介绍，这是国家环保总局第三次组织公众座谈会，邀请公众听取有关建设项目的环境影响评价。

国家环保总局的李新民处长说："扩建市场是为了满足广大人民群众的利益，决不能忽视造成的环境影响，举行听证会的目的就是为了多听取群众的意见，才不会顾此失彼。"

## 四、排污申报登记和排污许可制度

排污申报登记是指直接或间接向环境排放污染物、噪声或固体废弃物的企业和个人，按照法定程序就排放污染物的具体情况，向所在地环境保护行政主管部门进行申报、登记和注册的过程。

排污许可是指凡需要向环境排放各种污染物的单位或个人，都必须在事先向环境保护主管部门办理排污申报登记手续的基础上,经过环境保护主管部门批准,获得"排污许可证"后方能从事排污行为的一系列环境行政过程的总称。

排污收费制度是指向环境排放污染物或超过规定的标准排放污染物的排污者,按照污染物的种类、数量和浓度,根据国家法律和有关规定按标准交纳费用的制度。

排污申报登记的目的是使环境保护部门了解和掌握排污者的排污情况,同时将污染物的排放管理纳入环境行政管理的规范,以利于环境监测以及国家和地区对污染物排放状况的统计分析;排污许可制度是排污申报登记的延伸和结果。经过申报登记工作,由环境行政部门对排污者的资格和条件进行审查,对符合条件的排污者发放排污许可证,进行排污的总量控制,引导企业把控制污染的注意力从排污口的末端治理转向生产的全过程控制。排污收费制度则是国家为了控制经济生产活动对环境造成的损害,根据价值规律,采用一些经济手段来调节和限制不当的经济活动,以达到保护或改善环境的目的。排污收费能有效地刺激污染者减少污染和加强管理,并取得明显的经济和环境效益。

### 五、"三同时"制度

"三同时"制度是指新建、改建、扩建的基本建设项目、技术改造项目、区域或自然资源开发项目,其防治环境污染和生态破坏的设施,必须与主体工程同时设计、同时施工、同时投产使用的制度,简称"三同时"制度。

"三同时"制度的实施要求从项目论证到设计、施工、竣工验收都应按"三同时"的规定进行审查验,具体包括以下内容:

(1)建设项目在进行可行性研究论证时,必须进行职业安全卫生方面的论证,明确项目可能对职工造成危害的防范措施,并将论证结果载入可行性论证文件。

(2)设计单位在编制建设项目的初步设计文件时,应当同时编制《职业安全卫生专篇》,职业安全卫生设施的设计,必须符合国家标准或者行业标准。职业安全卫生专篇的内容主要包括:设计依据、工程概述、建设及场地布置、生产过程中职业危害因素分析、职业安全卫生设计中采用的主要防范措施、预期效果及评价等。

(3)施工单位必须按照审查批准的设计文件进行施工,不得擅自更改职业安全卫生设施的设计,并对施工质量负责。

(4)建设项目的竣工验收必须按照国家有关建设项目职业安全卫生验收规定进行。不符合职业安全卫生规程和行业技术规范的,不得验收和投产使用。

(5)建设项目验收合格,正式投入运行后,不得将职业安全卫生设施闲置不用,生产设施和职业安全卫生设施必须同时使用。

 **案例分析**

### 崔某、杜某诉长春市中国第一汽车集团公司排放污水污染案

长春市中国第一汽车集团公司（中央直属企业，以下简称"中汽一公司"）排放的污水，流经绿园区西新乡小开元村村民崔某、杜某等人所居住的二社，注入长春市绿园区西新乡的西新水库。每年蓄水期间，由于蓄水面积扩大，中汽一公司排放的污水将崔某、杜某等181人居住地区附近的耕地及饮用水污染。为此，崔某、杜某等人多次上访。

长春市环保局接到他们的反映后，对污水进行了监测化验，确认了污染源，组织人力修复了自来水设备，并与政府有关部门多次组织崔某等人及小开元村村民委员会、中汽一公司、绿园区西新乡政府等就解决饮用水污染问题进行调解，后因崔某等人对协议的内容有异议而未达成协议。为此，崔某等181人于1998年4月以长春市环保局没有履行法定职责为由，向该市南关区人民法院提起了行政诉讼，要求判令长春市环保局履行行政职责。

◎请问：这种诉讼是否合理？法院是否会受理？

南关区人民法院经过调查审理，认为长春市中汽一公司属于中央直属企业，长春市环保局不具有对其作出限期治理决定的法定职责，因此，判决对崔某等人要求环保局履行对中汽一公司作出限期治理决定的法定职责的诉讼请求不予支持。但南关区人民法院认为，长春市环保局对中汽一公司具有环境监督管理权，对崔某等人申请因环境污染造成的赔偿责任和赔偿金额纠纷应在调解不成的情况下作出处理决定，因此，判决责令长春市环保局在一个月内履行法定职责，对181名村民与造成污染的企业和西新乡政府之间的环境赔偿责任和赔偿金额作出处理决定。

法院的判决是否合理？长春市环保局服气吗？

长春市环保局对南关区人民法院作出的一审判决不服；认为该判决与法律规定相悖，遂上诉于长春市中级人民法院。1999年6月，长春市中级人民法院作出了终审判决：撤销长春市南关区人民法院（1998）南行初字286号行政判决；驳回被上诉人崔某等181人的诉讼请求。

◎分析：1.《环境保护法》规定：中央或省、自治区、直辖区人民政府直接管辖的企业事业单位的限期治理，由省、自治区、直辖市人民政府决定。市、县及以下人民政府管辖的企业事业单位的限期治理，由市、县人民政府决定。

2. 环境赔偿责任和赔偿金额纠纷应发生在平等主体之间，否则环保局只能充当第三者进行调解，进行处理不是环保局必须履行的职责。其实质是民事纠纷，对调解不服，只能提起民事诉讼，而非提起行政诉讼。

学习情境八

# 经济仲裁和民事诉讼法律制度与实务

### 学习目标

在我国解决经济纠纷的方式主要有和解、调解、仲裁、诉讼等方式。本章重点讲述经济纠纷的仲裁与诉讼这两项基本制度。通过学习，使学生了解经济纠纷的概念；掌握经济仲裁的概念、基本原则和我国《仲裁法》的适用范围、仲裁的主要程序；掌握民事诉讼的概念、民事诉讼法的基本原则、民事审判的基本制度、管辖确定和诉讼程序，并能够运用所学习的经济纠纷解决方式的法律知识解决实际法律问题。

### 案例导读

2003年4月，一位操着浓浓四川口音的老头儿出现在北京市朝阳法院的民一庭，将自己手中的诉状递交给工作人员，并用带着四川味的口音说出他的诉讼理由："我要状告黄宏，因为看完了他的小品《杨白劳与黄世仁》，我本来良好的心情没有了，反而觉得心情很压抑……他侵犯了我的'良好心情权'！""良好心情权？"长期以来有着丰富办案经验的法官们在听到老头儿这句话时也难免觉得有些诧异。"我是从四川远道而来的，这次来主要就是为了状告笑星黄宏！"老头似乎看出了法官们的神色，不紧不慢地继续补充道："其实我一直都特别喜欢看黄宏的小品，可是最近看完他出的一本书后我的心情就十分地沉重起来……""在那本名叫《从头说起》的书里，《杨白劳与黄世仁》故事中杨白劳欠钱变成了大爷，而讨债的地主老赖却成了'孙子'，这显然是与历史不符。这实在是让我在阅读此书后，长期想不通,精神受到极大的伤害,因此我认为黄宏侵犯了我的'良好心情权'。"请问该案件属于人民法院的受理案件范围吗?

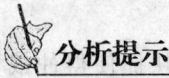 **分析提示**

本案中起诉人的起诉不符合《中华人民共和国民事诉讼法》第一百零八条规定的"原告是与本案有直接利害关系的公民、法人和其他组织"的起诉条件。所谓"利害关系",是指请求人民法院保护的利益是提起诉讼当事人自己的利益或者受其管理或支配的利益。直接的利害关系是一种民事权利义务关系,只有与被起诉的案件具有这种利益关系,才有起诉的资格,因此本案不属于人民法院的受理案件范围。

## 第一节 经济仲裁法律制度

### 一、经济仲裁概述

（一）经济纠纷与经济仲裁的概念

经济纠纷是指在市场经济条件下,经济法律关系的主体在经济活动中产生的有关经济权利与经济义务的争议。

经济仲裁是指经济纠纷当事人根据其在争议发生之前或争议发生之后所达成的仲裁协议,自愿将该争议提交仲裁机构进行裁判,仲裁机构以第三者的身份,依照法定程序和仲裁规则,对争议作出裁决,各方当事人必须执行裁决的一种解决经济纠纷的方式。

（二）经济仲裁的特点

1. 自愿性。

仲裁以双方当事人的自愿为前提,即双方当事人之间的纠纷是否提交仲裁,交与谁仲裁,仲裁庭如何组成,由谁组成,以及仲裁的审理方式、开庭形式等,都是在当事人自愿的基础上,由双方当事人协商确定。

2. 灵活性。

仲裁充分体现当事人的意思自治,仲裁中的诸多具体程序都可以由双方当事人自愿协商确定与选择。一般来说,当事人均可以在仲裁中对仲裁庭的组成方式、开庭方式、准据法等进行选择,无严格的地域管辖规定。因此与民事诉讼相比,仲裁程序更加灵活,更具有弹性。

3. 专业性。

我国《仲裁法》对仲裁员的专业资格提出了很高的要求,如仲裁员必须从事律师或审判员工作满 8 年，或者从事法律研究、教学工作并具有高级职称，或者具有法律知识并从事经济贸易等专业工作，具有高级职称或同等专业水平。

4. 经济性。

仲裁与诉讼相比，程序较简单，耗费的时间较诉讼短，时间上的快捷使得仲裁所需费用相对减少，仲裁实行一裁终局，无须多审级收费，使得仲裁费用往往低于诉讼费用。

5. 保密性。

相对于诉讼的公开审理而言，仲裁不公开进行，仲裁审理不允许民众旁听和新闻媒体采访报道。我国《仲裁法》第40条规定："仲裁不公开进行。当事人协议公开的，可以公开进行，但涉及国家秘密的除外。"同时，仲裁员、任何一方当事人以及仲裁参与人负有对仲裁所涉文件、仲裁审理过程的保密义务。

## 二、仲裁法的基本原则和基本制度

仲裁法是国家制定或认可的，规范仲裁法律关系主体行为和调整仲裁法律制度关系规范的总称。仲裁法规定了仲裁的适用范围、仲裁的基本原则和制度、仲裁机构的设立和地位、仲裁庭的组成和仲裁程序的进行、仲裁主体在仲裁中的权利和义务以及仲裁裁决的效力和执行等内容。

### （一）仲裁法的基本原则

仲裁法的基本原则是指仲裁法所规定的，指导仲裁程序依法有序进行的基本准则。

1. 意思自治原则。

仲裁最本质的特征是尊重当事人意愿，遵循意思自治原则，遵循意思自治原则主要体现在当事人可以就争议是否提交仲裁，协商选定交给哪个仲裁委员会进行仲裁，自主选任仲裁庭的组成形式和仲裁员，协议提交仲裁的争议事项，约定有关审理方式、开庭形式等程序性事项等。

2. 以事实为根据，以法律为准绳，公平合理解决纠纷的原则。

仲裁庭在审理经济纠纷过程中，要全面、深入、客观地查清与案件有关的事实情况，掌握发生纠纷的原因、经过和双方当事人争议的焦点。在弄清事实的基础上，在符合法律规定的前提下，公平合理地确定各方当事人的权利与义务。

3. 独立仲裁原则。

仲裁依法独立进行，不受行政机关、社会团体和个人的干涉。仲裁委员会独立于行政机关，与行政机关没有隶属关系。仲裁委员会之间也没有隶属关系。仲裁庭是行使仲裁权的主体，对仲裁案件具有独立的审理权和裁决权，仲裁庭的独立性是案件公正裁决的基础。因此，仲裁委员会以及其他行政机关、社会团体和个人不得以任何理由和借口对仲裁庭行使仲裁权的行为进行干预。

(二) 仲裁法的基本制度

仲裁法的基本制度，是指在仲裁活动中，约束仲裁组织、双方当事人及其他仲裁参与人的基本行为规范。

1. 协议仲裁制度。

协议仲裁制度是仲裁遵循意思自治原则的具体体现。当事人申请仲裁、仲裁委员会受理仲裁案件以及仲裁庭对仲裁案件进行审理和裁决，都必须依据双方当事人之间订立的有效的仲裁协议。没有仲裁协议对当事人意愿的展示，仲裁就失去了依据，仲裁机构就无权受理案件，仲裁的程序也就无法启动。因此，没有仲裁协议就没有仲裁。

2. 或裁或审制度。

或裁或审制度是指双方当事人对所发生的争议，或者通过仲裁方式解决，或者通过诉讼方式解决的制度。

对当事人来讲，当事人对纠纷解决方式具有选择权。如果当事人达成了仲裁协议，当纠纷发生时，任何一方当事人不能就该争议向人民法院提起诉讼，而应当依据仲裁协议向仲裁机构申请仲裁。如果当事人双方未能就争议的解决方式达成一致，或者所达成的仲裁协议依照我国法律的要求为无效时，当事人只能就该争议通过诉讼方式解决，而不能强迫对方当事人进行仲裁程序。

对仲裁机构来说，仲裁机构不能受理当事人之间没有仲裁意愿的纠纷案件，而对法院来说不能受理当事人之间已达成仲裁协议的纠纷案件。只有在没有仲裁协议，仲裁协议无效、失效，或者双方当事人共同放弃仲裁协议等的情况下，法院才可以行使司法权。

3. 一裁终局制度。

一裁终局制度是指当事人之间的纠纷，一经仲裁审理和裁决即告终结，该裁决具有终局的法律效力。裁决作出后，当事人就同一纠纷再申请仲裁或者向人民法院起诉的，仲裁委员会或者人民法院不予受理。如果当事人一方不履行裁决的，另一方当事人可以依照民事诉讼法的有关规定向人民法院申请执行。

### 三、仲裁协议

(一) 仲裁协议的概念

仲裁协议，是指当事人之间达成的，旨在将他们之间已经发生或者可能发生的争议提交仲裁解决的书面协议。仲裁协议不论是以仲裁条款的形式直接写入主合同或在合同订立后又补充仲裁条款，还是在主合同之外独立作为一个合同而存在，仲裁协议均不受主合同是否有效的影响。

## (二) 仲裁协议的内容

根据《仲裁法》的规定,仲裁协议应包括以下三个方面的内容:

1. 请求仲裁的意思表示。

请求仲裁的意思表示,是指双方当事人而非一方当事人,均同意将他们之间已经发生的或将来可能发生的争议提交仲裁解决。请求仲裁的意思表示是仲裁协议的最基本内容。

2. 仲裁事项。

仲裁事项是当事人在仲裁协议中约定的提交仲裁解决的争议。请求仲裁的事项至少应当具备以下两个条件:第一,仲裁事项应属于仲裁适用范围,否则仲裁机构不能受理。如果受理,对方当事人可对仲裁庭的管辖权提出异议而拒绝参与仲裁。即使在仲裁审理终结并作出实质性裁决后,对方当事人仍有权拒绝履行该裁决所规定的义务,并可向法院申请撤销该仲裁裁决,法院亦可拒绝执行该裁决。第二,仲裁事项应当明确,即将什么争议提交仲裁解决应该明确,在具体约定时,对于已经发生的争议事项,其具体范围比较明确和具体因而较容易约定。如当事人约定"就产品质量问题引起的争议提交仲裁",这一约定就排斥了对因货物数量问题引起的争议进行仲裁的可能性。对于未来可能性争议事项要提交仲裁,这种仲裁事项不可能很具体,但应作出一般性界定,通常表达为"因履行本合同发生的争议,由当事人协商解决,协商不成的,提交××仲裁委员会仲裁"。

3. 选定的仲裁委员会。

在仲裁协议约定的仲裁委员会应当具备两个条件:第一,必须确实存在,选择不存在的仲裁委员会的仲裁协议不成立;第二,其选择的仲裁委员会必须是唯一的,不能模棱两可。实践中有的当事人在协议中约定"如有争议,双方协商不成的,可提交××仲裁委员会或提交×××仲裁委员会仲裁",这种仲裁协议无效。

## 四、仲裁机构、仲裁员和仲裁庭

### (一) 仲裁机构

仲裁机构,是指依法成立的,有权根据仲裁协议受理一定范围争议并进行裁决的机构。我国的仲裁机构是仲裁委员会。仲裁委员会可以在直辖市和省、自治区人民政府所在地的市设立,也可以根据需要在其他设区的市设立,不按行政区划层层设立。仲裁委员会由主任1人、副主任2~4人和委员7~11人组成。主任、副主任和委员由法律、经济贸易专家和有实际工作经验的人员组成。其中法律、经济贸易专家不得少于2/3。仲裁委员会独立于行政机关,仲裁委员会之间也是相互独立的，彼此没有上下级之分，也没有仲裁活动的具体空间范围，每一个仲裁委员会都可以面向全国。凡依法可以仲裁的纠纷都可以约定由某一个仲裁委员会仲裁。当然，选择离自己住所地近的仲裁委员会，处理案件比较方便一些。

（二）仲裁员

仲裁员是合同纠纷、财产权益纠纷的裁判者，我国《仲裁法》第13条对仲裁员的条件作了明确规定，既包括对仲裁员道德品质的要求，又包括了对仲裁员业务素质的要求。

1. 仲裁员的道德素质。

我国《仲裁法》第13条第1款规定："仲裁委员会应当从公道正派的人员中聘任仲裁员。"这是仲裁法对仲裁员道德素质的要求。所谓"公道正派"，是指办事公道，作风正派，在仲裁工作中能够根据事实，依据法律仲裁，做到不偏不倚。

2. 仲裁员的业务素质。

我国《仲裁法》第13条第2款规定："仲裁员应当符合下列条件之一：（1）从事仲裁工作满8年的；（2）从事律师工作满8年的；（3）曾任审判员满8年的；（4）从事法律研究，教学工作并且有高级职称的；（5）具有法律知识，从事经济贸易等工作并具有高级职称或者具有同等专业水平的。"

（三）仲裁庭

仲裁庭是具体负责审理和裁决仲裁案件的组织。根据《仲裁法》第30条的规定，我国仲裁庭的组成方式，包括由1名仲裁员组成的独任制仲裁庭和由3名仲裁员组成的合议制仲裁庭两种形式。

1. 独任制仲裁庭。

当事人约定由1名仲裁员组成仲裁庭的，应共同选定或者共同委托仲裁委员会主任指定仲裁员。在实践中，当事人双方往往难以找到一名共同信赖的人作为仲裁员，因此大多数情况下，是由仲裁委员会主任依法进行指定。但是由于三人仲裁更能保障裁决的公正、合理，同时我国的仲裁实践是按争议标的收取仲裁费用，三人仲裁并不会实质增加当事人的费用负担，因此，独任制仲裁庭的适用并不普遍。

2. 合议制仲裁庭。

合议制仲裁庭由两名仲裁员和一名首席仲裁员组成。当事人约定由三名仲裁员组成仲裁庭的，其产生办法为由双方当事人各自选定或者各自委托仲裁委员会主任指定一名仲裁员，第三名仲裁员由当事人共同选定或者共同委托仲裁委员会主任指定，第三名仲裁员是首席仲裁员，首席仲裁员负责主持案件的仲裁，与仲裁员享有同等的权利。

当事人没有在仲裁规则规定的期限内约定仲裁庭的组成方式或者选定仲裁员

的，由仲裁委员会主任指定。仲裁委员会应当在仲裁庭组成后，将仲裁庭的组成情况书面通知当事人。

**五、仲裁的程序**

（一）仲裁的申请和受理

1. 申请仲裁的条件。

申请仲裁，是指平等主体的公民、法人和其他经济组织之间发生了合同纠纷或其他财产权益纠纷，当事人根据双方自愿达成的仲裁协议，以自己的名义请求仲裁委员会通过仲裁方式给予法律保护的活动。对当事人的申请，仲裁委员会应当进行审查，对符合受理条件的，依法受理后仲裁程序方正式开始；对不符合受理条件的则不能受理，仲裁程序也就无从开始。依照《仲裁法》第21条的规定，当事人申请仲裁应符合下列条件：

（1）有仲裁协议。

《仲裁法》规定，当事人采用仲裁方式解决纠纷，应当双方自愿，达成仲裁协议，没有仲裁协议，一方申请仲裁的，仲裁委员会不予受理。仲裁协议对仲裁事项或仲裁委员会没有约定或约定不明确的，当事人可以补充协议；达不成补充协议的，仲裁协议无效。当事人对仲裁协议的效力有异议的，可以请求仲裁委员会作出决定或者请求人民法院作出裁定。一方请求仲裁委员会作出决定，另一方请求人民法院作出裁定的，由人民法院裁定。

（2）有具体的仲裁请求和事实、理由。

所谓"具体的仲裁请求"，是指申请人请求仲裁机构要解决的具体问题。仲裁请求必须明确而具体。事实和理由包括当事人之间法律关系发生、变更、消灭的事实，也包括当事人权益受到侵害或发生争执的事实。这些事实需要申请人提供证据加以证明。在实践中，仲裁机构对申请人在申请仲裁时能否提供证据，不应苛求，不能因为申请人提不出证据或所提证据不充分而不受理。就是说，申请人举不出充分的证据，只能影响审理的结果，但不影响对仲裁申请的受理。

（3）属于仲裁委员会的受理范围。

经济仲裁的适用范围即依据法律可以通过仲裁解决的经济纠纷的范围。根据我国《仲裁法》的规定，平等主体之间的合同纠纷和其他财产权益纠纷可以仲裁，婚姻、收养、监护、扶养、继承纠纷不能仲裁。例如，张某欲与妻子离婚，就不能通过仲裁方式解决。另外，对于劳动争议和农业集体经济组织内部的农业承包合同纠纷，在我国已经形成了劳动争议仲裁和农业承包合同纠纷仲裁，根据《仲裁法》的规定，上述两种仲裁不受《仲裁法》的调整。

2. 仲裁申请的提出。

当事人申请仲裁，应当向仲裁委员会递交仲裁协议、仲裁申请书及副本。当事人申请仲裁只能采用书面形式，口头申请仲裁是无效的，不能引起仲裁程序的开始。

仲裁申请书应包括以下内容：

（1）当事人的基本情况。这包括当事人的姓名、性别、年龄、职业、工作单位和住所，法人或其他组织的名称、住所和法定代表人或主要负责人的姓名、职务。申请书应按照申请人和被申请人分别写明以上情况。当事人如果委托了律师或其他代理人参加仲裁活动，还应当写明律师或其他代理人的情况。

（2）仲裁请求和所根据的事实、理由。仲裁请求应当写明申请仲裁所要解决的问题和要达到的目的。即要求被申请人履行什么义务，还是变更某种法律关系，或是确认某种法律关系是否存在，如要求被申请人给付合同价款、解除合同、支付违约金等。仲裁请求应当明确、具体，不能模棱两可、含糊其辞。

请求所根据的事实和理由，是仲裁申请书的核心内容，也是仲裁庭裁决纠纷的重要依据之一。这部分应写明下列内容：当事人之间纠纷的由来、发生、发展和后果；双方争议的具体内容和焦点，被申请人承担的责任及所依据的理由和应适用的法律。

（3）证据和证据来源、证人姓名和住所。申请人在仲裁申请书中，应当提供能够证明案件事实和自己主张的各种证据及其来源，提供书证、物证、视听资料的，应在递交仲裁申请书时一并递交仲裁机构；提供证人的，应记明证人的姓名和住所。

3. 仲裁申请的受理。

根据《仲裁法》第24条的规定，仲裁委员会收到仲裁申请书后，应当进行审查。经过审查认为符合条件的，应当受理，并通知当事人；认为不符合受理条件的，应当书面通知当事人不予受理，并说明理由。依《仲裁法》规定，通知的法定时限是5日，从收到仲裁申请书之日起算。仲裁委员会收到仲裁申请后，认为仲裁申请书内容欠缺的，可以要求当事人限期补正；逾期不补正的，视为未申请。

仲裁委员会受理仲裁申请书后至开庭裁决之前，需要做一系列的准备工作，以保证仲裁程序的顺利进行。根据《仲裁法》的规定，这些准备工作有：

（1）向当事人送达有关材料。根据《仲裁法》第25条的规定，仲裁委员会受理仲裁申请后，应当在仲裁规则规定的期限内将仲裁规则和仲裁员名册送达申请人，并将仲裁申请书副本和仲裁规则、仲裁员名册送达被申请人。被申请人收到仲裁申请书副本后，应当在仲裁规则规定的期限内向仲裁委员会提交答辩书。仲裁委员会收到答辩书后，应当在仲裁规则规定的期限内将答辩书副本送达申请人。被申请人未提交答辩书的，不影响仲裁程序的进行。

（2）通知申请人按照规定预交案件受理费。《仲裁法》没有明确规定何时通知申请人，实践中一般与决定受理的通知一并进行。

（3）通知双方当事人提交参加仲裁活动的有关身份证明材料。例如，法人或其他组织的营业执照副本；法定代表人或主要负责人的身份证明；有委托代理人的，还应提交当事人亲笔签名或盖章的授权委托书。

（4）组成仲裁庭。根据《仲裁法》的规定组成仲裁庭后，仲裁委员会应当将仲裁庭的组成情况书面通知当事人。

（5）财产保全或证据保全。如果申请人在请求仲裁时同时申请了财产保全或证据保全，仲裁委员会应当接受并提请人民法院办理有关事宜。根据《仲裁法》的规定，当事人有权申请财产保全或证据保全，但保全措施必须由人民法院实施，仲裁委员会无权直接依当事人的申请对另一方采取保全措施。

（二）审理

审理是指仲裁机构受理案件、组成仲裁庭等程序性工作完成后，仲裁庭对当事人的实体权利义务进行处理直至作出裁决的全部仲裁活动的总和。

1. 审理方式。

仲裁的审理方式有开庭审理和书面审理。以开庭审理为原则，书面审理为特例。

（1）开庭审理。

开庭审理由仲裁庭通知双方当事人及其他仲裁参与人到一定的场所，由仲裁庭主持，当事人双方提供证据，进行质证、辩论等仲裁活动。

《仲裁法》规定，仲裁庭应当将开庭情况记入笔录。开庭笔录是对开庭审理的全部活动所做的记录，它是仲裁法律文书的重要组成部分，也是检查案件、总结经验的依据。开庭笔录应当当庭宣读，或由当事人、其他仲裁参与人当庭阅读。当事人和其他仲裁参与人认为对自己陈述的记录有遗漏或差错的，有权申请补正。如果不予补正，也应当将申请记录在案。笔录由仲裁员、记录人员、当事人和其他仲裁参与人签名或者盖章。

（2）书面审理。

书面审理，是指当事人不必亲自到庭，仲裁庭只根据双方当事人提交的书面材料对案件进行审理并作出裁决的审理方式。这里的书面材料主要包括：仲裁申请书及答辩书、合同书、往来函电、证人提供的证明材料、鉴定人作出的鉴定结论和其他能够证明案件事实的证据材料等。书面审理的优点在于结案迅速，又可以减少双方当事人往返奔波的时间和费用，对当事人而言比较方便。

2. 审理程序。

开庭审理首先应当由仲裁庭确定开庭的日期,然后由仲裁委员会向当事人通知开庭日期,当事人有权请求延期开庭。在正式开庭前,由首席仲裁员或独任仲裁员宣读仲裁庭组成情况,及双方当事人出庭人员名单。庭审正式进入实质性阶段后的程序,仲裁法不像民事诉讼法那样规定得明确、具体。一般说来,先由申请人陈述案情,再由被申请人答辩。仲裁员可以就案情向当事人提问,当事人经许可可以互相提问。事实部分陈述完毕,当事人可就对方提交仲裁庭的证据互相质证,也可以出示新的证据。仲裁辩论的顺序与法庭辩论的顺序基本一致:申请人及其代理人答辩;被申请人及其代理人发言;互相辩论;辩论终结,仲裁庭应当征询当事人各方的最后意见。当事人最后陈述完毕,开庭审理即告结束。

## 六、仲裁裁决的撤销与执行

### (一) 仲裁裁决的撤销与程序

1. 裁决的撤销。根据我国《仲裁法》的规定,当事人有足够证据证明裁决有下列情形之一的,可以向仲裁委员会所在地的中级人民法院申请撤销裁决:①没有仲裁协议的;②裁决的事项不属于仲裁协议的范围或者仲裁委员会无权仲裁的;③仲裁庭的组成或者仲裁的程序违反法定程序的;④仲裁所根据的证据是伪造的;⑤对方当事人隐瞒了足以影响公正裁决的证据的;⑥仲裁员在仲裁该案时有索贿受贿、徇私舞弊、枉法裁决行为的。另外,人民法院如果认为该裁决违背社会公共利益的,也应当裁定撤销。

当事人申请撤销仲裁的裁决应当自收到裁决书之日起 6 个月内提出。

例如,甲、乙因合同纠纷申请仲裁,要求解除合同。某仲裁委员会经审理裁决解除双方合同,还裁决乙赔偿甲损失 2 万元,关于本案的仲裁裁决,由于裁决"乙赔偿甲损失 2 万元"超出了当事人的请求范围,乙可申请撤销超出甲请求部分的裁决,或者乙可申请不予执行超出甲请求部分的仲裁裁决。

2. 裁决撤销的程序。人民法院受理撤销裁决的申请后,认为可以由仲裁庭重新仲裁的,通知仲裁庭在一定期限内重新仲裁,并裁定中止撤销程序。仲裁庭拒绝重新仲裁的,人民法院应当裁定恢复撤销程序。对当事人申请撤销仲裁裁决的案件,人民法院应当组成合议庭进行审查,并在受理撤销裁决之日起两个月内作出撤销裁决或驳回申请的裁定。人民法院撤销裁决或者驳回申请的裁定一经作出即具有法律效力,当事人不得上诉。撤销裁决的申请被驳回的,裁决书对双方当事人继续发生法律效力。仲裁裁决被人民法院依法裁定撤销的,当事人对该纠纷可以根据双方重新达成的仲裁协议申请仲裁,也可以向人民法院起诉。

经济仲裁实行"一裁终局",但是如果当事人有足够证据证明有《仲裁法》规定的可以申请撤销裁决的情形,可以向仲裁委员会所在地的中级人民法院申请撤销裁决。

## (二) 仲裁裁决的执行

对依法设立的仲裁机构的裁决,一方当事人不履行的,对方当事人可以向有管辖权的人民法院申请执行。受申请的人民法院应当执行。申请强制执行的期间为二年。从法律文书规定履行期间的最后一日起计算;法律文书规定分期履行的,从规定的每次履行期间的最后一日起计算;法律文书未规定履行期间的,从法律文书生效之日起计算。申请执行时效的中止、中断,适用法律有关诉讼时效中止、中断的规定。

# 第二节 民事诉讼法律制度

## 一、民事诉讼与民事诉讼法

民事诉讼是指人民法院在当事人和全体诉讼参与人的参加下,依法审理和解决民事纠纷的活动。民事诉讼,是解决民事纠纷具有最后一道防线性质的机制。人民法院依照法律规定独立行使审判权,不受行政机关、社会团体和个人的干涉。

民事诉讼法是指由国家立法机关制定的规定法院、当事人及当事人之外的所有诉讼参与人进行民事诉讼活动和执行活动的法律规范。它规定当事人如何起诉、应诉、进行诉讼，法院解决纠纷、平息矛盾的程序，其他诉讼参与人如何为诉讼行为等。

民事诉讼是民事诉讼法调整的对象，民事诉讼法是调整民事诉讼活动的法律规范。

## 二、民事诉讼法的基本原则及民事审判的基本制度

### （一）民事诉讼法的基本原则

民事诉讼法的基本原则，是在民事诉讼的整个过程中，对民事诉讼法律关系主体的相互作用关系以及民事诉讼活动起指导作用的根本性准则。民事诉讼法的基本原则主要有平等原则、调解原则、辩论原则、处分原则。

1. 平等原则。

平等原则主要包括以下几个方面内容：（1）双方当事人诉讼地位平等；（2）双方当事人有平等的行使诉讼权利的手段；（3）人民法院平等地保障双方当事人行使诉讼权利；（4）对当事人适用法律上一律平等。

在司法实践中，人民法院应当为当事人行使诉讼权利提供司法保障。例如，当事人文化水平不高书写诉状有困难，不通晓当地的语言和文字，生活存在困难等，人民法院应尽可能提供条件帮助其指定代书人，提供翻译服务，给予法律帮助，为当事人行使诉讼权利提供和创造条件。

2. 法院调解原则。

法院调解，是指在人民法院审判人员的主持下，诉讼当事人就争议的问题，通过自愿协商，达成协议，解决民事纠纷的活动。一般来讲，凡是属于民事权益争议性质、存在调解可能的案件，人民法院都可以用调解的方式解决。法院调解适用于审判程序的全过程，包括第一审程序、第二审程序以及审判监督程序。在第一审程序中，无论是普通程序还是简易程序都可适用。

（1）不适用调解的案件。

根据最高人民法院《关于人民法院民事调解工作若干问题的规定》第2条的规定，下列三类案件不适用调解：

①适用特别程序、公示催告程序、督促程序、破产还债程序审理的案件；

②确认婚姻关系、身份关系案件；

③其他依案件性质不能进行调解的民事案件。

（2）法院调解遵循的原则。

法院在适用调解方式审理民事案件时，应当遵循两个原则：

①自愿原则。自愿原则是指调解必须在当事人自愿的基础上进行，调解活动的进行和调解协议的达成，都必须以当事人自愿为前提。人民法院既不能在未经当事人同意的情况下自行调解，也不能强迫当事人接受调解，调解所达成的调解协议内容也必须是双方当事人真实的意思表示。

②合法原则。合法原则是指人民法院进行调解必须依法进行，调解的过程和达成的调解协议的内容，应当符合法律规定。包括程序上的合法和实体上的合法。程序上合法，是指人民法院的调解活动应当严格按照法律规定的程序进行，包括调解的开始，调解的方式、步骤、调解的组织形式，调解协议的形成以及调解书的送达等，都要符合民事诉讼法的规定。实体上的合法，是指经调解达成的协议的内容要合法。即调解协议的内容不违反法律、法规的规定，不损害国家、社会、他人的合法权益。

3. 辩论原则。

辩论原则是指在人民法院主持下，当事人有权就案件事实和争议问题，各自陈述自己的主张和根据，互相进行反驳和答辩，从而查明案件事实，以维护自己的合法权益。

辩论是当事人的诉讼权利，又是人民法院审理民事案件、经济纠纷案件的准则。当事人双方就有争议的问题，相互进行辩驳，通过辩论揭示案件的真实情况。辩论既可以通过口头形式辩论，也可以运用书面形式辩论。辩论权的行使贯穿于第一审程序、第二审程序以及再审程序的全过程，贯穿于各程序的开庭审理阶段，开庭前的准备阶段，法院审理阶段。当事人辩论的内容既可以是程序方面的问题，也可以是实体方面的问题。作为裁判根据的证据，必须经当事人辩论、质证，凡是未经当事人辩论、质证的证据，不能作为法院裁判的根据。

例如，A县法院对甲诉乙合同纠纷一案未经开庭审理即作出了判决，该审判行为由于没有开庭审理，当事人不能进行充分的辩论，违反了辩论原则。

4. 处分原则。

民事诉讼法中处分原则，是指民事诉讼当事人有权在法律规定的范围内，处分自己的民事权利和诉讼权利。处分即自由支配，对于权利当事人可以行使，也可以放弃。

例如，甲借款给乙30万元，双方在借款合同中约定乙到期除偿还本金外，还需要支付甲借款利息6000元，并且该约定不违反法律规定，若甲因乙借款逾期不还，起诉至某县人民法院，要求判决乙返还借款30万元，此时，法院就不能判决乙返还甲30万元本金和6000元利息，而只能在甲提起的诉讼范围内（即借款本金30万元内）进行判决。因为在民事权利发生争议或受到侵犯后，权利主体有权决定自己请求司法保护的范围。

## （二）民事审判的基本制度

民事审判的基本制度，是指人民法院审判民事案件所必须遵循的基本操作规程。根据民事诉讼法的规定，民事审判的基本制度包括合议制度、回避制度、公开审判制度和两审终审制度。

1. 合议制度。

合议制度，是指由三名以上的审判人员组成审判集体，代表人民法院行使审判权，对案件进行审理并作出裁判的制度。合议制度的组织形式为合议庭。

合议庭的组成因审级和案件的性质不同而不同，包括以下几种情况：第一，人民法院审理第一审民事案件，由审判员、陪审员共同组成合议庭或者由审判员组成合议庭。第二，人民法院审理第二审民事案件，由审判员组成合议庭。第三，发回重审的案件，原审人民法院应当按照第一审程序另行组成合议庭。第四，人民法院审理再审案件，原来是第一审的，按照第一审程序另行组成合议庭；原来是第二审的或者是上级人民法院提审的，按照第二审程序另行组成合议庭。但不论上述哪种组成形式，合议庭的人数都必须是三人以上的单数，并且要由其中一人担任审判长，主持审判活动。合议庭的审判长由院长或者庭长指定审判员一人担任；院长或者庭长参加审判的，由院长或者庭长担任。合议庭的职能是代表人民法院行使审判权，对具体案件进行审理并作出裁判。但合议庭应当接受审判委员会的指导和监督，并执行审判委员会的决定。合议庭成员地位平等，享有同等的权利；陪审员在执行陪审职务时，与审判员有同等的权利义务。合议庭评议案件，实行少数服从多数的原则。评议应当制作笔录，由合议庭成员签名。评议中的不同意见，必须如实记入笔录。

2. 回避制度。

回避制度是为了案件的公正审判，审判人员或其他有关人员遇有法律规定不宜参加案件审理的情形，应当自行退出本案的审理，当事人及其法定代理人也有权要求他们回避的审判制度。适用回避的人员包括：审判人员、书记员、翻译人员、鉴定人、勘验人等。

根据《民事诉讼法》第45条规定，审判人员有下列情形之一的，必须回避，当事人有权用口头或者书面方式申请他们回避：（1）是本案当事人或者当事人、诉讼代理人的近亲属；（2）与本案有利害关系；（3）与本案当事人有其他关系，可能影响对案件公正审理的。前款规定，适用于书记员、翻译人员、鉴定人、勘验人。

当事人提出回避申请，应当说明理由，在案件开始审理时提出；回避事由在案件开始审理后知道的,也可以在法庭辩论终结前提出。院长担任审判长时的回避,由审判委员会决定;审判人员的回避由院长决定;其他人员的回避,由审判长决定。

3. 公开审判制度。

公开审判制度,是指人民法院审理案件和宣告判决一律公开进行的制度。

(1) 公开审判制度的内容。

公开审判制度包括三项内容:第一,开庭前公告当事人姓名、案由和开庭的时间、地点;第二,开庭时允许群众旁听和允许新闻记者采访报道;第三,公开宣告判决。

(2) 公开审判制度的例外规定。

公开审判制度不是绝对的,也有不公开审理的例外情况。根据我国民事诉讼法的规定,不公开审理的案件有以下三种:第一,涉及国家秘密的案件;第二,涉及个人隐私的案件;第三,法律另有规定的案件。这是指除上述两种案件外,凡是法律另有专门规定不公开审理的案件,均应当不公开审理。

4. 两审终审制度。

两审终审制度,是指一个民事案件经过两级法院的审理就告终结的制度。根据民事诉讼法的规定,当事人不服一审人民法院的裁判,在上诉期内,可以向上一级人民法院上诉,上一级人民法院对案件的裁判为终审裁判,当事人不得再行上诉。两审终审制度也有例外:最高人民法院作为一审法院作出的裁判为终审裁判;人民法院按照特别程序以及督促程序、公示催告程序、破产还债程序审理案件所作出的裁判以及民事诉讼法规定不准上诉的裁定,当事人均不得提出上诉。

### 三、管辖

管辖是指法院系统内各级法院之间以及同级法院之间受理第一审案件的分工与权限。有级别管辖、地域管辖、移送管辖、指定管辖。

(一) 级别管辖

级别管辖是指人民法院系统内上下级法院之间受理第一审案件的分工与权限。

1. 基层人民法院的管辖。

基层人民法院管辖除上级人民法院管辖外的所有第一审民事案件,法律另有规定的除外。

2. 中级人民法院的管辖。

(1) 重大涉外案件。

只有"重大"涉外案件才属于中级人民法院管辖,一般的涉外案件属于基层人民法院管辖。"重大"是指：①争议标的额大；②案情复杂；③居住在国外的当事人人数众多的涉外案件。满足上述三个条件之一即可。重大的涉港澳台民事案件比照涉外案件，也属于中级人民法院管辖。

（2）在本辖区内有重大影响的案件。

本辖区内有重大影响是指其影响范围超过了基层法院的辖区。

（3）最高人民法院确定由中级人民法院管辖的案件。

根据相关司法解释的规定，这类案件主要有海事海商案件、专利纠纷案件、著作权民事纠纷案件、商标民事纠纷案件、涉及域名的侵权纠纷案件、虚假陈述证券民事赔偿案件、与仲裁相关的案件等。

3. 高级人民法院的管辖。

高级人民法院管辖在本辖区内有重大影响的第一审民事案件。

4. 最高人民法院的管辖。

最高人民法院管辖在全国有重大影响的案件，以及它认为应当由其审理的第一审民事案件。最高人民法院的判决和裁定为最终判决和裁定。

（二）地域管辖

地域管辖是指按照各人民法院的辖区和民事案件的隶属关系来划分同级人民法院受理第一审民事案件的职权范围。

1. 一般地域管辖。

一般地域管辖指根据当事人住所地确定行使管辖权的法院。根据《民事诉讼法》的规定，一般情况下，管辖的确定采用"原告就被告"的原则，对公民提起的民事诉讼，由被告住所地人民法院管辖，被告住所地与经常居住地不一致的，由经常居住地人民法院管辖。对法人或者其他组织提起的民事诉讼，由被告住所地人民法院管辖。就公民而言，住所地是指其户籍所在地。经常居住地，是指公民离开住所地至起诉时已连续居住一年以上的地方，但住院就医的地方除外。就法人而言，住所地是指其主要营业地或主要办事机构所在地。但对不在中华人民共和国领域内居住的人提起的有关身份关系的诉讼，对下落不明或者宣告失踪的人提起的有关身份关系的诉讼，对被劳动教养的人提起的诉讼，对被监禁的人提起的诉讼，由原告住所地人民法院管辖，原告住所地与经常居住地不一致的，由原告经常居住地人民法院管辖。追索赡养费案件的几个被告住所地不在同一辖区的，可以由原告住所地人民法院管辖。

2. 特殊地域管辖。

特殊地域管辖指法律对某些案件的管辖所作出的特殊规定。我国民事诉讼法规定的特殊地域管辖是以诉讼标的或标的物所在地、法律事实所在地、被告住所地为

标准确定的管辖,根据《民事诉讼法》第24条至33条(第25条除外)以下9种案件适用特殊地域管辖:

(1)因合同纠纷提起的诉讼,由被告住所地或者合同履行地人民法院管辖。

(2)因保险合同纠纷提起的诉讼,由被告住所地或者保险标的物所在地人民法院管辖。

(3)因票据纠纷提起的诉讼,由票据支付地或者被告住所地人民法院管辖。

(4)因铁路、公路、水上、航空运输和联合运输合同纠纷提起的诉讼,由运输始发地、目的地或者被告住所地人民法院管辖。

(5)因侵权行为提起的诉讼,由侵权行为地或者被告住所地人民法院管辖。

(6)因铁路、公路、水上和航空事故请求损害赔偿提起的诉讼,由事故发生地或者车辆、船舶最先到达地、航空器最先降落地或者被告住所地人民法院管辖。

(7)因船舶碰撞或者其他海事损害事故请求损害赔偿提起的诉讼,由碰撞发生地、碰撞船舶最先到达地、加害船舶被扣留地或者被告住所地人民法院管辖。

(8)因海难救助费用提起的诉讼,由救助地或者被救助船舶最先到达地人民法院管辖。

(9)因共同海损提起的诉讼,由船舶最先到达地、共同海损理算地或者航程终止地的人民法院管辖。

3. 专属管辖。

专属管辖是指法律规定某些特殊类型的案件专门由特定的人民法院管辖,其他人民法院无权管辖,也不允许当事人协议变更管辖。专属管辖有以下三种情况:

(1)因不动产纠纷提起的诉讼,由不动产所在地人民法院管辖;

(2)因港口作业中发生纠纷提起的诉讼,由港口所在地人民法院管辖;

(3)因继承遗产纠纷提起的诉讼,由被继承人死亡时住所地或者主要遗产所在地人民法院管辖。

根据以上规定,两个以上人民法院都有管辖权的诉讼,原告可以向其中一个人民法院起诉;原告向两个以上有管辖权的人民法院起诉的,由最先立案的人民法院管辖。

4. 协议管辖。

协议管辖是指合同当事人在纠纷发生之前或之后,以书面方式约定特定案件的管辖法院。我国《民事诉讼法》第25条规定,合同的双方当事人可以在书面合同中协议选择被告住所地、合同履行地、合同签订地、原告住所地、标的物所在地人民法院管辖,但不得违反本法对级别管辖和专属管辖的规定。

(三)移送管辖

移送管辖是指人民法院在受理民事案件后,发现自己对案件并无管辖权而依法将案件移送到有管辖权的人民法院审理。根据《民事诉讼法》第 36 条和第 38 条规定，人民法院发现受理的案件不属于本院管辖的，应当移送有管辖权的人民法院，受移送的人民法院应当受理。人民法院受理案件后，当事人对管辖权有异议的，应当在提交答辩状期间提出。人民法院对当事人提出的异议，应当审查。异议成立的，裁定将案件移送有管辖权的人民法院。

（四）指定管辖

指定管辖是指在特殊情况下，上级人民法院指定某一下级人民法院对某一案件行使管辖权。根据《民事诉讼法》第 36 条和第 37 条规定，指定管辖适用于三种情形：

（1）有管辖权的人民法院由于特殊原因，不能行使管辖权的，由上级人民法院指定管辖。

（2）人民法院之间因管辖权发生争议，由争议双方协商解决；协商解决不了的，报请它们的共同上级人民法院指定管辖。

（3）受移送的人民法院认为受移送的案件依照规定不属于本院管辖的，应当报请上级人民法院指定管辖，不得再自行移送。

## 四、审判程序

（一）第一审程序

第一审程序包括普通程序、简易程序。

1. 普通程序。

普通程序是指人民法院审判第一审民事案件通常所适用的最基本程序。普通程序适用于各级人民法院审理第一审民事诉讼案件。对基层人民法院来讲，除了简单民事诉讼案件适用简易程序审理以外，其他民事案件都要适用普通程序加以审理。中级人民法院、高级人民法院、最高人民法院审理第一审民事案件时，必须适用普通程序。

普通程序主要包括起诉与受理、审理前的准备、开庭审理等几个阶段。

（1）起诉。

起诉，是指公民、法人及其他组织认为自己的或依法由自己管理、支配的民事权益受到侵害或与他人发生了争议，以自己的名义向人民法院提出诉讼请求，要求人民法院通过审判予以保护的诉讼行为。

当事人起诉必须符合下列实质要件：

①原告是与本案有直接利害关系的公民、法人和其他组织。所谓"利害关

系"，是指请求人民法院保护的利益是提起诉讼当事人自己的利益或者受其管理或支配的利益。直接的利害关系实际上是一种民事权利义务关系，只有与被起诉的案件具有这种利益关系，才有起诉的资格。

②有明确的被告。原告在起诉时必须在起诉状中载明是谁侵害了自己的民事权益或者与谁发生了争议。被告不明确，人民法院就无法确定民事权利、民事义务的承担者，诉讼也就无法进行。

例如，退休工人王某去电影院看电影，散场时在街道上被人挤倒摔伤，因此住院共花去医疗费300多元。王某向法院起诉，要求法院为他寻找被告并赔偿损失，但王某不知道是谁挤倒他的。由于该案没有明确的被告，所以法院对王某的起诉是不予受理的。

③有具体的诉讼请求、事实和理由。所谓具体的诉讼请求，是指原告提起诉讼要求人民法院通过审判予以保护的民事权益的具体内容。原告起诉时必须明确提出请求人民法院以什么形式、保护何种权利，要求法院判令被告履行什么义务，或者要求人民法院确认某种法律关系的存在与否，或者要求人民法院变更某项已存在的法律关系。所谓事实和理由，是指原告起诉时向人民法院提出的诉讼请求的案件事实、证据和法律依据。

④属于法院受理民事诉讼的范围和受诉法院管辖。首先，原告提起的诉讼要求解决的纠纷，必须属于人民法院受理民事案件的范围。其次，当事人起诉应当向对具体民事案件有管辖权的人民法院提起。

当事人起诉还必须符合下列形式要件：

①一般应当提交起诉状。根据《民事诉讼法》，起诉应当向人民法院递交起诉状，并按照被告人数提出副本。书写诉状确有困难的，可以口头起诉，由人民法院记入笔录，并告知对方当事人。

②预交案件受理费。依据《诉讼费用交纳办法》，原告起诉应当向法院预交案件受理费。原告交纳案件受理费确有困难的，可以依法向法院申请缓交、免交或减交。如果原告在预交案件受理费期限内没有预交，人民法院应裁定按原告自动撤回起诉处理。

（2）受理。

受理，是指人民法院经过审查，认为原告的起诉符合民事诉讼法规定的条件，而决定予以审理的行为。

人民法院对原告的起诉，应当在收到起诉状之日起7日内作出是否受理的裁定。认为符合起诉条件受理的，应当通知当事人；认为不符合起诉条件的，裁定不予受理；人民法院受理后才发现原告的起诉不符合法律规定的条件的，裁定驳回起诉。原告对人民法院作出的不予受理、驳回起诉的裁定不服的，可以提起上诉。原告再次起诉的，如果符合起诉条件，人民法院应当受理。

(3) 审理前的准备。

审理前的准备，是指人民法院受理案件以后至开庭审理之前，为保证庭审的正常进行，法院的案件承办人员依法进行的一系列的准备工作。

根据我国民事诉讼法的规定，审理前的准备主要有以下几项工作：

第一，在法定期限内发送当事人相关诉讼文书。

人民法院在受理案件后，应当向原告送达案件受理通知书。在立案之日起5日内向被告发送应诉通知书及原告诉被告的起诉状副本。对于口头起诉，法院则应当将记有口诉内容的笔录告知被告并同时发送被告应诉通知书。同时，要求被告在收到起诉状副本后15日内提交答辩状及按照原告人数提交答辩状副本。被告提交答辩状的，法院应当在5日内将起诉状副本发送原告。被告不提交答辩状的，不影响法院的审理。

第二，告知当事人诉讼权利义务以及合议庭组成人员。

法院受理案件后，应当分别向原告发送受理案件通知书和向被告发送应诉通知书。一般来讲，这是法院分别向双方当事人发送的首份法院方面的诉讼文件。该份文件中法院将民事诉讼法所规定的当事人的诉讼权利和义务告知当事人，以便其依法行使诉讼权利和履行诉讼义务，同时也会将其他相关诉讼事项如提交当事人身份证明、提交授权委托书等通知当事人。如果合议庭成员已经确定的，受理或应诉通知书中还会告知当事人合议庭组成人员包括书记员的名单，以及法院的通讯联络方式。同时，告知当事人对于合议庭成员或书记员等如果认为有法定回避情形的，可以依法提出回避申请。

第三，审核诉讼材料，调查收集必要的证据。

审理前诉讼阶段的诉讼材料主要包括双方当事人向法院提交的起诉状、答辩状及其相关的证据材料。在此阶段，法律要求承办案件的人员认真审核当事人提交的诉讼材料和调查收集必要的证据，以便归纳、明确当事人争议的焦点以及确定应当由人民法院自己收集、调查的证据的范围。对案件中所涉及的专门性问题，合议庭认为需要鉴定、审计的，应及时交由法定鉴定部门或指定有关鉴定部门鉴定，委托有关审计部门审计。

第四，追加当事人。

法院通过审核诉讼材料，如果发现有些案件中必须共同进行诉讼的当事人或者第三人没有参加诉讼的，应当通知其参加诉讼。

(4) 开庭审理。

开庭审理，是指法院于确定的期日，在双方当事人和其他诉讼参与人参加下，依照法定的形式和程序，在法庭上对民事案件进行审理和裁判的诉讼活动。开庭审理的主要任务是，通过法院合议庭主持和当事人直接参加下的法庭调查和法庭辩论，审查确定案件事实，分清是非责任，并在此基础上，合议庭依据民事诉讼法和民事实体法进行评议，从而作出裁判以确认当事人之间的权利义务关系，解决当事人之间的纠纷，保护当事人的合法权益，制裁民事违法行为。

围绕着案件的实质性问题，开庭审理的主要程序和内容如下：

第一，庭审准备。

庭审准备主要工作为：告知当事人及其他诉讼参与人出庭日期，人民法院在确定了开庭日期后，应当在开庭3日前告知当事人和其他诉讼参与人；人民法院对于公开开庭审理的案件，应当在开庭3日前发布公告，公告当事人的姓名、案由及开庭的时间、地点。

第二，宣布开庭。

这一阶段的活动主要由书记员和审判长进行。由书记员查明当事人和其他诉讼参与人是否到庭，并向全体诉讼参与人和旁听群众宣布法庭纪律；由审判长宣布开庭，核对当事人身份，宣布案由，宣布审判人员、书记员名单，并询问当事人是否提出回避申请。

第三，法庭调查。

法庭调查是指审判人员在法庭上对案件事实、证据材料进行全面审查、核实的诉讼活动。通过当事人对案件事实的陈述、证人作证以及各种证据的出示、质证，人民法院审查、核实、认证，为查清案件事实和正确适用法律提供客观依据。

第四，法庭辩论。

这一阶段是在审判人员主持下，各方当事人根据法庭调查的情况，围绕双方争议的焦点问题而展开辩论，就有关证据和案件事实的认定以及法律适用而阐述和论证己方的观点，反驳对方的观点。其目的在于通过辩论而进一步核实有关证据，确定证据的证明力，从而确定案件事实，分清是非责任，并为裁判案件奠定基础。

第五，宣告判决。

宣告判决，是人民法院将案件的审判结果向案件的当事人、诉讼参与人以及社会公开宣告的活动。根据法律的规定，宣判包括当庭宣判和定期宣判两种方式。当庭宣判的，是在合议庭评议结束后，由审判长宣布继续开庭并宣读判决结果。宣判的内容包括：认定的事实，适用的法律，判决的结果和理由，诉讼费用的负担，以及当事人上诉的权利、期限和上诉法院等。当庭宣判的，法院应当在10日内发送判决书。不能当庭宣判的，审判长应当宣布另定日期宣判。与当庭宣判所不同的是，定期宣判后，应当场立即发送判决书。对于离婚案件，宣判时还应特别告知当事人在判决发生法律效力前不得另行结婚。

宣判后,由审判长宣布闭庭,法庭审理全部结束。人民法院适用普通程序审理的案件,应当在立案之日起6个月内审结。有特殊情况需要延长的,由本院院长批准,可以延长6个月;还需要延长的,报请上级人民法院批准。

2. 简易程序。

简易程序是指基层人民法院及其派出法庭审理简单民事案件所适用的简便易行的诉讼程序。中级人民法院、高级人民法院、最高人民法院审理第一审民事案件时,不能适用简易程序,只能适用普通程序。人民法院审理第二审、再审案件以及适用一审程序的重审案件都不能适用简易程序。基层人民法院及其派出法庭适用简易程序审理的民事案件,仅限于事实清楚,权利义务关系明确、争议不大的简单民事案件。根据最高人民法院《关于适用〈中华人民共和国民事诉讼法〉若干问题的意见》的解释,所谓"事实清楚",指当事人双方对争议的事实陈述基本一致,并能提供可靠的证据,无须人民法院调查收集证据即可判明事实、分清是非;所谓"权利义务关系明确",是指谁是责任的承担者、谁是权利的享有者,关系明确;所谓"争议不大",是指当事人对案件的是非、责任以及对诉讼标的无原则分歧。

人民法院适用简易程序审理案件,应当在立案之日起3个月内审结。

(二) 第二审程序

第二审程序是指因当事人不服地方各级人民法院尚未生效的一审判决或裁定而依法向上一级人民法院提起上诉,上一级人民法院据此对案件进行审判所适用的程序。第二审程序又称上诉审程序、终审程序,法院适用二审程序对案件进行审理并作出裁判后,诉讼即告终结。

根据我国《民事诉讼法》的规定,当事人不服地方人民法院第一审判决的,有权在判决书送达之日起15日内向上一级人民法院提起上诉。当事人不服地方人民法院第一审裁定的,有权在裁定书送达之日起10日内向上一级人民法院提起上诉。二审人民法院对上诉案件,应当由审判员组成合议庭进行审理。审理可视情况分别采用直接审理或书面审理。上诉案件经过审理后,二审法院按照不同情况,分别作出判决或裁定:①原判决认定事实清楚、适用法律正确的,驳回上诉,维持原判;②原判决适用法律错误的,依法改判;③原判决认定事实错误或者主要事实不清,证据不足,裁定撤销原判,发回重审,或者查清事实后改判;④原判决违反法定程序,可能影响案件正确判决的,裁定撤销原判,发回重审。当事人对重审案件的判决或裁定不服的,可以上诉。

(三) 审判监督程序

审判监督程序是指人民法院对已经发生法律效力的判决、裁定和调解书,当其具备某种法定情形时，对案件进行再审的程序。

1. 人民法院启动的再审。

各级人民法院院长对本院已经发生法律效力的判决、裁定，发现确有错误，认为需要再审的，有权将案件提交审判委员会讨论，以决定是否再审；最高人民法院对地方各级人民法院的生效裁判，上级人民法院对下级人民法院的生效裁判，当发现其确有错误时，有权启动审判监督程序。

2. 人民检察院启动的再审。

最高人民检察院对各级人民法院已经发生法律效力的判决、裁定，上级人民检察院对下级人民法院已经发生法律效力的判决、裁定，可以按照审判监督程序提出抗诉。人民法院审理再审案件，应当另行组成合议庭。人民检察院提出抗诉的案件，人民法院再审时应当通知人民检察院派员出席法庭。

3. 当事人申请的再审。

当事人对已经发生法律效力的判决、裁定，认为有错误的，可以向上一级人民法院申请再审，但不停止判决、裁定的执行。当事人申请再审，应当在判决、裁定发生法律效力后二年内提出；二年后据以作出原判决、裁定的法律文书被撤销或者变更，以及发现审判人员在审理该案件时有贪污受贿，徇私舞弊，枉法裁判行为的，自知道或者应当知道之日起3个月内提出；对生效的调解书违反自愿原则或者调解协议内容违反法律的，可以申请再审。但对生效的解除婚姻关系的判决，不得申请再审；按照督促程序、公示催告程序审理的案件以及依照审判监督程序审理后维持原判的案件，当事人不得申请再审。

人民法院按照审判监督程序再审的案件，发生法律效力的判决、裁定是由第一审法院作出的，按照第一审程序审理，所作的判决、裁定当事人可以上诉；发生法律效力的判决、裁定是由第二审法院作出的，按照第二审程序审理，所作的判决、裁定是发生法律效力的判决、裁定。

（四）特别程序

特别程序是人民法院审理选民资格案件、宣告失踪或者宣告死亡案件、认定公民无民事行为能力或者限制民事行为能力案件和认定财产无主案件所适用的程序。

特别程序审理案件的特别之处在于：特别程序实行一审终审制，依照特别程序审理案件后一律判决结案，利害关系人对该判决一律不能上诉，判决一经作出就是终审判决，一经宣告即生法律上的效力；经特别程序审理的案件，一律不收诉讼费；依特别程序审理的案件，民事诉讼法规定，审理选民资格案件必须在选举日前审结，审理其他非讼案件应当从立案之日起30日内或公告期满后30日内审结。

例如，赵某已满24岁，因失恋导致精神有些不正常，其父向其住所地某县人民法院提出认定赵某无民事行为能力的申请。人民法院根据《民事诉讼法》的规定，适用特别程序进行审理，经审理，某县人民法院判决认定赵某有民事行为能力。若赵某之父不服，向市中级人民法院上诉。市中级人民法院是否应受理赵某之父的上诉呢？根据《民事诉讼法》的规定，适用特别程序审理的案件，实行一审终审。在该案中，赵某之父作为申请人不享有上诉权，所以市中级人民法院是不会受理赵某之父的上诉的。

### （五）督促程序

督促程序是指人民法院接受债权人的申请，督促债务人履行义务的非诉讼程序。根据《民事诉讼法》的规定，债权人请求债务人给付金钱、有价证券，在债权人与债务人没有其他债务纠纷而支付令又能够送达债务人的情况下，可以向有管辖权的基层人民法院申请支付令。债权人提出申请后，人民法院应当在5日内通知债权人是否受理。人民法院应当在受理之日起15日内向债务人发出支付令；申请不成立的，裁定予以驳回。债务人应当自收到支付令之日起15日内清偿债务，或向人民法院提出书面异议。人民法院收到债务人提出的书面异议后，应当裁定终结督促程序，支付令自行失效，债权人可以起诉。

例如，2009年10月，张爱钱因生意需要，向好友王得利借款15万元，并约定2010年底还清，立借条为据。2011年3月，王得利向张爱钱索要本金和利息，发现张爱钱经营不善，无力还款，若张爱钱为了躲避债务下落不明，王得利就不能按照督促程序向法院申请对张爱钱发出支付令。因为在张爱钱下落不明的情况下支付令不能送达。

### （六）公示催告程序

公示催告程序是指人民法院根据当事人的申请，以公示的方式催告不明的利害关系人，在法定期间内申报权利，如果逾期无人申报权利，根据申请人的申请，依法作出除权判决的程序。根据《民事诉讼法》的规定，可以背书转让的票据持有人，因票据被盗、遗失或者灭失，可以向票据支付地的基层人民法院申请公示催告。人民法院决定受理申请的，应当同时通知支付人停止支付，并在3日内发出公告，催促利害关系人申报权利。公示催告的期间由人民法院根据情况决定，但不得少于60日。支付人收到人民法院停止支付的通知，应当停止支付直至公示催告程序终结。公示催告期间,转让票据权利的行为无效。利害关系人应当在公示催告期间向人民法院申报。无人申报的,人民法院应根据申请人的申请,作出判决宣告票据无效。判决应当公告,并通知支付人。自判决公告之日起,申请人有权向支付人请求支付。利害关系人因正当理由不能在判决前向人民法院申报的,自知道或者应当知道判决公告之日起一年内,可以向作出判决的人民法院起诉。

例如,2010年5月,A公司的一张20万元的汇票丢失,A公司即向该票据支付地的某区人民法院申请公示催告。法院受理后,由审判员甲独任审理,于立案后第5日发出公告并通知支付人停止支付。公告申明有关利害关系人应当在自公告之日起1个月内申报权利。公告期满后,法院甲审判员经审理后作出该汇票无效的判决。在此案例中,违反公示催告程序的规定有:第一,该法院于立案之后第5日通知支付人停止支付的做法错误,法院应当在受理申请的同时通知支付人停止支付;第二,该法院于立案后第5日公告违反了"3日内发出公告"的法律规定;第三,1个月的公示催告期限违反了"不少于60日"的法律规定;第四,该法院的甲审判员独任审理后即作出宣告汇票无效判决的做法违反"没有人申报的,人民法院应当根据申请人的申请,作出判决,宣告票据无效"的法律规定;第五,该法院的甲审判员独任审理后即作出宣告汇票无效判决的做法违反"判决宣告票据无效的,应当组成合议庭审理"的法律规定。

### (七) 执行程序

民事执行是国家执行机关根据生效的法律文书,运用国家强制力强制债务人履行生效法律文书所确定的义务,实现或满足债权人民事权利的行为。根据《民事诉讼法》的规定,发生法律效力的民事判决、裁定,以及刑事判决、裁定中的财产部分,由第一审人民法院执行或者与第一审人民法院同级的被执行的财产所在地人民法院执行。法律规定由人民法院执行的其他法律文书,由被执行人住所地或者被执行的财产所在地人民法院执行。执行工作由执行员进行。申请执行的期间为两年,从法律文书规定履行期间的最后一日起计算,法律文书规定分期履行的,从规定的每次履行期间的最后一日起计算;法律文书未规定履行期间的,从法律文书生效之日起计算。申请执行时效的中止、中断,适用法律有关诉讼时效中止、中断的规定。执行员接到申请执行书或者移交执行书,应当向被执行人发出执行通知,责令其在指定的期间履行,逾期不履行的,强制执行。被执行人不履行法律文书确定的义务,并有可能隐匿、转移财产的,执行员可以立即采取强制执行措施。

## 第三节 经济纠纷解决及解决方案的制作

对于经济纠纷，当事人可以根据实际情况选择适合的方式来解决。

### 一、经济纠纷的解决方式

有社会就有纠纷。纠纷的合理解决可以使被纠纷破坏的社会秩序得到恢复，可以使被纠纷伤害的心灵获得安抚，可以使被纠纷侵害的权利获得补偿。我国经济纠纷的处理机制主要有自行解决机制（依靠自己的力量）、社会救济机制（依靠社会第三者的力量）和公力救济机制（依靠国家的力量）。自行解决机制是指经济纠纷主体依靠自身的力量，彼此协商，达成和解协议，使纠纷得到解决。社会救济机制是指经济纠纷双方依靠社会第三者的力量来解决和处理纠纷的一种机制。它包括民间调解和仲裁两种方式。公力救济机制是指经济纠纷双方依靠国家的力量，由法院运用司法审判权来解决当事人之间经济纠纷的一种机制。它实际上是指民事诉讼这种方式。

### （一）和解

和解，是指经济纠纷的各方当事人在自愿的基础上，本着互谅互让的精神，通过协商，解决经济纠纷的方式。这种方式是以当事人各方平等自愿、协商一致为前提，可以省去仲裁和诉讼的复杂程序，节省时间和费用，有利于保持和发展当事人之间的经济往来，具有便利、及时、不伤和气等特点，在实践中得到了广泛的运用。

### （二）调解

调解，是指经济纠纷的各方当事人在第三方的主持下，通过劝解说服，促使当事人双方自愿达成协议，解决经济纠纷的方式。这里所说的调解是仲裁、诉讼程序外的调解。采用调解方式解决纠纷时，必须坚持自愿和合法原则，任何单位和个人都不得强迫当事人接受调解，经调解达成的协议必须符合法律的规定。通过调解方式解决经济纠纷，双方当事人的自主权利较大，有利于争议的解决和调解协议的履行。

### （三）仲裁

当事人不愿意协商、调解，或者协商、调解不成的，可以依据仲裁协议提请仲裁机构进行仲裁，仲裁机构以第三者的身份，根据事实和法律，对争议作出裁决。仲裁程序较诉讼程序简便快捷，当事人的程序性权利较多，结案迅速，灵活便利，费用较低，符合解决纠纷的效率、效益原则，越来越受到经济纠纷当事人的青睐。

### （四）诉讼

如果当事人不能通过协商、调解、仲裁等方式解决经济纠纷，可以选择向人民法院起诉，请求人民法院通过审判程序解决经济纠纷。诉讼方式在程序上较其他方式复杂，但也较为完善，选择这种方式解决争议，通常能够彻底解决纠纷。人民法院审理经济纠纷必须依照法律的程序进行。

## 二、经济纠纷解决方案的制作

以上几种经济纠纷解决方式，各有自己的优势和不足。在几种解决纠纷机制并存的情况下，选择合适的纠纷解决机制是摆在纠纷当事人面前的一个首要的问题。

在选择的过程中，应当注意两个原则：第一，当事人选择的原则。经济纠纷发生后，选择什么方式来解决当事人的争议，应当由当事人自行决定。当然，法律有限制性的规定除外，正如亚当·斯密所说："有损害就有救济。只要不违反公正的法律，那么人人都有完全的自由以自己的方式追求自己的利益。"第二，司法最终解决的原则。这一原则意味着，民事诉讼是效力层次最高的解决方式。当事人自行协商达成和解协议或通过调解（民间调解）达成调解协议后反悔的，当事人仍可以选择通过民事诉讼的形式解决纠纷；对于仲裁机构的仲裁裁决，当事人若认为仲裁裁决有错误，还可以依法向法院申请撤销裁决或申请法院作出不予执行的裁定，当法院依法作出撤销仲裁裁决的裁定或作出不予执行仲裁裁决的裁定时，当事人可以再次通过诉讼形式解决其纠纷。

例如，甲、乙因货物买卖发生纠纷，两人可以选择自行协商解决；如果两人无法达成协议，也可以由两人选择的第三方进行调解解决。但是这两种方式的解决都不具有终局的效力，当事人仍然可以寻求法院的最终解决。如果双方当事人通过仲裁方式解决，就必须按照法律规定达成仲裁协议，只要仲裁协议合法、有效，一方当事人就可以申请仲裁，此时，法院不能再受理这一案件了。因为仲裁协议具有排斥法院主管的效力。

◎ **法理链接：**

1. 经济仲裁是指经济纠纷当事人根据其在争议发生之前或争议发生之后所达成的仲裁协议，自愿将该争议提交仲裁机构进行裁判，仲裁机构以第三者的身份，依照法定程序和仲裁规则，对争议作出裁决，各方当事人必须执行裁决的一种解决经济纠纷的方式。

2. 或裁或审制度是指双方当事人对所发生的争议，或者通过仲裁方式解决，或者通过诉讼方式解决的制度。

3. 一裁终局制度是指当事人之间的纠纷，一经仲裁审理和裁决即告终结，该裁决具有终局的法律效力。

4. 民事诉讼法中处分原则，是指民事诉讼当事人有权在法律规定的范围内，处分自己的民事权利和诉讼权利的原则。

5. 级别管辖是指人民法院系统内上下级法院之间受理第一审案件的分工与权限。

6. 地域管辖是指按照各人民法院的辖区和民事案件的隶属关系来划分同级人民法院受理第一审民事案件的职权范围。

7. 专属管辖是指法律规定某些特殊类型的案件专门由特定的人民法院管辖，其他人民法院无权管辖，也不允许当事人协议变更管辖。

8. 两审终审制度，是指一个民事案件经过两级法院的审理就告终结的制度。

◎技能训练：
一、选择题
1. 下列（　　）纠纷可以仲裁。
A. 婚姻纠纷　　　　B. 继承纠纷　　　　C. 抚养纠纷
D. 平等主体之间的公民、法人和其他组织之间发生的合同纠纷和其他财产权益纠纷

2. 仲裁委员会的组成人员中，法律、经济贸易专家不得少于（　　）。
A. 1/2　　　　　　　　　　　　　B. 2/3
C. 1/4　　　　　　　　　　　　　D. 1/3

3. 起诉应具备（　　）条件。
A. 原告是与本案有直接利害关系的公民、法人和其他组织
B. 有明确的被告
C. 有具体的诉讼请求和事实、理由
D. 属于人民法院受理民事诉讼的范围
E. 属于受诉人民法院管辖

4. 当事人申请仲裁的条件是（　　）。
A. 有仲裁协议
B. 有具体的仲裁请求和事实、理由
C. 属于仲裁委员会的受理范围
D. 当事人一方为外国组织或个人

5. 人民法院应当裁定撤销仲裁裁决的情形有（　　）。
A. 没有仲裁协议的　　　　　　　B. 裁决所根据的证据是伪造的
C. 裁决违背社会公共利益的　　　D. 裁决的事项不属于仲裁协议范围的

二、案例分析
1. A省的个体户姜某由B省的甲县运5吨化工原料到丙县，途经B省的甲、乙、丙三县交界时，化学原料外溢，污染了甲县村民王某、乙县李某和丙县张某的稻田，造成禾苗枯死。受害村民要求赔偿，但由于赔偿数额争议较大，未能达成协议。为此，甲县的王某首先向甲县人民法院提起诉讼。甲县人民法院受理后，认为该案应由被告所在地人民法院管辖，于是将案件移送到姜某所在地的基层人民法院。与此同时，村民李某、张某也分别向自己所在地的基层人民法院提起诉讼，要求赔偿损失。乙县和丙县人民法院都认为对该案有管辖权，与A省姜某住所地的基层人民法院就管辖问题发生争议，协商不成，A省姜某住所地的基层法院即向A省某中级人民法院报请指定管辖。

请思考如下问题：
问题一：哪个法院对此案有管辖权？

问题二：甲县人民法院的移送是否正确？

问题三：基层人民法院报请指定管辖是否正确？

2. 甲市 A 县的刘某与乙市 B 区的何某签订了房屋买卖合同，购买何某位于丙市 C 区的一套房屋。合同约定，因合同履行发生的一切纠纷，应提交设立于甲市的 M 仲裁委员会进行仲裁。之后，刘某与何某又达成了一个补充协议，约定合同发生纠纷后也可以向乙市 B 区法院起诉。

刘某按约定先行支付了部分房款，何某却迟迟不按约定办理房屋交付手续，双方发生纠纷。刘某向 M 仲裁委员会申请仲裁，请求何某履行交房义务，M 仲裁委员会受理了此案。在仲裁庭人员组成期间，刘某、何某各选择一名仲裁员，仲裁委员会主任直接指定了一名仲裁员任首席仲裁员组成合议庭。第一次仲裁开庭审理过程中，刘某对何某选择的仲裁员提出了回避申请。刘某申请理由成立，仲裁委员会主任直接另行指定一名仲裁员参加审理。第二次开庭审理，刘某请求仲裁程序重新进行，何某则对仲裁协议的效力提出异议，主张仲裁协议无效，请求驳回刘某的仲裁申请。

经审查，仲裁庭认为刘某申请仲裁程序重新进行、何某主张仲裁协议无效理由均不成立。仲裁庭继续进行审理并作出裁决：何某在 30 日内履行房屋交付义务。因何某在义务履行期间内拒不履行房屋交付义务，刘某向法院申请强制执行，何某则向法院申请撤销仲裁裁决。

问题一：刘某、何某发生纠纷后依法应当通过什么方式解决纠纷？理由是什么？

问题二：刘某提出的回避申请和重新进行仲裁程序的申请，何某提出的仲裁协议效力的异议，分别应由谁审查并作出决定或裁定？

问题三：如何评价仲裁庭（委）在本案审理中的做法？理由是什么？

问题四：刘某可以向哪个法院申请强制执行？何某可以向哪个法院申请撤销仲裁裁决？对于刘某、何某的申请，法院在程序上如何操作？理由是什么？

问题五：如法院认为本案可以重新仲裁，应当如何处理？理由是什么？

问题六：如法院撤销仲裁裁决，刘某、何某可以通过什么方式解决他们的纠纷？理由是什么？